Marlies Lehmann-Brune

DIE ALTHOFFS

··

Geschichte und Geschichten
um die größte
Circusdynastie der Welt

Historische Beratung und genealogische Fakten
Prof. Dr. phil. Bobby Barell
Dozent für Circulogie

Umschau

Inhalt

....

»Er ist mein Cousin!«
7

Die Freien von Aldenhoven
11
Das Grab des Circusprinzipals 11
Himmelsreichmänner 15
Bauern und Bankisten 20

Pferdetheater
33
Die Celler Reiter 33
Einheit der Vielfalt: Circus 39

Von der Arena zum Kinocircus
51
»Das Manteuffelchen« 51
Kino im Circuszelt 58

Die Althoffs aus der Pfalz
67
Elefantenjagd in Bessungen 67
Alsenborn – das Dorf der ewig Wandernden 73
Als Figaro den Kopf verlor 88
Circus im Blut 92

Corty und Althoff
99
Der Todessprung des »Professor Monte Christo« 99
»Im Circus Corty-Althoff, da ist es wunderschön...« 103
»High-Life-Vorstellung« bei Corty-Althoff 111

Irrungen und Wirrungen um Wilhelm
127
Ein Zwischenkapitel 127

Die Aldenhovener Sippe
133
Nach der Dressur fehlte ein Finger 139
»Hagenbeck und Althoff's Groß-Raubtier-Dressurschau« 144

Managerin der Manege – Carola Williams
155
Die »boxenden Pferde« 155
Römisches Wagenrennen – wie zu Neros Zeiten 160
Ein »ausgezeichneter« Circus 167

Franz Althoff – Mister Circus
181
»Elefant springt aus der Schwebebahn« 181
Der größte Rennbahn-Circus Europas 185
»Tempo, Tiere und Trapeze« 197

Adolf Althoff –
Der Grandseigneur des deutschen Circus
211
»Bandit« im Bett 211
Geschwister Althoff 219
Der größte »Regenschirm« der Welt 223
Tiger zu Pferd 232

Circus der Zukunft
239
Manegen-Märchen 239
Circus aus dem Baukasten 242
Hinter den Kulissen des Lachens und Lächelns 254

Anhang
263
Stammbaumübersichten der Dynastie Althoff 265
Who is who? 271
Die Althoffs und ihre Circusse 279
Literatur 282
Bildquellen 283

»Er ist mein Cousin!«

....

Die Linien und Familienstämme in der größten Circusdynastie der Welt zu ordnen und die Fäden richtig zusammenzuknüpfen, ist keine genealogische Arbeit, sondern ein Abenteuer und tollkühnes Unternehmen zugleich. Man denkt sich das so leicht und geht einfach mit gezücktem Bleistift zu einem Circusdirektor namens Althoff und befragt ihn nach seinen Vorfahren. Und dann kommt die große Enttäuschung! Kaum einer der noch lebenden Althoffs kann einem etwas über seine großen Ahnen berichten. Abgesehen von den rühmlichen Ausnahmen Adolf Althoff, Willi (Bubi) Fröchte und Ferdinand Althoff.

Aber alle anderen können kein einziges Papier oder Dokument vorweisen mangels Interesse an dem »Papierkram«. Sie reden nur immer davon, daß sie die Größten sind, aber jeder noch so bescheidene skriptale Beweis bleibt aus. Hin und wieder ein altes vergilbtes Foto, aber wer darauf abgebildet ist, wissen sie auch nicht.

Fragt man nun direkt nach diesem oder jenem Namensvetter, kommt immer die gleiche stereotype Antwort: »Ach der, ja, das ist mein Cousin!« Circusleute scheinen nur »Cousins« zu haben, wenn man ihre verwandtschaftlichen Beziehungen rekonstruieren will, aber Konkretes kommt bei keinem Gespräch heraus.

Jahrzehnte war ich leitender Angestellter in Althoff-Unternehmen, aber meinen Wissensdurst nach ihren Vorfahren konnte keiner stillen. Im Gegenteil, ich wurde fast bemitleidet, wie ich mich für so etwas interessieren könnte. Es ist an sich bedauerlich, daß sich Circusmenschen so wenig für ihre Vergangenheit und Herkunft interessieren, obwohl das gerade das interessanteste Kapitel der Kunstgeschichte überhaupt ist. Hinzu kommt noch, daß die meisten großen Ahnherren der Manege Analphabeten waren. Dies brachte das unstete Reiseleben mit sich und der Umstand, daß im vorigen Jahrhundert noch keine Schulpflicht herrschte. Für den

Fahrensmann sind seine Kinder sein größtes Kapital und seine Lebens-
versicherung. Daher fanden sie es wertvoller, diesen einen Handstand
beizubringen als das ABC. Daraus ergibt sich die lapidare Erkenntnis für
den Grund des großen Kindersegens in den Artistenfamilien.

Wenn man bedenkt, daß der alte Karl Knie sieben Kinder hatte und
sein Bruder Franz sechsunddreißig oder die fünf Brüder Brumbach, von
denen jeder einen eigenen Circus hatte, zusammen fünfunddreißig Kinder besaßen, die alle – ob sie wollten oder nicht – zu Artisten erzogen
wurden, dann wird man nachdenklich, und es fällt einem unwillkürlich die
Parabel von dem Schachbrett und den Reiskörnern ein. Wen wundert es
noch, daß man fast in jedem Circus auf dem Globus einen Althoff,
Blumenfeld oder Brumbach trifft. Dem Circulogen sträuben sich die
Haare, wenn er daran denkt, wie viele neue Circusfamilien und Linien so
wieder entstehen. Obwohl der Circus noch jung ist – er wurde erst 1768
in London aus der Taufe gehoben –, gab es schon bis dato 2735 Circusse,
etwa 12 000 Varietés und Artistenbühnen und schätzungsweise 70 000
Artisten und Circusleute! Wer zählt die Völker – nennt die Namen! Und
alle sind vielleicht noch »Cousins«. Die Circushistorie ist bedauerlicher-
weise die einzige Kunstsparte, deren Vergangenheit nur ein nebulöses
Vakuum ist, ein Meer ohne Ufer, ein Faß ohne Boden.

Ein weiterer Grund für das Fehlen historischer Fakten ist der Umstand,
daß kein Circusmann bisher zur Feder gegriffen hat – von ganz wenigen
Ausnahmen abgesehen –, um seine Memoiren oder Familiengeschichte
zu Papier zu bringen. Oder wenn, dann beauftragten sie andere, die für
sie schrieben. Was dann herauskam, war eine bessere Werbebroschüre
für den Circus, mehr nicht. Das Gefühl für eine gewisse Verpflichtung
der Geschichte gegenüber ist bisher keinem Circusmann in den Sinn gekommen.

Die Kollegen von der Sprechbühne sind da viel emsiger. Wenn ihr
Stern verblaßt, schreiben sie flugs ihre Memoiren. Allerdings haben sie
oft auch Zeit dafür, da Engagements Mangelware geworden sind. Der
Circusmann hingegen hat nie Zeit, tagein tagaus Probe, Vorstellung,
Probe, Vorstellung, Reisetag, Abbau, Aufbau. Er ist immer im Streß, wann
soll er da noch zur Feder greifen?

Und last but not least verschmäht der Circusmann das Gehabe und
Getue und die ewige Selbstbeweihräucherung, das den Bühnen- oder
Fernsehgrößen zum täglichen Brot geworden ist. Dem Artisten ist seine
Arbeit zur Selbstverständlichkeit geworden, und er kann es nicht begrei-

fen, wie man noch darum eine »Show« machen kann. Aus dieser Mentalität heraus muß man verstehen, daß dem Artisten seine Arbeit alles und alles andere, auch seine Vergangenheit, mehr oder weniger egal ist.

Ich bin daher einen anderen Weg gegangen. Nachdem ich merkte, daß aus keinem Circusmunde etwas über seine Familienchronik fließen würde, bearbeitete ich planmäßig Stadtarchive, Ratsschreiber, Standesämter, Kirchenstellen und Rathäuser, und siehe da, jetzt kamen die ersten Resultate als beurkundete Dokumente in Photokopie auf meinen Tisch.

Ich glaube, der einzige zu sein, dem es gelang, den gordischen Knoten der Althoffs zu lösen und die zahllosen Fäden wieder richtig zu knüpfen – allerdings eine Arbeit von Jahrzehnten.

Es war die kühne und großartige Idee von Frau Marlies Lehmann-Brune, ein großes Werk über die Althoffs zu schaffen. Allerdings ahnte sie noch nicht die großen Schwierigkeiten, denen sie begegnen sollte. Kurz bevor sie vor diesem Vorhaben kapitulieren wollte, fand sie den Weg in meine Archive und meine fachliche Unterstützung.

Ich bin glücklich darüber, daß sich eine so brillante Schriftstellerin und Novellistin wie Frau Lehmann-Brune diesem Althoffwerk mit ganzem Herzen zugewandt hat. Und mich erfüllt Zufriedenheit, wenn ich meine langwierige genealogische Arbeit, die mich das Althoffproblem gekostet hat, nun in diesem Rahmen der Öffentlichkeit zuführen kann.

Hier ist ein Werk geschaffen worden, das in der Circusliteratur wegen seiner Einmaligkeit einen exponierten Platz einnehmen wird – denn schließlich und endlich wird hier der größten Circusdynastie der Welt ein literarisches Denkmal gesetzt, wie sie es verdient hat – wahrheitsgetreu, unterhaltend und interessant.

Prof. Dr. phil. Bobby Barell
Dozent für Circulogie

Die Freien von Aldenhoven

··

Das Grab des Circusprinzipals

Der »grüne Wagen« – für die bürgerliche Gesellschaft von jeher ein heimlicher Traum, Inbegriff von Freiheit und Ungebundenheit. Seinen Bewohnern brachte man jedoch meist Verachtung und Mißtrauen entgegen. Das Attribut »ohne Heim und Herd« war für die Seßhaften gleichbedeutend mit »ohne Glauben und Gesetz«. Den »Fahrenden« war die Maringotte Heimat, der einzige Ort, der ihrem unsteten Leben Beständigkeit gab. Hier erblickten sie irgendwo am Rande der Landstraße das Licht der Welt. In der Geborgenheit der hölzernen Wände lebten und liebten sie. Hier taten sie ihren letzten Atemzug. An irgendeinem fremden Ort fanden sie endlich die Ruhe, die ihnen das Leben versagt hatte. Die Pferde zogen an, der Wagen rollte endlos weiter. Zurück blieb ein Grab, das bald in Vergessenheit geriet.

Die weißen Wagen der Automobilkolonne, die an einem Frühlingsmorgen des Jahres 1930 in Reih und Glied ausgerichtet auf dem Dorfanger von Uetze, am Rand der Lüneburger Heide, standen, schienen auf den ersten Blick nichts mehr gemein zu haben mit der Wohnwagen-Romantik früherer Zeiten. »Ton-Film-Schau F. Althoff« buchstabierte der alte Schäfer, der mit seiner kleinen Herde des Weges kam. Während der Hund bellend die Schafe zusammenhielt, blickte der Alte sinnend auf die Wagen. Aus einem stieg Rauch in den blauen Frühlingshimmel. Das mußte der Küchenwagen sein. Zwei kleine Jungen balgten sich im Grase. Der eine wurde von einem alten Mann im Salto unterwiesen. »Aufgepaßt, Harry«, kommandierte er, »Gelenke locker, mehr Tempo, noch einmal ... So, das war gut.«

Zögernd trat der Schafhirt näher und fragte nach dem Direktor der »Historischen Artisten- und Filmschau«. »Der bin ich«, sagte Ferdinand

Althoff, der eben aus einem der Wagen kam, und forderte den Schäfer auf, Platz zu nehmen. Die klaren, klugblickenden Augen des alten Mannes musterten den Direktor, während er mit seinem Stock auf die Reklameschrift deutete: »Sünd Sei mit den Zirkuslüen Althoff verwandt?« Als Ferdinand Althoff bestätigend nickte, zog der Alte seine Pfeife aus dem Rock und begann sie umständlich zu stopfen. »Hm«, meinte er, nachdem er den ersten Zug getan hatte, »denn ward et Sei vielleicht interessieren, dat ick einen Zirkusdirektor kennt hewwe. Oh, et ist all lange her. Et muß in den achtziger Jahren wesen sin. Eines Dages kamm eine Zirkustruppe dörch use Dörp un sleuch upp den sülbigen Platz, wo jetzt öhre Wagen staht, öhr Zelt upp.«

Mittlerweile hatten sich auch die übrigen Familienmitglieder eingefunden. Alle hörten gespannt zu.

Noch am selben Tag hatte der kleine Wandercircus seine erste Vorstellung gegeben, so erzählte der Schäfer. Einer von den Kerls führte einen Ringkampf mit dem stärksten Mann des Dorfes vor, ein hübsches junges Mädchen zeigte Kunststücke auf einem ungesattelten Pferd, und ein Kraftmensch hob zentnerschwere Gewichte. Natürlich war auch ein Dummer August bei der Truppe. Was die Circusleute aber am Abend zeigten, hatte man in Uetze nie zuvor gesehen. Sie spannten ein dickes Seil von der Kirchturmspitze zum Brunnen. »Ick sei em noch vor mi, obwoll doch fast föfdich Jahre sietdem vergann sind. Hei waß en groten, stattlichen Keerl, siene langen Haare weihen in'n Winne, un obwoll hei nich mehr dei Jüngste waß, hei waß sicher all öber siebzig, leip he doch flink un geschickt aß en Wiesel das Seil upp un dal.«

»Und dann?« drängte der kleine Ferdy gespannt, als der Schäfer schwieg, »dann ist er runtergefallen?«

Der alte Mann schien mit seinen Gedanken weit fort zu sein. Er tat ein paar lange Züge aus seiner Pfeife, während sich sein Blick in der Ferne verlor. »Am nächsten Dag wör öhr Direktor krank«, fuhr er endlich fort. Die Circusleute konnten nicht weiterziehen. Zwei Tage später starb ihr Direktor. Er selbst, von Beruf Tischler, hatte seinen Sarg gezimmert, einen größeren, als für die Toten der Gegend sonst üblich. Sie hatten ihn in seinem schönsten Rock und seiner bunten Weste beerdigt und ihm sogar seine goldene Uhr mit ins Grab gegeben. Auf dem alten Kirchhof im Dorf fand er seine letzte Ruhe. Die Angehörigen pflanzten einen Baum und setzten ihm auch einen Stein. »Sei könnt das Graff noch sein, Herr Althoff, ut tat lütje Kömeken von damals iß een groten stattlichen Boom worden.« Der Schafhirte klopfte seine Pfeife aus, nickte den Althoffs grüßend zu und ging zu seiner Herde, die abseits graste. Seinem aufrechten Gang war nicht anzumerken, daß er sich weit jenseits der Neunzig befand.

Ferdinand Althoff sah seinen Vater an: »Was für ein Althoff mag das gewesen sein?« Er bekam keine Antwort.

Am Nachmittag pilgerte die Familie zum Dorffriedhof. Das Grab unter dem großen Baum war schnell gefunden. Auf der Marmortafel stand:

> Hier ruht in Gott der Kunstreiter
> Ferd. Althoff. Geb. den 23. Dezember 1815
> in Freialdenhoven bei Jülich.
> Gest. den 24. April 1888 in Uetze.

In das Schweigen hinein sagte der Sohn nachdenklich zu seinem Vater: »Damals warst du sechzehn oder siebzehn. Weißt du wirklich nicht, wer das war?«

»Mein Großvater.«

Zwei Worte, die Ferdinand Althoffs Leben verändern sollten. Für einen Menschen, der bis dahin nichts über Abstammung und Herkunft seiner Familie gewußt hatte, mag es ein erhebendes Gefühl gewesen sein, als plötzlich in das Dunkel der Vergangenheit ein erstes Licht fiel.

In jenem Frühling pflanzten die Althoffs die ersten Blumen auf das Grab ihres Vorfahren. Ein Jahr später kamen sie wieder nach Uetze – und fanden die Grabstätte nicht mehr. Man hatte die Grabsteine, die als Fundamente für die neue Kapelle dienen sollten, weggerissen und den Friedhof dem Erdboden gleichgemacht. Nur der große Baum bezeichnete noch die Stelle, an der sich das Grab des Circusprinzipals befunden hatte.

Ferdinand Althoff wurde nun erst richtig klar, welch schicksalhafte Bedeutung der Begegnung mit dem alten Schäfer ein Jahr zuvor zukam. Buchstäblich in letzter Minute hatte er die Spur seiner Vorfahren gefunden. Er kaufte die Ruhestätte seines Urgroßvaters für alle Zeiten und ließ einen Findling darauf setzen. Die Marmorplatte, die er unter einem Berg alter Grabkreuze entdeckte, bewahrte er auf. Wiederum war es ein Frühlingstag, als die Althoffs zum letzten Mal an der Grabstätte standen. Ein besonderer Tag – die beiden Söhne Ferdy und Harry wurden eingeschult. Ein neuer Lebensabschnitt begann für sie.

Ferdinand Althoff,
Verfasser des Buches »Die Letzten von Freialdenhoven«.

Ihr Vater machte sich auf die Spurensuche, nicht ahnend, in welches Labyrinth er sich begeben würde. Die Fahrenden, sofern sie überhaupt des Schreibens kundig waren, führten keine Familienchronik. Oft wußten sie selbst nicht einmal, wo und wann sie geboren waren. Die wenigen vorhandenen Familienpapiere, Notizen oder gar Tagebücher und Bilder gingen im Verlauf eines langen Wanderlebens meist irgendwann verloren. So wurde das Grab in Uetze für Ferdinand Althoff wegweisend in die Vergangenheit. Das Sesam-öffne-dich hieß Freialdenhoven, der Geburtsort seines Urgroßvaters. Es konnte nur ein lückenhafter Ansatz werden, dieses erste Kapitel der Althoff-Forschung. Immerhin aber brachte Ferdinand Althoff den Nachweis, daß seine Familie zu den allerältesten deutschen Artistengeschlechtern gezählt werden kann. Er verfaßte sogar eine Broschüre *Die Letzten von Freialdenhoven,* in der er die zu der Zeit noch sehr fragmentarische Geschichte seiner Familie durch allgemeine Circusgeschichte ergänzte. »Die Geschichte meiner Familie mußte zwangsläufig auch eine Geschichte des Circus überhaupt werden, denn untrennbar sind mit dem Namen Althoff die Lebenswege vieler anderer berühmter Artistengeschlechter verbunden«, heißt es in dem kleinen Quartband.

Wie recht er damit hatte. Inzwischen ist erwiesen, daß die Althoffs nicht nur die älteste noch lebende Circusdynastie Deutschlands, sondern sogar die größte der ganzen Welt sind. Mehr als sechzig Circusse sind aus ihr hervorgegangen.

Himmelsreichmänner

»Auch allerley Himmelsreicher tantzten mit wunderlichen Verdrehungen auf dem Seyle. Sie hupfe, springen hinter und für sich, überwerfen sich und machen andere seltsame Geberden, welche lustig anzuschauen sind. In der Stadt zogen sie mit zwei Trommeln und vier Trompeter umher, hatten großen zulauff und mußte die Person für solch Kurtzweill einen halben Patzen geben, davon die Komödianten ein großes Geld aus der Stadt gebracht. Der Himmelreicher und Positur-Meister präsentierte sich, er balancierte eine Maschine mit vielen Gläsern auf der Nase einige Minuten, verdrehte den gantzen Leib, knieet auf dem Seyle, steht wieder auf, leget sich gestreckt hin und kommet wieder empor, ohne im mindesten die Balance zu verlieren, so gewiß sehenswürdig.« Dies vermerkt ein Nürnberger Ratserlaß aus dem Jahre 1649 über das damalige Friedensfest.

Nach dem Friedensschluß in Münster 1648, der den Dreißigjährigen Krieg beendete, sollten die Unterhändler ihrer Majestäten in Nürnberg den endgültigen Abschluß der Verhandlungen mit einem letzten Federstrich dokumentieren. Ein willkommener Anlaß für arm und reich, ein Friedensfest zu feiern. Von weit her waren sie gekommen, die Fahrenden, um ihre Künste gegen Entgelt zu zeigen. Der Krieg war vorbei, nun konnten sie wieder frei und ungehindert über die Landstraßen ziehen. Die Welt stand ihnen offen.

Schon in den ältesten Chroniken wird über die »Himmelsreichmänner«, wie die Turmseilläufer im 16. und 17. Jahrhundert genannt wurden, berichtet. Das eigentliche Element dieser Luftspringer und Seiltänzer war die Luft, der Himmel. Solange sie die Erde nicht berührten, jubelte das Volk ihnen zu, waren sie frei vom Stigma der Fahrenden. Ihr Balanceakt über dem Abgrund bedeutete eine ständige Begegnung mit dem Tod. Bei der »Großen Ascension« ist so manch einer von dem schmalen schwankenden Pfad zwischen Erde und Kirchturmspitze in die Tiefe gestürzt. In einem Frankfurter Paßprotokoll aus dem Jahre 1505 ist zu lesen, daß dem Seiltänzer Meister Hanßen aus Picardy »vergonnen, aus dem Niclas-Turm zu fallen«.

Die Hochzeit zu Compiègne im Jahre 1237 wird wegen eines ungewöhnlichen Ereignisses auch heute noch immer wieder zitiert. Während die Vermählung von Robert, dem Bruder Ludwigs des Heiligen, mit Mechthild von Brabant gefeiert wurde, soll ein Gaukler »zu Roß auf einem durch die Luft gespannten Seil« geritten sein. Bei dem Versuch, dieses Kunststück nachzumachen, kamen andere Epigonen ums Leben.

Von einer unerhörten Waghalsigkeit berichtet ein Nürnberger Ratserlaß des Jahres 1505. Ein Seiltänzer aus Köln ging in der Rüstung eines Ritters auf dem Seil hin und her, tanzte in vollem Harnisch und schnallte sich dazu noch hölzerne Kugeln unter die Füße. Ein anderer »traversierte« 1570 das vom Rathausturm zum Himmlischen Haus gespannte Seil.

Die Besteigung des Hohen Turmseils bedeutete immer Schlußpièce und Höhepunkt des Programms. Ein sogenannter »Turmseilläufer« war auch Heinrich Leynen aus St. Gallen. Über seinen Auftritt verzeichnet die Frankfurer Chronik von 1587: »Heinrich Leynen, ein Seil-Dantzer, ... welcher von dem St. Nicolaus-Thurm an biss an die Leiter ein Seyl gespannt, so hundert und zwanzig Klaffter lang gewesen, darauff hat er viel Gaukeley getrieben, undter andern hat er einen Jungen ohnversehrt in einem Schubkarren auff dem Seyl herunter geführt, selbsten als ein Pfeil herunter geschossen, und ein künstlich Feuerwerck darauff angesteckt.«

Chroniken und Berichte über Seiltänzer könnten so beliebig fortgesetzt werden. Schriftsteller wie Karl von Holtei, Signor Saltarino, Joseph Halperson und besonders Goethe haben ihnen und all den anderen Artisten in ihren Werken ein Denkmal gesetzt. »Auch dem Zirkuskünstler flicht die Nachwelt keine Kränze«, schrieb Halperson in seinem *Buch vom Zirkus*. Sie brauchen einander, der Artist und der Autor. Vielleicht sollte man die Anekdote über den legendären Wilhelm Kolter, der 1795 in Ungarn auf der Reise geboren wurde, so verstehen. In dem wahrscheinlich von Karl von Holtei zusammengestellten *Kolter-Album* heißt es: »Als Gott der Herr die Welt erschaffen und jeglichem Wesen sein Teil

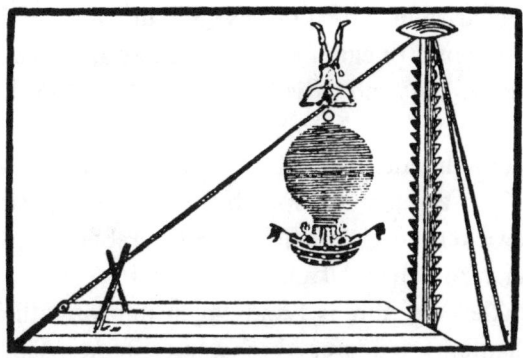

*»Die große Ascension,
worauf Herr Kolter mit und ohne Balancierstange
gegangen ist.«*

zugewiesen hatte, da traten zwei Seelen, die des Dichters und die Kolters, zum Throne Jehovas und sprachen: ›Herr, Deine Welt ist schön, Du hast alles weislich geordnet und jeglichem Wesen angewiesen, davon es sich nähren könne, nur wir beide sind leer ausgegangen!‹ Da lächelte der Schöpfer mild und sprach: ›Ihr irrt! Auch Ihr seid von mir bedacht, denn Dir, Dichter, gab ich das Seil der Phantasie, und Dir, Kolter, gab ich die Phantasie des Seiles!‹«

Die Kunst des Seiltanzes ist alt, schon Griechen und Römer kannten sie. Man vermutet, daß ihr Ursprung auf Kreta zu suchen ist. Von allen artistischen Darbietungen war sie wohl die beliebteste. Diese Erfahrung machte bereits der römische Komödiendichter Terentius 160 v. Chr. Die Uraufführung seiner »Hecyra« (»Die Schwiegermutter«) mußte abgebrochen werden, da eine Seiltänzergesellschaft binnen kürzester Zeit das gesamte Publikum aus dem Theater gelockt hatte. Zu den ältesten Zeugnissen gehören Wandbilder in Herculaneum und Münzen, die auf einer Seite das Bildnis von Caracalla und auf der anderen Seiltänzer zeigen. In den Aufzeichnungen des Geschichtsschreibers Plinius (23–79 n. Chr.) ist bereits von dem fingierten Straucheln zu lesen, das stets einen Angstschrei der Menge auslöste.

Der Konkurrenz der Seiltänzer konnten die Wunderheiler im Mittelalter oft nur begegnen, indem sie selbst das Seil bestiegen, um die Aufmerksamkeit der Leute auf sich zu lenken. Diese »Leutebescheißer«, wie

Dryander die Scharlatane und Quacksalber im Vorwort seines Arznei-
buches von 1542 nennt, pflegten erst allerlei Faxen zu machen, bevor sie
öffentlich Zähne zogen und Klistiere verpaßten. Ein Kupferstich im
Germanischen Museum in Nürnberg zeigt den Sturz des fahrenden
Arztes und Bruchschneiders Karl Bernardin von einem Seil in Regens-
burg im Jahre 1673. Vor seinen »Sprechstunden« ließ er sich in brennen-
des Werg eingewickelt an einem Schrägseil herabfahren, wobei er eines
Tages »schmählich zu Schaden kam«.

All diese Gaukler, die durchs Land zogen und öffentlich ihre Künste
zeigten, ob Seilläufer, Jongleure, Akrobaten, »Starke Männer« oder Pos-
senreißer, bezeichnete man als »Bankisten«, da sie oft und gern zu Festen
oder Gastmahlen (Banquets) reicher Persönlichkeiten geladen wurden.
Die Springer nannte man Saltimbanques. Sie spielten meist »publik«, d. h.
öffentlich, unter freiem Himmel. Als Fahrende, von Gendarmen ge-
hetzt, von der Kirche verfolgt, wurden sie von der bürgerlichen Gesellschaft verachtet, als Künstler waren sie dennoch gern gesehen. Wenn sie
sich mit ihrem dürftigen Karren einer Ortschaft näherten, hallte ihnen
vielleicht der wohlbekannte Ruf entgegen: »Die Wäsche von der Leine –
Komödianten kommen!« So schrieb es hundert Jahre später Heinrich
Seidel in einer Berliner Posse. Dennoch übten sie auf die Menschen einen
geheimnisvollen Zauber aus, dem sich nur wenige entziehen konnten. Ein
nebelhafter Schleier mystischer Vorstellungen lag über ihrer Welt. Überall
dort, wo sie mit ihrem Flittertand und ihren Kunstrequisiten erschienen,
brachten sie Leben und Abwechslung und einen Hauch abenteuerlicher
Romantik in den eintönigen Alltag.

Neben den Seiltänzern und dem »starken Mann« erweckten stets auch
Jongleure und Taschenspieler staunende Bewunderung. In der Mitte des
17. Jahrhunderts durften sie auf keiner Messe, auf keinem Markt fehlen.
Beide benötigten große Fingerfertigkeit für ihre Tricks. Die Bezeichnung
Taschenspieler entstand im Mittelalter und leitet sich von der sogenannten Gaukeltasche ab. In ihr führten die Gaukler ihre Requisiten mit sich,
mit denen sie »spielten«. Der Taschenspieler Jules de Rovère bezeichnete
sich als erster als Prestidigitateur, was »Schnellfinger« (presto = schnell,
digitus = Finger) bedeutet. Die Kunst des Jonglierens kannten bereits die
alten Ägypter, wie Wandmalereien bezeugen. Eine Fülle von Überliefe-
rungen kündet von diesem menschlichen Spieltrieb schon in frühester
Zeit. Ein Kupferstich aus dem Jahre 1753 zeigt den englischen Jongleur
Anthony Maddox. Wie es für diese Zeit charakteristisch war, jonglierte er

auf dem Schlappseil mit sechs Bällen, balancierte ein Wagenrad, ein Tablett mit gefüllten Gläsern und vieles andere mehr.

Der verklärende Schimmer der Vergangenheit läßt aber nur allzuoft vergessen, wie schwer und entbehrungsreich das Leben der Artisten schon immer gewesen ist. Mit dem Flitterkleid legten sie meist auch ihr Lächeln ab. Dann begann das Proben, der Alltag, der Kampf um die Existenz. Die bewunderte Seiltänzerin verwandelte sich in eine sparsame Hausfrau, die sich um das leibliche Wohl der Familie und die Erziehung der Kinder zu kümmern hatte. Wenn ihnen auch nicht, wie es fälschlicherweise immer wieder hieß, »die Knochen gebrochen wurden«, so mußten sie doch schon von klein auf hart trainieren, um ihre Glieder geschmeidig zu machen. Da die Mitglieder einer einzigen Familie meist das ganze Programm zu bestreiten hatten, produzierte sich jeder in den unterschiedlichsten Künsten.

»Unsere berühmte Romanische Meisterin wird sich befleißen, die hochgeneigte Liebhaber zu contentieren auff dem steiffen Seil mit kunstreichen Sprüngen vorwärts wie auch rückwärts und hoch caprollieren daß wenig ihresgleichen werden gesehen haben.« Die Komödianten benutzten in ihren Ankündigungen stets Superlative, um das Volk anzulocken. Eine »italienische Seiltäntzer-Banda« verkündete, daß »fünf Hunde aus China vorgewiesen werden, die von Natur den Kopf wie ein Löw, die Füße wie ein Tiger, und im ganzen Leib kein einziges Haar haben, worunter einer auch halb Hund, halb Affe ist, und sich durch einige Kunststücke besonders auszeichnen wird«.

Die Zahl der Schaulustigen war groß, wenn die Bankisten auf dem Dorfanger oder Marktplatz ihren wackligen Bretterverschlag errichteten. Ein verschlissener Teppich wurde ausgerollt, auf dem die Akrobaten, oft mit Hilfe eines Federbretts, des »Tremplins«, ihre komplizierten Sprünge zeigten und ein »Starker Mann« Gewichte hob. Dann kam der Höhepunkt. Die Seiltänzer schlugen drei Kreuze, bevor sie hoch über den Köpfen der Leute ihr erstaunliches und ans Unglaubliche grenzendes Können zeigten. Sowie die Zuschauer merkten, daß sich die Vorstellung ihrem Ende näherte, stahl sich einer nach dem anderen heimlich davon, denn nun ging der Teller um. Es hing allein von der Geschicklichkeit und Überzeugungskunst des Prinzipals ab, das Publikum zum Bleiben zu überreden, bis er abgesammelt hatte. Manches Mal war der Platz jedoch schon vorher wie leergefegt. Dann blieb den Gauklern nichts anderes übrig, als ihre Requisiten einzupacken und weiterzuziehen. Die Zuschauer, die die Künstler um ihre wohlverdienten Groschen gebracht hatten, machten sich wohl in den seltensten Fällen klar, wie viele Schweißtropfen die Kunststücke sie gekostet hatten, wie hart ihr Kampf ums tägliche Brot war.

Viele dieser Fahrenden blieben namenlos. In den Chroniken wurde oft nur von den verblüffenden Kräften eines »starken Mannes aus Leipzig« oder den ungewöhnlichen Kunststücken einer »Seiltänzertruppe aus Augsburg« berichet. So fand auch eine Künstlertruppe Erwähnung, die einst vom Jülicher Land auszog, die »Aldenhovener Seiltänzer«. In diesem Fall ist es unschwer zu erraten, daß es sich um die von Saltarino erwähnte »weitverbreitete deutsche Bankistenfamilie Althoff« gehandelt haben muß. Um die »Freien aus Aldenhoven« wehte noch die frische Luft der Landstraße. Zwischen Aussaat und Ernte gehörten auch sie ihr an, der weiten Welt der Fahrenden.

Bauern und Bankisten

Einer Legende nach soll der Stammvater der Althoffs ein Findelkind gewesen sein. Etwa um das Jahr 1660, so die mündliche Überlieferung, wurde in dem niederrheinischen Freialdenhoven bei Aldenhoven ein Baby gefunden. Da seine Eltern unbekannt waren, gab man dem kleinen Jungen den Namen Michael Aldenhoven. So wie in diesem Fall führte das Fehlen von Dokumenten nur allzu oft zur Bildung von Sagen und Legenden.

Die Althoffs führen ihren Ursprung auf einen Michael Aldenhoven zurück, dessen Existenz urkundlich allerdings nicht nachgewiesen werden kann. Der erste Hinweis auf das Wirken einer fahrenden Gauklerfamilie aus dem niederrheinischen Dorf Aldenhoven soll von 1677 datieren. Der französische Dramatiker Racine, so heißt es, hätte in einem Brief an La Fontaine über einen Banquisten berichtet, den er auf der Messe von St. Laurent bewundern konnte. Er soll diesen Artisten, wie es damals üblich war, nach seinem Heimatort Aldenhoven genannt haben. Nachweisbar ist, daß die Circusdynastie Althoff aus dem Dorf Freialdenhoven, jetzt Ortsteil von Aldenhoven, bei Jülich stammt. Auch die Entstehung dieses Namens ist umstritten. Stolz darauf, vom Lehnsdienst befreit zu sein, soll sich eine Gruppe von Bauern aus Aldenhoven als die Freien von Aldenho-

*Im Winter Bauern,
reisten die »Freien von Aldenhoven« nach der Aussaat
als Bankisten durch die deutschen Lande.*

ven bezeichnet haben. Vermutungen, Spekulationen, ohne die wohl keine Geschichtsschreibung auskommt, am wenigsten die des Circus. Im besonderen Maße trifft dies auf die Dynastie der Althoffs zu. Die wenigen historisch gesicherten Fakten zusammenzutragen, ist einem Puzzle vergleichbar, von dem einzelne Teile fehlen.

In einer Chronik aus dem Jahre 1740 wird ein Seiltänzer und Flußläufer Johann Aldenhoven erwähnt. Auf ihn führen alle Althoff-Familien ihren Stammbaum zurück. JOHAHNNES oder Jean ALDENHOVEN, der sich den Künstlernamen Pierre-Jacques zugelegt hatte, wurde 1691 in Freialdenhoven geboren. Ein genauer Nachweis sei nicht mehr möglich, teilte der Pfarrer von Freialdenhoven am 17. 5. 1932 Ferdinand Althoff mit, da »...nach einer Notiz im alten Taufbuch die früheren Bücher in der Zeit von 1670 – Raubkriege Ludwigs XIV. – von einem französischen Soldaten geraubt worden sind«. Johannes und seine Frau Susanne von Asten sollen bereits mit einer Turmseilläufertruppe gereist sein.

Ihr Sohn FRANZISKUS/François, 1732 in Freialdenhoven geboren, gilt urkundlich als der eigentliche Stammvater der Dynastie. Es heißt, er sei Turmseilläufer gewesen, was aus den Urkunden jedoch nicht hervorgeht. Nebenher soll er Arzneien verkauft haben. Der Beruf seines 1750 geborenen Bruders Heinrich, der sich auch Henry nannte, wird mit Tuchmacher angegeben. Franziskus und Heinrich sind in den Kirchenbüchern noch unter dem Nachnamen Aldenhoven eingetragen. Ihre Nachfahren schreiben sich Althof und zuletzt Althoff. Diese ständige Namensänderung ist leicht zu erklären, da das einfache Volk in früheren Zeiten des Lesens und Schreibens nicht mächtig war. So kommen im Kirchenregister der Gemeinde Freialdenhoven zwischen 1691 und 1817 fünf verschiedene Schreibweisen des Namens vor: Aldenhoven, Aldhoven, Althof, Althoven und Althoff. Für zusätzliche Verwirrung sorgte die während der »Franzosenzeit« Anfang des 19. Jahrhunderts eingeführte französische Schreibweise der Namen.

Franziskus Aldenhoven wurde am 31. 12. 1768 mit Katharina Weidenbach, Tochter eines Polizisten, in der Pfarre St. Foillan zu Aachen getraut. Von ihren zahlreichen Kindern konnten nur drei urkundlich nachgewiesen werden. Die Familie bewirtschaftete einen kleinen Hof an Gelindenend, später in Lindenend und danach in Althoffstraße umbenannt. Das Haus stand dort noch bis 1910, mußte dann aber einem Tanzsaal weichen. Der Standesbeamte von Aldenhoven schrieb 1976, eine Frau im Ort könne sich noch erinnern, »daß gegenüber dem Haus (dem jetzigen Saal) auf einer Wiese, die heute noch existiert, immer Proben (Seiltanz, Pferdedressuren) stattgefunden haben«.

Dieser feste Wohnsitz, den die Aldenhovens immer wieder aufsuchten, garantierte ihnen Heimat- und Bürgerrecht, wodurch sie sich in ihrem Ansehen wesentlich von den heimat- und damit rechtlosen Fahrenden jener Zeit unterschieden. Im Winter betrieb Franziskus seine kleine Landwirtschaft in Freialdenhoven. War die Aussaat beendet, hielt es ihn nicht mehr auf der heimischen Scholle. Die Aldenhovens sollen hauptsächlich auf der westlichen Rheinseite, über die Vogesen bis hinauf in den Jura gereist sein. Sie zeigten ihre Künste auf Messen und Märkten, Plätzen und Dorfangern. So verschafften sie sich bis zur Ernte einen guten Nebenverdienst.

Heute vor Dreschflegeln in der Scheune,
morgen vor Königen in den Palästen spielen,
heute bettelarm, morgen goldbeschenkt,
das gibt den echten Komödiantenhumor,
aus dem die wahre Tragik keimt.

Dieses Zitat des englischen Schauspielers Kean läßt sich auch auf die Gaukler und Seiltänzer des 18. Jahrhunderts anwenden, wenngleich sie wohl nur selten »goldbeschenkt« weitergezogen sein mögen. Ferdinand Althoff beschreibt in seinem Büchlein *Die Letzten von Freialdenhoven*, wie die Bankisten von Freialdenhoven im 18. Jahrhundert kreuz und quer durch die Lande zogen:

»Der Herr Kunstreiterprinzipal und Seiltänzer Franz Aldenhoven, der zur damaligen Zeit mit seiner kleinen Truppe alljährlich immer die gleichen Orte im Rheinland und in Süddeutschland besuchte und sich dort schon einer volkstümlichen Beliebtheit erfreute, kannte sein ›Hohes, Höchstes und Allerhöchstes‹ Publikum. Aldenhoven war ein sehr vielseitiger Künstler, in seiner Person vereinigten sich Kunstreiter, Seiltänzer, erster Trompeter und ›Musje Pojatz‹ genauso harmonisch wie Kassierer, Programmansager und ›Permissionsmacher‹.

Er hatte ein fabelhaftes Gedächtnis und merkte sich die Gesichtszüge jedes einzelnen, der bezahlt hatte, ganz genau. Wehe aber dem Unglücklichen, der seinen Obolus nicht entrichtet hatte! Wenn dann nach Beginn der Vorstellung Aldenhoven als ›Musje Pojatz‹ (Peias sagt man in anderen Gegenden) das Publikum zwischen den einzelnen ›Piecen‹ mit seinen ›Foppereien‹ unterhielt, kam es vor, daß er, während seine Augen beständig auf einen Punkt im Zuschauerraum starrten, plötzlich zu schreien begann: ›Er hat nicht bezahlt, der Lump!‹ und dabei mit dem Finger den Unglücklichen fast aufzuspießen schien. Rührte sich dann das Opfer noch immer nicht, sprang Musje Pojatz mit einem kühnen Schwung über das niedrige Seil und beförderte den Nassauer höchst eigenhändig vor das Tor seines Kunsttempels.«

Noch eine andere lustige Episode ist uns von dem alten Bankisten Franz Aldenhoven überliefert worden. Er eröffnete die Vorstellung mit einer kleinen Ansprache an das Publikum, in welcher er die einzelnen Piecen ankündigte. Dann kam eine Ermahnung, daß jede Arbeit eines gerechten Lohnes wert sei:

Aber geht der Teller rum,
Läuft davon das Publikum!

Er bitte deshalb das hochverehrte Publikum, stehen zu bleiben und zu zahlen. Meistens gab Aldenhoven noch den guten Rat, wer überhaupt kein Geld oder es vergessen habe, der solle ruhig stehen bleiben und – sich von seinem Nachbarn etwas pumpen!

Die ganze Truppe des Herrn Prinzipal bestand nur aus Familienmitgliedern, die sehr vielseitig und in allerhand Künsten wohlgeübt waren, da sie ja eine ganze Vorstellung ausfüllen mußten. Da war zunächst einmal die Frau Prinzipalin, eine echte Artistenmutter, die mit ihrer Sparsamkeit, Bescheidenheit und mit unermüdlichem Fleiß außerordentlich viel dazu beitrug, daß alle Familienmitglieder sich körperlich und künstlerisch zur Zufriedenheit entwickeln konnten. Bei dem »Paradereiten« bediente sie stets die große Pauke, und später in der Vorstellung hatte das Publikum sehr oft Gelegenheit, die Frau Prinzipalin als Kunstreiterin, Seilläuferin, Assistentin bei gymnastischen Vorführungen und manchen anderen Künsten zu bewundern. Ihre Söhne waren Athleten, Reiter, Gymnastiker, Jongleure, überhaupt alles, was ein tüchtiger Artist der damaligen Zeit nur lernen konnte. Aber auch die Töchter, die in ihren luftigen Mullröckchen allerlei Kunststücke auf dem Pferde mit viel Grazie und Geschick ausführten, waren vortreffliche Artistinnen.

Das waren noch gute alte Zeiten, als die Aldenhovens nach langem Winterquartier sich auf die Landstraße begaben und die Dörfer und Städte im wahren Sinne des Wortes »abklapperten«. Man reiste in einspännigen Planwagen, vor die der ganze Marstall, manchmal drei Pferde nebeneinander gespannt waren. Schon aus weiter Ferne konnte man die fahrenden Leute erkennen. Den Zug eröffnete der Wagen mit der Frau Prinzipalin auf dem Kutschersitz, hinter ihr die anderen Familienmitglieder. Der zweite Wagen war mit Requisiten und Körben, die das notwendigste Gepäck der Künstler enthielten, vollgepackt. Nie fehlte das Banner der Komödianten: die große Trommel, die mit dem dazugehörigen Bock stets hinten auf den Wagen gebunden war.

Kamen die ersten Häuser eines Dorfes in Sicht, machte der Herr Prinzipal große Toilette. Dann ritt er, mit einer Trompete und dem mächtigen Permissionsbuch bewaffnet, der Truppe voraus und suchte die Behörde des Dorfes auf, um die »Permission«, die Erlaubnis zum Auftreten, zu erlangen. Wurde sie erteilt, so rief sein mächtiger Trompetenstoß die anderen Künstler herbei, und unter heftigem Trommelwirbel fuhr die Künstlergesellschaft in das Dorf ein, um vor dem größten Wirtshaus haltzumachen.

Wie ein Lauffeuer geht es nun durch das Dorf: »Die Komödianten kommen!« und bald ist die ganze Jugend vor dem Wirtshaus versammelt. Nach kurzer Zeit beginnen die Künstler mit dem Aufbau einer kleinen Arena. Zunächst werden einmal Pfähle ausgeborgt. Der Prinzipal schreitet gewissenhaft die Distanzen ab und bezeichnet die Stellen, wo diese Pfähle in den Erdboden geschlagen werden sollen. Dann werden Seile, die man sich selbstverständlich auch ausleiht, um die Pfähle gezogen, und damit ist der Platz der Vorstellung gekennzeichnet. Geborgte alte Fässer werden nun mit gleichfalls gepumpten Brettern belegt, und unter den Augen der Zaungäste entsteht in allerkürzester Zeit der »Zuschauerraum«. Für die Honoratioren stellt der Gastwirt eine Anzahl Stühle zur Verfügung. Unterdessen haben die Söhne den Dorfschmied aufgesucht und sich von ihm Wagenachsen, Räder und schwere Eisenteile für ihre athletischen Produktionen ausgeliehen. Wird an Schwungseil oder Tanzseil gearbeitet, oder gibt es gar Kunstreiterei, so macht man aus Sand und Sägespänen eine Manege.

Während der Prinzipal mit seinen Söhnen diese ebenso einfache wie billige (d. h. zusammengepumpte) Arbeitsstätte aufbaut, durchwühlt im Gasthaus seine Frau Kisten und Kasten nach den Glanzstücken ihrer Garderobe, denn mittags muß »Parade geritten« werden. Nicht nur die Frauen glänzen in Kleidern, bunt mit allerlei Flitter besetzt, auch die Männer sind höchst farbenprächtig ausstaffiert und »kostbar anzuschauen«. Programmzettel und Affichen (Plakate) sind eine sehr teure Reklame, deshalb begnügt man sich meistens mit dem »Parade reiten«. Die Behörden finden das ganz in Ordnung und kennen keine einschränkenden Bestimmungen.

Die Tete des Umzuges eröffnet der Herr Prinzipal in vollem Wichs. Er bläst dabei eifrig und laut die erste Trompete. Auch alle anderen Mitglieder der Truppe, ob Männlein oder Weiblein, sind »musikalisch«. Die Waldhörner oder Posaunen, oder was sonst noch zufällig vorhanden ist, wird von den Kindern mit mehr oder weniger großer Kunstfertigkeit bedient, um nicht zu sagen mißhandelt. Es kommt meistens nur auf die Lautstärke an, denn das Musikstück ist bei allen diesen Gesellschaften dasselbe, nur fällt es nach der Anzahl der ausübenden Kräfte mehr oder minder dürftig aus. Etwaige Mängel oder Mißtöne berichtigt und verdeckt die Frau Prinzipalin mit viel Geschick durch die Lautstärke der großen Pauke.

Nach dem Umzug zieht sich die Artistenmutter zurück und widmet sich der Zubereitung des Mittagsmahles für die hungrigen Mäuler ihrer Lieben. Es darf nicht unerwähnt bleiben, daß gute Gaben in Form von Fleisch, Kartoffeln und Gemüse nicht nur entgegengenommen, sondern sogar erwartet werden. Auch die Sorge für die Fourage überläßt man gern den hilfsbereiten Dorfbewohnern.

Nur dem Herrn Prinzipal ist es gestattet, sich nach dem Essen ein wenig aufs Ohr zu legen. Die Söhne und Töchter müssen sich unterdessen die letzten Requisiten zusammenpumpen und alle Vorbereitungen für eine gut klappende und schnelle Abwicklung des Programms treffen. So ist es mittlerweile Spätnachmittag geworden. Die Bauern sind von den Feldern ins Dorf zurückgekehrt und umstehen nun im lebhaften Schwatz Wagen und Manege der reisenden Künstler. Schon beginnen die ersten Zuschauer sich nach den besten Sitz- und Stehplätzen umzusehen.

Plötzlich ertönen Trompeten- und Posaunenklänge, als gälte es, die Mauern von Jericho zum Einsturz zu bringen. Die Vorstellung beginnt. Während die letzten Säumigen ihre Plätze einnehmen, steht auf einem Postament neben dem Eingang das jüngste Töchterchen der Truppe in einem Mullröckchen und dreht gar artige Pirouetten, ab und zu ein Kußhändchen den Zuschauern hinwerfend.

Jetzt beginnt der Prinzipal mit Stentorstimme die erste »Piece« anzukündigen: »Die kleine Demoiselle Aldenhoven wird auf dem Rücken eines Pferdes sich durch einige besonders interessante Touren auszeichnen!«

Von den Zuschauern mit einem lebhaften »Ah!« und »Oh!« begrüßt, trabt die kleine Künstlerin in die Manege. Während die Demoiselle Aldenhoven sich produziert, hat der Herr Prinzipal sich inzwischen in einem der Nachbarhäuser in das Pojatz-Kostüm gesteckt und macht von dem Fenster des Hauses durch Rufen und Schreien das Publikum auf sich aufmerksam. Dann erscheint er auf dem Platz und die »Foppereien« mit der Frau Prinzipalin beginnen.

Jetzt wechselt schnell und in bunter Reihenfolge das Programm, immer von den Pojatzspäßen des Prinzipals begleitet. Die männlichen Mitglieder der Aldenhoven-Truppe zeigen ihre Fertigkeiten als Jongleure, Athleten oder Akrobaten, bis dann die Frau Prinzipalin hoch zu Roß in der Manege erscheint. Während der ganzen Vorstellung muß das »Personal«, das

»Parade reiten«,
der Umzug durch den Ort, war früher die billigste
und beste Werbung.

augenblicklich nicht beschäftigt ist, die Musik zu den Produktionen liefern.

Eine beliebte Attraktion ist das »Glas-Reifstück«, auch scherzhafterweise »Gaglementsstückchen ohne Netz« genannt. Dieses Kunststück ist so leicht, daß selbst die jüngsten Artistenkinder es ausführen können. Ein Glas wird im Munde, ein zweites auf dem Kopf balanciert, und dann zieht man einen Reifen zuerst über die Beine, dann über den Körper und schließlich über den Kopf hinweg. Genauso beliebt ist eine Kautschuknummer, die darin besteht, daß ein Schlangenmensch mittels eines Sporns an seinem Stiefel sich Brotstücke von einem Teller in den Mund steckt.

Nun kommt die große Pause. Da es schon dunkel geworden ist, werden irdene große Schalen mit Öl und Docht auf einem erhöhten Brett aufgestellt. Jetzt beginnt der »Clou« der Vorstellung, zuerst eine Attraktion auf dem Schlappseil, dann auf dem hohen Turmseil. Die Vorbereitungen dazu sind nicht immer ganz einfach. Das Seil wird entweder zwischen zwei hohen Kreuzpfosten oder einfachen Gerüststangen, die man sich von einem Maurermeister ausgeborgt hat, aufgespannt. Man unterscheidet den Tanz mit und ohne Balancierstange. In dieser Produktion sind die Aldenhovens als alte Seiltänzerfamilie in ihrem Element, und der kleine Jacob tanzt verschiedene »sehr artige Tänze auf dem Seil und speist auch auf demselben«. Die kleine Demoiselle Louise zeigt einen Pas de force, und zuletzt sieht man einen richtigen Menuettanz, ausgeführt von zwei Personen der Truppe.

Was ist dies aber alles gegen das, was jetzt kommt! Schon die Vorbereitungen sind aufregend und nervenkitzelnd. Der Herr Prinzipal wendet sich in seiner Ansprache an das »geneigte Publikum« und bittet, es mögen sich zwölf starke Männer melden, die ihm bei seiner nächsten Produktion behilflich sein wollen. Er macht die sich Meldenden mit ernster Stimme darauf aufmerksam, daß seine Gesundheit, ja, sein Leben von ihrer Kraft, ihrer Ruhe, ihrer Ausdauer abhängig sei.

Vom nahen Kirchturm haben unterdessen die Söhne ein Seil hinunter bis an die Luke einer Scheune gespannt. Damit das Seil nicht in Schwingungen geraten kann, wird es »abgesegelt«, d. h. alle fünf Meter werden feste Stricke an dem Seil befestigt, deren Enden bis zum Erdboden hinunterreichen und dort von kräftigen Bauernburschen gehalten werden sollen. Nachdem die Hilfskräfte noch einmal ermahnt worden sind, ihre Stricke ja recht fest zu halten, beginnt der Herr Prinzipal sein berühmtes Turmseillaufen, an das sich das Publikum noch lange Zeit und nur mit Schaudern erinnern wird.

Hierbei sei erwähnt, daß das dafür notwendige Hanfseil und die Hilfsrequisiten die einzigen Gegenstände sind, die sich die Artisten nicht zusammenpumpen, denn von der Güte und Haltbarkeit des Turmseils hängt das Wohl und Wehe ihres Prinzipals ab.

Jetzt sieht man ihn in der Luke der Scheune, in die das eine Ende des Seiles mündet, erscheinen. In seinen Händen trägt er eine lange Balancierstange. Zögernd, prüfend setzt er das eine Bein auf das Seil, um die Festigkeit zu erproben. In diesem Augenblick beginnt das gesamte Orchester mit ohrenbetäubendem Lärm zu spielen. Gleichzeitig erscheinen seine Söhne mit zwei langen Stangen, die mit Lumpen umwickelt und mit Pech getränkt, vorzügliche Fackeln abgeben. Noch eine letzte Ermahnung an die Bauernburschen, ja die Stricke fest und ruhig zu halten, dann beginnt der kühne Seilläufer zum Turm hinauf zu eilen.

Atemlos, sich krampfhaft an ihren Stöcken oder den Kleidern des Nebenmannes festhaltend, starrt die Menge auf den Mann, der in luftiger Höhe mit einer Leichtigkeit, die fast an Zauberei grenzt, sich immer höher und höher auf dem schwankenden Seil schnell aufwärts bewegt, bis er die Luke des Turms erreicht hat. Jetzt legt er die Stange ins Genick, dreht sich schnell auf dem Seile um und grüßt das wie gebannt herauf-schauende Publikum durch einige Referenzen. Dann beginnt der Abstieg. Langsam läuft er das Seil herunter, als er ungefähr die Mitte erreicht hat, scheint es, als würde er ins Wanken kommen. Plötzlich rutscht er aus. Durch die Menge geht ein Aufschrei. Doch mit einer Geschicklichkeit ohnegleichen bekommt er im Fallen das Seil zwischen die Beine und schnell ist er wieder auf den Füßen. Die Zuschauer brechen in einen rasenden Beifall aus, sie ahnen nicht im mindesten, daß dieser kleine Zwischenfall im Eintrittsgeld mitgerechnet ist. Als der Seiltänzer dann wieder die Luke der Scheune erreicht hat, will der Jubel überhaupt kein Ende nehmen, selbst dann nicht, als die Frau Prinzipalin und die anderen Künstler nochmals mit dem Teller durch die Menge gehen.

Und damit endet die »große Gala- und Festvorstellung« der Bankisten-truppe des Franz Aldenhoven. Eine Stunde später sind Frau und Kinder des Herrn Prinzipal schon längst in der »Klappe«, denn der Chef führt ein strenges, patriarchalisches Regiment; er selbst aber sitzt mit den Honora-tioren des Dorfes in der Schenke und wird gastfreundlich mit Bier und kräftigem Landwein traktiert.

Am frühen Morgen zieht die Truppe schon zeitig zum nächsten Dorf und nach der üblichen »Permission« beginnt dort das gleiche Schauspiel.

Wenn diese von Ferdinand Althoff aufgezeichnete Schilderung viel-leicht auch nicht ganz den Tatsachen entspricht, so mag sie doch eine ungefähre Vorstellung davon geben, wie sich das Leben der Bankisten von Aldenhoven damals abgespielt hat.

Von den neun Kindern der Eheleute Franziskus und Katharina Alden-hoven ist nur über den 1763 in Freialdenhoven geborenen JAKOBUS (französisch Jacques) bekannt, daß er die Tradition fortsetzte und wie seine Vorfahren zwischen Aussaat und Ernte durch die Lande zog. In der Geschichte der Althoffs, aber auch in der des deutschen Circus, kommt ihm besondere Bedeutung zu. Während Vater und Großvater das Pro-gramm noch allein mit Angehörigen der Familie bestritten, nahm Jakobus auch fremde Artisten in seine Gesellschaft auf und konnte so mehr Abwechslung und Vielfalt bieten. 1790 entstand aus dieser Truppe der erste Circus der Althoff-Dynastie, die ARENA ALTHOFF. Jakobus soll der Überlieferung nach mit seiner Gesellschaft auch im benachbarten Frank-reich gereist und sogar in Paris mit Erfolg aufgetreten sein. Neben einem

»wohlgefüllten Säckel« brachte er von diesen Reisen vor allem reiche Erfahrung mit, denn die deutsche Circuskunst steckte zu der Zeit noch in den Kinderschuhen.

Ein Einwohner von Freialdenhoven konnte sich in den zwanziger Jahren gut an den »kleinen Schauspieler und Pferdedresseur« erinnern. »Zur Zeit der Franzosenherrschaft zog er nach Frankreich, gab dort einige Jahre Vorstellungen und kam dann als sehr wohlhabender Mann nach Freialdenhoven zurück«, erzählte er. »Der alte Althoff gründete dann die Anfänge des großen Zirkus und zog mit seiner Familie wieder mutig in die Welt hinaus. Seine beiden Söhne hießen Wilhelm und Dominik.«

Anno 1790 ist noch ein zweites wichtiges Ereignis im Leben des Jakobus Althoff zu verzeichnen: seine Eheschließung mit Charlotte Caroline Bauer. Ihre Heiratsurkunde ist in französischer Sprache abgefaßt. Als Beruf beider Eheleute wird darin Musicien(ne) angegeben. Die Bezeichnung »Musiker« dürfte aber im weiteren Sinne des Wortes zu verstehen sein.

Über Jakobus Tod gibt eine Eintragung im Beerdigungsbuch der Evangelisch-lutherischen Johannisgemeinde Frankfurt am Main-Bornheim aus dem Jahre 1836 Auskunft:

> Am 6ten April, Mittwoch Mittags um 1 Uhr, starb in dem Gasthause zum Nassauer Hof bei Wirth Dammann dahier (an Wassersucht): Jacob Althof (kathol. Bek.), equilibristischer Künstler aus Aachen, Ehemann der Caroline geborene Bauer; der Leichnam desselben wurde, nach eingeliefertem ärztlichem Zeugnisse über die Nothwendigkeit des Begräbnisses vor Ablauf der vorschriftsmäßigen Zeit, Freitags den 8ten desselben Monats nach hierorts üblichem Gebrauche unter Geläute u. mit Begleitung der Schuljugend christlich zur Erde bestattet u. auf dem hiesigen Gottesacker begraben.

Aus der Ehe waren elf Kinder hervorgegangen. Zwei starben bereits im Kleinkindalter, die übrigen begründeten die weitverzweigte Sippe, in der Circus-Historiker drei Hauptlinien unterscheiden.

Der am 3. 9. 1807 in Neuß geborene älteste Sohn WILHELM A. Althoff blieb im Aldenhovener Raum. Dieser Zweig wird als RHEINISCHE LINIE bezeichnet. AUGUST, am 2. 1. 1815 geboren, vertritt die CELLER LINIE, da seine Familie vorwiegend in Niedersachsen beheimatet war. Im selben Jahr, am 23. 12. 1815, kam jener FERDINAND zur Welt, der 1888 in Uetze begraben wurde. Seine Nachfahren sind hauptsächlich in Brandenburg, Anhalt und Sachsen zu finden. Mit ihm beginnt die MÄRKISCHE LINIE. Die RHEINISCHE LINIE verzweigte sich nochmals in drei Nebenlinien, die durch Wilhelm A.'s Söhne begründet wurden: ANTON WILHELM = PFÄLZER LINIE, JAKOB = BADENER LINIE und DOMINIKUS = MÜNSTE-RANER LINIE.

Durch dieses System ist es gelungen, die unentwirrbar erscheinenden Verzweigungen und Verflechtungen überschaubar zu machen. Ein Lebenswerk, das dennoch nie abgeschlossen sein wird. Immer wieder geschieht es, daß unerwartet Licht in das Dunkel der Vergangenheit fällt und das Sippengebilde verändert.

Pferdetheater

....

Die Celler Reiter

Landrinette 1
1824

Noch Knabe war ich, als Trompetenklang
Frühmorgens einst zu meinen Ohren drang –
Hinaus, hinaus, das sind Husaren!
Kommt! Um die Ecke! Dort hat es geschallt!
Fort auf den Markt! – Da sahn wir freilich bald,
Daß die Trompeter keine Krieger waren.

Berittne zwar, phantastisch angetan!
Zuerst ein Neger mit gestickter Fahn',
Danach ein Mädchen, stehend auf stolzem Pferde!
Sechs, sieben Jahre alt! Mit der kleinen Hand
Den Braunen zügelnd! Schimmernd im Gewand
Der Amoretten! Lächelnd von Gebärde!

Dann Frauen und Männer, sitzend hoch zu Roß!
Wehn seidner Mäntel! Ritterlich Geschoß!
Horn, Trommeln, Federn und Barette!
Und, o der Renner und Geschirre Pracht! –
Doch dachten wir bei Tag und auch bei Nacht
Zumeist nur an die Amorette. –

Treffender als Ferdinand Freiligrath in seinem Gedicht »Landrinette«
könnte man sie heute kaum beschreiben, die Reitgesellschaften. So sind
sie damals in langer Karawane über die staubigen Landstraßen gezogen.
Ob im Schein der ersten Frühlingssonne, bei Regen und Sturm oder im
tauenden Schnee – Ahasver, dem ewigen Juden gleich – waren sie rastlos
unterwegs von Dorf zu Dorf, von Jahrmarkt zu Jahrmarkt.

Scharfer Trommelwirbel kündigte den Bewohnern der kleinen Ortschaft das Erscheinen der Kunstreitergesellschaft an. Kaum hatte die
Mittagsglocke ausgeläutet, hielt der abenteuerlich bunte Trupp seinen
Einzug. Die sogenannte »Parade«, der Umzug durch den Ort, war eines
der wirksamsten Werbemittel. Von den gellenden Tönen der Signaltrom-
pete angelockt, lief jung und alt herbei, um die schmucken Reiter auf
ihren prächtig aufgeschirrten Pferden zu bestaunen. Besonders der Herr
Prinzipal in seiner römischen Phantasieuniform erregte große Bewunderung. Aber auch die anderen Mitglieder der vierzehnköpfigen Truppe
hatten sich mächtig herausgeputzt. Die Reiterinnen posierten in maleri-
schen Tänzerinnenkostümen auf ihren Pferden und warfen der gaffenden
Menge Kußhände zu.

Je nach Größe des Ortes stoppte der Zug mehrmals. Nach einem
Trompetenstoß verkündete der Prinzipal dann mit donnernder Stimme,
daß »mit hoher obrigkeitlicher Bewilligung die hier angekommene hoch-
berühmte Kunstreitergesellschaft hierselbst außerordentliche Vorstellungen in der höheren Reitkunst zu geben die Ehre habe und das hochverehrte Publikum um zahlreichen Zuspruch bitte ...«

Alsbald begann auf dem dafür geeigneten Platz geschäftiges Treiben.
Die Reitergesellschaften machten nicht viele Umstände. Gleich den
Bankisten waren sie Publikspieler, die ihre Kunst im Freien zeigten. Ein
abgestecktes Gelände oder eine bretterumzäunte Freifläche dienten ihnen
als Arena. Manche Truppen bevorzugten das Halbdunkel, um ihren oft
fadenscheinigen Kostümen einen romantischen Zauber zu verleihen.

Ein schauriges Trompetengeschmetter kündigte den Beginn der Vorstellung an. Der Stallmeister verbeugte sich unter Peitschengeknall. Danach erschien das Pferd, eine prächtige Schabracke unter dem Holzsattel.
Oft waren die Tiere aber auch nur malerisch mit den Überresten einer
alten Gardine drapiert. Ihm folgte der Reiter, je nach Größe und Ansehen
der Gesellschaft mehr oder minder prunkvoll gekleidet.

Die Repertoires der frühen Kunstreitergesellschaften ähnelten einander. Sie zeigten Hindernisreiten, Stehendreiten auf zwei und drei Pfer-

den, Kopfstand im Sattel und das Aufnehmen von Gegenständen vom Erdboden in voller Karriere. Absoluter Höhepunkt war das Aufheben einer Stecknadel. Diesen Trick hätten die Zuschauer nur mit Ferngläsern, die es jedoch zu der Zeit noch nicht gab, kontrollieren können. Einige Kunstreiter bezogen Seiltänzer in ihr Programm mit ein, um es abwechslungsreicher und attraktiver zu gestalten.

Über den Auftritt des bekannten englischen Reiters Balp mit seiner Kunstreitergesellschaft auf dem Schützenplatz in Zürich 1783 berichtete die *Zürcher Zeitung*: »Wer vor einigen Jahren den Engländer Hyam sah, glaubte, was Großes gesehen zu haben; aber Herr Balp übertrifft ihn um ein Merkliches. Seine Tours, die er im Voltigieren, Balancieren etc. im vollen Galoppe macht, sind in jedem Betracht Meisterstücke. Auch Madame Balp reitet mit einer Grazie, die ihr Jedermanns Beifall schafft. Noch hat Herr Balp drei Gefährten und einen Neger (aus Amerika..., er redte französisch, war katholisch und hieße Jean Baptiste), die große Geschicklichkeit zeigen. Er hat 24 Pferde, eine prächtige, mannigfaltige Garderobe und eigene, wohlbesetzte türkische Musik, die während des Spektakels spielt. Alle Morgen, wenn er des Abends spielt, ritte er im Pomp, nebst seiner Frau und Bedienten, der 16 waren, unter Musikspiel durch die Stadt.«

Wo immer die Kunstreiter auch auftreten mochten, über mangelnden Zulauf konnten sie sich kaum beklagen. Auf dem Markt oder Dorfanger drängte sich das Volk. Am begehrtesten aber waren die Fensterplätze, nicht nur wegen der besseren Sicht. Dort befand man sich außer Reichweite, wenn der Teller umging.

Zu den Kunstreitern zog es auch August Althoff. Den 1815 geborenen Sohn von Jakobus und Caroline Althoff hielt es nicht länger im Jülicher Land. Er hatte wohl das unruhige Vagantenblut seiner Eltern, nicht aber die Liebe zur Scholle geerbt. Als echtes Bankistenkind trieb es ihn in die Ferne. Er nahm Abschied von Freialdenhoven und gründete eine Reitgesellschaft. Ihre Habseligkeiten und »Requisiten« in den Satteltaschen, zogen sie durch die deutschen Lande. Später verlegte der Prinzipal den Wirkungskreis seiner Gesellschaft nach Niedersachsen. In Celle wurde er schließlich seßhaft.

Der Name seiner Frau ist nicht überliefert. 1846 gebar sie ihm einen Sohn, den sie Wilhelm nannten. Vermutlich wird das Ehepaar mehrere

Nr. 2

Celle am —————— ——— ten

Januar tausend neunhundert *drei*.

Vor dem unterzeichneten Standesbeamten erschienen heute zum
Zwecke der Eheschließung:

1. der *Kunstreiter Rudolf Wilhelm Altorff* ——————

der Persönlichkeit nach —————————————— be kannt,

Katholischer Religion, geboren am *zweiundzwanzigsten*
Mai —————— des Jahres tausend *acht* hundert
einundsiebzig —— zu *Langen* ——————
————————, wohnhaft in *Neuhaus Kreis*
Celle

Sohn der Eheleute *Kunstreiter Carl Altorff* und
Maria geborene Arenes ————————
————————————————— wohnhaft
in *Neuhaus* ——————————

2. die *Jeweline Doris Friederike Heine, geb La-*
vis ————————

der Persönlichkeit nach ————————————— be kannt,

lutherischer Religion, geboren am *siebzehn* ten
September —— des Jahres tausend *acht* hundert
neunundsiebzig zu *Celle* ——————————
————————, wohnhaft in *Celle* ——————

Tochter der Eheleute *Handelsmann August Rudolf*
Burchard Heine und Sophie geborene Ahrens
————————————————— wohnhaft
in *Celle* ——————————

Celle, den 18. Juni 1940.

(marginalia)

Celle, den 17. Juni 1948.
(marginalia)
23/1948
Der Standesbeamte.
Kragemann

Die Urkunde über die Eheschließung des Kunstreiters
Rudolph Wilhelm Altorff mit Caroline Doris Friederike Heine
am 9. 1. 1903 trägt am Rande den Vermerk, daß am 18. 6. 1940

*auf Anordnung des Amtsgerichts in Lüneburg
der Name des Kunstreiters Rudolf Wilhelm Altorff nicht Altorff,
sondern Althoff geschrieben wird.*

Kinder gehabt haben, es gibt darüber jedoch keinen Nachweis. Wilhelm wurde ein ebenso tüchtiger Kunstreiter wie sein Vater, aus dessen Reitgesellschaft unter seiner Führung der CIRCUS WILHELM ALTHOFF hervorging. Seine Frau Anna, eine geborene Kröger, schenkte ihm 1875 einen Sohn, AUGUST, der ebenfalls Kunstreiter wurde. Er führte das von seinem Vater übernommene Geschäft als CIRCUS AUGUST ALTHOFF weiter. August Althoff starb 1950 in Neuhaus bei Celle. Über Nachkommen aus seiner Ehe mit Johanna Born ist nichts bekannt.

So verliert sich die Spur der CELLER LINIE, der einzigen Althoff-Linie, die nicht mehr existent ist. Oder doch? Bis auf den heutigen Tag erhitzen sich die Gemüter an der Frage: Sind »sie« echte Althoffs oder nicht? »Sie« behaupten es – die »echten« bestreiten es. Der Circushistoriker Barell bezeichnet diesen Zweig als »Pseudo-Linie«. Schuld an dem ganzen Wirrwarr ist mal wieder ein Findelkind, aber diesmal handelt es sich wohl nicht um eine Legende. Ein Findelkind ist für Genealogen ein Greuel. Es macht jedes weitere Forschen im Ahnendschungel unmöglich und beflügelt höchstens die Phantasie der Dichter.

Ob Findelkind oder nicht, die Eltern jenes Kindes, das am 20.3.1847 in Kloster Kroneberg geboren, gefunden oder ausgesetzt wurde, waren unbekannt. Der kleine Junge bekam den Namen Karl (Carl) Altorff. Vermutlich wuchs er im Kloster auf. August Althoff nahm ihn später als Eleven auf und bildete ihn zum Kunstreiter aus.

Karl Altorffs Ehe mit Marie (Maria) Arendt entstammten drei Kinder. Sein Sohn Rudolf (Rudolph) Wilhelm wurde 1878 in Langen geboren. Aus den Unterschriften auf der Heiratsurkunde von Rudolf Wilhelm und Caroline Altorff, geborene Heine, geht einwandfrei hervor, daß das Ehepaar den Namen Altorff trug. Dies beweisen auch die Geburtsurkunden ihrer Töchter Friederike Elfriede 1914 und Dora Henriette Luise 1917. Erst am 18.6.1940 wurde beim Amtsgericht Lüneburg eine Umschreibung des Namens Altorff in Althoff urkundlich.

Rudolf Wilhelm Altorff wird in den vorliegenden Dokumenten als Kunstreiter bzw. Schausteller bezeichnet. Seine Nachfahren brachten es zu Circusdirektoren und riefen mehrere bedeutende Unternehmen ins Leben, unter denen besonders die von Elfi und Carl Althoff begründeten bekannt wurden.

Einheit der Vielfalt:
Circus

Sie waren die Wegbereiter des Circus – die Kunstreiter. Im 18. Jahrhundert verlegten viele der besser privilegierten Akrobaten ihre Künste von der ebenen Erde auf den Pferderücken. Damit kamen sie dem Geschmack des Volkes entgegen, fand doch die Reiterei von jeher ihre Anhänger. Der Akrobat wurde zum Reiter.

Schon im Jahre 1588 wird zum ersten Mal authentisch über einen Kunstreiter berichtet, der sich in Prag vor Kaiser Rudolf II. produzierte: »Er stand im vollen Rennen auf dem Sattel, saß ab, sprang wieder auf, stellte sich im ›strengen‹ Laufe des Pferdes auf dem Sattel auf den Kopf und machte andere Kunststücke mehr, die der Kaiserlichen Majestät wohl gefielen, ›darauf er eine stattliche Verehrung davon gebracht‹.«

Ein Holzschnitt im Germanischen Nationalmuseum in Nürnberg zeigt Christian Müller-Kamin auf einem mit plumpem Holzsattel versehenen »künstlichen Pferd«, auf dem er »kunstvolle Attitüden und Exercitia« vollführte, wie die Nürnberger Chronik von 1647 berichtet. Er war jedoch kein Kunstreiter, sondern ein Turner, der das hölzerne Pferd für seine Übungen konstruiert hatte. Das Turngerät »Pferd« ist auf seine Erfindung zurückzuführen.

Das Pferd gehörte schon im Altertum zu den beliebtesten Tieren. Um so schwieriger ist es für die Archäologen, die Anfänge der Reitkunst zu bestimmen. Soll man sie in Libyen suchen? Waren die alten Ägypter die ersten Reiter? Die Mauer der großen Pfeilerhalle in Theben spricht dafür. Auf ihr ist ein Kunstreiter abgebildet, der nach Art der Voltigeure seitlich an der Kruppe seines dahinsprengenden Pferdes hängt. Oder hatte sie ihren Ursprung im alten Byzanz? Die gymnastisch-equestrischen Spiele auf galoppierenden ungesattelten Pferden, die dort gezeigt wurden, könnten diese These bestätigen. Michel de Montaigne schreibt in seinen »Essais« von kühnen Reitern, die in Konstantinopel ihre Künste zeigten, auf zwei nebeneinander rennenden Pferden standen, einen Fuß auf dem Sattel des einen und mit dem anderen auf dem Sattel des zweiten Pferdes; dabei hielt der eine Reiter den anderen auf den Armen. Dieser zweite Mann kletterte ihm auf die Schulter, schoß von da stehend, bei vollem

Rennen des Pferdes, mit seinem Bogen und verfehlte sein Ziel nie. Andere stellten sich inmitten von Säbelspitzen, die um den Sattel herum befestigt waren, im Sattel auf den Kopf, die Beine in der Luft, und das alles geschah immer im vollen Lauf...

Schon frühzeitig gab es auch Versuche, das Pferd zu bestimmten Kunststücken abzurichten. Eine Miniatur aus einer Handschrift des 14. Jahrhunderts zeigt ein tanzendes Pferd. Denkende und rechnende Pferde sind auf Holzschnitten des 16. Jahrhunderts dargestellt. In Wien zeigte 1691 ein gewisser Daniel Schmidt in einer Holzbude ein dressiertes Pferd. Auf den Ankündigungszetteln hieß es: »Jedermänniglich seye bekannt gemacht, daß allhier ein trefflich Holländisch Pferd ist angekommen, welches allerley rare und schöne Künste machet, dergleichen noch niemahlen in der Welt von einem Pferde seynd gesehen worden. Verstehet auch die Schlag-Uhr, und den Zeiger, so es mit soviel Stößen des Fußes weiset: Solcher gestalt auch das ganze Karten-Spiel. Kennt auch allerhand Geld, welches bey Menschen Gedenken nie ist erhört worden. Es kennt auch die Zahl der Augen auf den Würfeln. Es gehet auch mit einem Amper herum, das Geld zu sammeln.«

Dergleichen Künste wurden von manchen Zeitgenossen als Teufelswerk ausgelegt. Sie hielten die »künstlichen Pferde« für verzauberte Menschen und wähnten sie und ihre Reiter mit dem Satan im Bunde. So machte man 1610 in Frankreich einem Pferd den Prozeß. Samt seinem Herrn, der ihm einige Kunststücke beigebracht hatte, sollte es als Zauberer verbrannt werden. Ganz anders in England. Dort wurde hundertfünfzig Jahre später ein Pferd als Wundertier bestaunt.

Als der Sergeant-Major Philip Astley 1766 seinen Dienst in General Eliots Regiment of Light-Dragoners quittierte, schenkte ihm sein Vorgesetzter in Anerkennung seiner Verdienste ein »Spanisch Pferd«. Der geschenkte Gaul wurde Star seiner 1768 gegründeten Riding-School, in der an den Nachmittagen auch Schauvorführungen stattfanden. Er schrieb mit dem Huf den Namen seines Gebieters in den Staub, klopfte Stunde und Tag des Monats auf die Erde und zeigte auf den Besitzer des Tuches, das man ihm ins Maul gelegt hatte.

»Zum Schluß mimte es einen Kranken, legte sich auf die Erde und tat so, als stürbe es. Doch wenn sein Herr rief, daß Krieg gegen die Spanier geführt werde, schnellte es plötzlich hoch.« Der Mann, der dieses Dressur-Kunststück fertigbrachte, ging als »Vater des Circus« in die Geschichte ein.

Morocco, das rechnende und denkende Pferd.
Holzschnitt aus dem 16. Jahrhundert.

England, das Geburtsland des Circus, die Heimat des Pferdesports, gab auch den Kunstreitern seinen Namen: »Englische Reiter«. Ihre Ära begann mit John Price, einem arbeitslosen Riding-Master, zwischen 1750 und 1760 in Dobney bei Islington. Der Sportschriftsteller Strutt schrieb über ihn u. a., daß er in »full speed« auf drei Pferden stehend seine Künste zeige. Von England brachen sie Mitte des 18. Jahrhunderts auf und trugen den Ruhm der englischen Reiterei durch Europa bis nach Rußland.

Um 1760 tauchte der Schotte Jacob Bates auf dem Kontinent auf. Er wandte sich zunächst nach Paris, wo er 1767 als erster seine Kunst in einer mit Zuschauertribünen ausgestatteten Arena zeigte. Seine Pferde, die er, bis zu vier nebeneinander, stehend und voltigierend, ritt, waren jagdmäßig gesattelt und gezäumt. Er selbst trug ein Kostüm nach Art der Piköre: rotes einreihiges Jackett mit Umlegekragen und breiten Manschetten, eng anliegendes Beinkleid, das über dem Knöchel endigte, Stiefeletten, auf dem Kopfe die schwarze Pikörkappe, dazu eine Jagdreiterpeitsche.

Unter den namhaften Englischen Reitern, die den Kontinent eroberten, war auch John Hyam. Seine »Eroberungen« hatte er freilich nicht nur seinem Können auf dem Gebiet der Equestrik zu verdanken. Der exzellente Groteskreiter, eine Adonis-Erscheinung, war der erklärte Abgott der Wienerinnen, die einen förmlichen Kult mit ihm trieben. Kaiserin Maria Theresia sah sich schließlich veranlaßt, in einem Reskript zu verfügen, daß Hyam, wenn er fortfahren sollte, den Frauenzimmern Wiens die Köpfe zu verdrehen, unnachsichtig ausgewiesen werden würde. 1784 wurde ihm dann allerdings sogar das Privileg zuteil, sich mit seiner Gesellschaft in der k. k. Hofreitschule zu produzieren.

In Deutschland hatten die Kunstreiter einen wesentlich schlechteren Start. Geradezu unerwünscht waren sie in Preußen während der Regierungszeit Friedrich Wilhelms I. und seines Sohnes Friedrich II. Die Preußen-Könige hatten für das »Fahrend' Volk« nichts übrig und erteilten keine Spielerlaubnis. Besonders auf die Kunstreiter war Friedrich der Große nicht gut zu sprechen. Abfällig meinte er, diese Personen maßten sich an, besser im Sattel zu sitzen als seine Husaren und seien nicht einmal Soldaten gewesen. Eine solche freche Anmaßung müsse mit Exerzitien geahndet werden. So kam es, daß die meisten Fahrenden einen großen Bogen um Preußen machten.

Das früheste Zeugnis einer Kunstreiter-Gesellschaft in Deutschland findet sich in der *Schwäbischen Chronik* in Stuttgart. Am 2. 5. 1788 trat die Reitgesellschaft Kolder und Wieland mit großem Erfolg dort auf. Johann Kolders Sohn Wilhelm wurde unter dem Namen der »Alte Kolter« der berühmteste deutsche Turmseilläufer.

In Osnabrück gastierte im Juli 1800, wie die Chronik vermerkt, »eine hier aus Berlin angekommene Englische Kunstreiter-Gesellschaft des Herrn und Madame de Bach, gewesene Price, geborene Masson aus London«. Sie präsentierte zwölf Darbietungen der Reitkunst und Pferdedressur. Nach dem Tode des Englischen Reiters William Price, einem Sohn des erwähnten John Price, hatte seine Witwe Rosalie den polnischen Kunstreiter Christoph de Bach geheiratet, der dadurch zu einer eigenen Gesellschaft gekommen war. Die Truppe trat nicht nur in Deutschland auf, sie gab Gastspiele in Wien und Prag, reiste durch Italien und kam bis nach Rußland. De Bach gehörte zu den wenigen hervorragenden Kunstreiter-Prinzipalen, denen in Wien der Titel eines »K. K. privilegierten Kunst-Bereiters« zuerkannt wurde. Zu den Privilegien zählte das Vorrecht, »bei der Parade durch die Stadt die kaiserliche Fahne entrollen zu dürfen, vor welcher, wenn der Weg gerade an einer Militärwache vorbei-führte, diese pflichtschuldigst ins Gewehr zu treten hatte«. Es ist anzu-nehmen, daß durch de Bachs englische Frau Verbindung zu Astley bestand, der sein großes Vorbild war. 1808 eröffnete de Bach in Wien seinen Circus Gymnasticus.

Auch Rudolf Brilloffs Truppe nannte sich Kunstreiter-Gesellschaft. Sie war wenig bekannt und erlangte erst nach ihrem Zusammenschluß mit Guido Brandt als »Kunstreitergesellchaft Brilloff und Brandt« einige Bedeutung. Ab 1841 konnte Brilloff auf seinen Ankündigungszetteln als erster auf ein Privileg hinweisen, das ihn mit besonderem Stolz erfüllt haben muß: »Generalkonzessionierter Kunstreiter S. M. des Königs von Preußen«. Viele später bedeutende Circus-Direktoren haben bei Brilloff »gedient«. So war er der Reitlehrmeister von Renz, Hinné, Salamonsky, Schumann, Carré und Wollschläger. Brilloff kann – abgesehen von dem Polen de Bach – als Stammvater des deutschen Circus angesehen werden.

Ernst Renz, der bei Brilloff vom Lehrling zum persönlichen Freund und Star des Programms avancierte, war diesem gegen eine »Abstands-summe« von seinem früheren Prinzipal de Bach übergeben worden. Im Circus Gymnasticus in Wien hatte er seinen ersten equestrischen Triumph gefeiert, zum ersten Mal aber auch die bittere Bedeutung des Wortes »Konkurrenz« erfahren müssen – durch ein sechsjähriges Mäd-chen. Seine Nummer wurde abgesetzt. »Der kleinste Kosak« mußte der »Jüngsten Kunstreiterin der Welt« weichen. Das verdankte Ernst Renz der rheinischen Kunstreiterfamilie Knebel, die von de Bach engagiert worden war, und ihre zarte blondhaarige Tochter groß herausbrachte. Später wurde Direktor Laurent Franconi auf die graziöse Reiterin aufmerksam. Er holte sie nach Paris, wo Virginie Kénébel als »la belle Kénébel« in den vierziger Jahren des vorigen Jahrhunderts der gefeierte Liebling war. Sie heiratete Laurents Sohn Viktor Franconi. Als ihr eigentlicher »Entdecker« gilt jedoch Baptiste Loisset, der Stammvater der berühmten Kunstreiter-familie. Über ihn und die anmutige Virginie, eine »Fanny Elßler zu Pferde«, schreibt Freiligrath in seinem zweiten Gedicht »Landrinette«.

1835

An einer Ecke drauf ward Halt gemacht...
Es war noch früh. »Was treibt Ihr diese Nacht?« –
Gegähne durch die ganze Gruppe.

»Nun denn! Theater, Café, Karussell?« –
»Pah! sehn wir lieber noch die Kénébel!
Baptiste ist da mit seiner Truppe!« –

Sechs Türken und sechs Amazonen! – Ha,
Sieh, den Pikör der Reiter! Jenen da!
Den Schnurrbart mit den prallen Schenkeln;
Das ist Baptiste! Sieh, wie den Gaul er hetzt!
Sieh, mit den üpp'gen Reiterinnen jetzt
Beginnt er frisch ein lustig Plänkeln!

Und wer führt die? Doch nicht die Kénébel? –
»Die«, sagt man, »hat ein lüsterner Gesell
Beschwatzt, daß sie mit ihm entrinne.
Sei's! bald von selber trifft sie wieder ein!« –
Wer aber mag die Amazone sein? –
»Nun, wer denn anders als die Hinné?« –

»Was, Hinné?... Teufel, doch dieselbe nicht,
Die...« Und wie Schuppen fiel's mir vom Gesicht!
's war Minna Hinné! Landrinette!
Zur prächt'gen Ros' erschloß die Knospe sich;
Das Kind ward Weib, und einer Venus glich
Heut jenes Tages Amorette!

Mit jenem »lüsternen Gesell'« war nicht etwa ein Liebhaber gemeint, sondern der spätere Schwiegervater der Kénébel, Laurent Franconi. Aber nicht Virginie Kénébel hatte Freiligrath so entzückt, daß er sie in zwei Gedichten verewigte. Seine »Landrinette« hieß Minna (Wilhelmine) Hinné und war die Tochter des Circusprinzipals Johann Hinné. Später machte sie auch als Frau von Gaetano Ciniselli, dem Senior der großen italienischen Circusdynastie, von sich reden. Als eine der ersten drehte diese Kunstreiterin zum Abschluß ihrer Panneauarbeit einen Salto mortale.

Der Salto mortale zu Pferd wurde schon in den zwanziger Jahren des vorigen Jahrhunderts gezeigt. Das breite gepolsterte Panneau kannte man zu der Zeit aber noch nicht. Die Kunstreiter benutzten einen harten weißen Brettsattel, nach dem sie seinen Träger »Nudelbrett-Schimmel«

Der Sergeant-Major Philip Astley
ging als »Vater des Circus« in die Geschichte ein.

nannten. Dieses antike Requisit gab es später ebenso wenig mehr wie den originellen Kunstreitertypus, der einst das Rückgrat des Circus gebildet hatte. Sie beide haben den Circus geschaffen. Mit dem Pferd begann seine Geschichte. Die Kunstreiter-Gesellschaften stellten das Bindeglied dar zwischen Bankisten, Gymnastikertruppen und dem späteren Circus.

Pferde waren auch Philip Astleys Lebensinhalt. Um ihnen den bestmöglichen Rahmen zu geben, konzipierte er eine neue Art Theater – mit »equestrischen Schauspielern«. Mit seinem Pferdetheater machte Astley Geschichte, anders jedoch, als er es sich vorgestellt hatte. Was er als »Einheit der Vielfalt« schuf, wurde der erste Circus. Am 30. April 1768 gab er in London seine erste Vorstellung.

Anfangs hatte der ehemalige Sergeant-Major seine Kunst noch auf einem durch Pfosten und Stricke abgegrenzten freien Platz gezeigt. Auf

*Außenfront und Innenansicht von Astleys 1769
an der Westminster Bridge errichtetem Circus,
der schon überdachte Galerien für die Zuschauer hatte.*

dem neu erworbenen Gelände an der Westminster Bridge waren die teuren Galerieplätze bereits überdacht. Astley nahm weitere Reiter in seine Truppe auf, dazu Akrobaten und den Clown Fortunelly. Vormittags ritt er »Parade« und verteilte die Reklamezettel. Einlaß war um vier Uhr. Mrs. Astley saß an der Kasse. Mit Beginn der Vorstellung um fünf Uhr fungierte sie als Orchester, indem sie die große Trommel bearbeitete. Das Programm war abwechslungsreich. Besonders gefielen die pantomimischen Szenen, von denen die 1771 gezeigte »Reise des Schneiders nach Brentford oder der seltsame Scharfblick seines Pferdes« am erfolgreichsten wurde. Astley persönlich spielte den Hauptdarsteller.

Mit der Errichtung eines überdachten Holzbaus im Jahre 1779 war das erste Circusgebäude kreiert. »Walkers Hiberian Magazine« von November 1779, das in der Guilhall Library in London aufbewahrt wird, enthält eine Abbildung. Die rechteckige, an den Innenseiten leicht gerundete Rennbahn erstreckte sich je zur Hälfte in den zweigeschossigen Zuschauerraum und in den tiefen Bühnenraum. Aus den Programmzetteln jener

Astleys »Olympisches Theater« in London,
das mit Manege, Bühne und Orchestergraben ausgestattet war.
Etwa 1790.

Jahre wird deutlich, daß Astleys »Amphitheatre of Arts« bereits die vier verschiedenen Darbietungsformen zeigt, von denen der Circus getragen wird: Reitkunst, Artistik, Clownerie und Vorführung exotischer Tiere. Die Exoten kamen als letzte ins Programm, der reitende Affe Jocky und später »General Joco«. Das Pferd blieb dominant, wobei sich die equestrischen Darbietungen jedoch schon wesentlich von denen der Kunstreiter unterschieden. Alles andere war für Astley »Beiwerk«, das im Grunde nur dazu diente, seine Pferdenummern besser zur Geltung zu bringen.

Astley hatte, dem Zeitgeschmack folgend, die Bezeichnung Amphitheater bewußt aus der Antike abgeleitet. Der später gebräuchliche Begriff »Zirkus« wurzelt zwar im Lateinischen (circus = Kreis, Ring), ist aber auf das englische Wort »circus« (kreisförmiger Platz) zurückzuführen. 1780 erbaute Charles Hughes, der vorher bei Astley Clown und Reiter war, auf dem Royal Circus genannten Platz in London ein Konkurrenzunternehmen. »Royal Circus« stand über der Eingangspforte. So kam der Circus auf Umwegen zu seinem Namen.

Pferdedressur um 1800 im Circus Franconi.

Nach seinem erfolgreichen Gastspiel am französischen Königshof ging Astley 1782 nach Paris. Dort realisierte er mit seinem »Amphithéatre Anglois«, das er am Boulevard du Temple errichtete, die für die Circusgeschichte des 19. Jahrhunderts bezeichnende Verbindung von Bühne und Manege. Ein Jahr später konnte das Gebäude sogar schon durch dreißig Kandelaber erleuchtet werden. Astley, der zwischen London und Paris ständig hin- und herpendelte, zeigte in seinen Amphitheatern nun auch pompös ausgestattete Pantomimen. Das von ihm erfundene Hippodrama, ein Theaterstück hauptsächlich mit Pferden, war stets der Höhepunkt des Programms. Selbst die bedrängenden politischen Ereignisses wußte er auf diese Art noch für sich zu nutzen. Nach der Erstürmung der Bastille am 14. Juli 1789 besorgte er sich aus dem Wachsfigurenkabinett des Dr. Curtius, das später unter dem Namen seiner Nichte Madame Tussaud weltbekannt wurde, Wachsabdrücke der unter der Guillotine gefallenen Köpfe von Bastille-Gouverneur de Launay und Gendarmeriekommandant Flesselles. Die schon einen Monat später in London stattfindende Premiere seiner Pantomine »Das von Unruhen heimgesuchte Paris oder die Stürmung der Bastille« wurde ein Riesenerfolg.

»Erster moderner Circus: Circus Astley in Paris. Zeit: Französische Revolution. Die Leistungen der Artisten: Verblüffend. Es gibt eigentlich überhaupt nichts, was der neue Revolutionsmensch nicht kann...«, schreibt Alexander Kluge über diese Zeit.

Für den Engländer Astley traf das Zitat nicht zu. 1793 zwangen ihn die politischen Verhältnisse, Paris zu verlassen. In dem Bürger Antoine Franconi, der schon als Kunstreiter bei ihm debütiert hatte, fand er einen würdigen Pächter für sein englisches Amphitheater während seiner Abwesenheit. Dank Astley hatte der Circus auf dem Kontinent Fuß gefaßt. Franconi machte ihn als Cirque Olympique weltbekannt. Der Olympische Circus wurde zu einem allgemeingültigen Begriff, Maßstab und Vorbild aller zu jener Zeit bestehenden Unternehmen. Das Karussell des »Circus Business« drehte sich, kam auf Hochtouren und drohte oft genug, zum Show-Spektakel abzugleiten.

Von der Arena zum Kinocircus

»Das Manteuffelchen«

Sein Grab löste die Spurensuche nach der Herkunft der Familie aus. FERDINAND ALTHOFF, der Sohn von Jakobus und Caroline, war der Stammvater der MÄRKISCHEN LINIE. Die noch im Jahre 1888 unterschiedliche Schreibweise des Namens wird aus der Eintragung im Kirchenbuch zu Uetze ersichtlich. Sie lautet ebenso wie die Geburtsurkunde Aldhoven, während die Sterbeurkunde auf den Namen Ferdinand Althoff ausgestellt wurde.

Ferdinand erblickte am 23. Dezember 1815 in Freialdenhoven das Licht der Welt. Genau wie seine Brüder kehrte auch er seiner Heimat den Rücken. Als Seilkünstler und Kunstreiter zog er ostwärts und wählte später Gardelegen zu seinem Stammsitz. Seine Nachkommen reisten ebenfalls zumeist in Brandenburg, Anhalt und Sachsen.

Mit seiner Frau Johanna Bernhard gründete Ferdinand eine Hochseiltruppe mit Arena, aus der der spätere CIRCUS FERDINAND ALTHOFF hervorging. Die Arena, eine von einer Rundleinwand umgebene Manege ohne Zelt, war in den Anfangszeiten des Circus sehr verbreitet. Das Programm wurde größtenteils von dem Ehepaar und seinen acht Kindern bestritten. Wenn man den überlieferten Geschichten glauben darf, so spielte sich eine Vorstellung etwa folgendermaßen ab: Zur Eröffnung präsentierte sich Johann, der Älteste, mit allerlei Kapriolen auf dem Pferd als zukünftiger Kunstreiter. Nach ihm ritt seine Schwester Johanna auf einem schneeweißen zierlichen Pferd in die Manege. Ihre angeborene Grazie und Koketterie entzückten die Zuschauer mehr als ihr Können, dem noch die letzte Vollendung fehlte. Einer der Höhepunkte des bunten Programms soll das berühmte Rechenpferdchen Prinzeß gewesen sein, ein Pony mit »Pferdeverstand«, das von dem Herrn Prinzipal persönlich vorgeführt wurde. Es konnte Rechenaufgaben lösen und durch Hufscharren wiedergeben. Die »Unterhaltung« zwischen dem intelligenten Vierbeiner und seinem Lehrer hat, wie erzählt wird, im Publikum immer große Begeisterung ausgelöst.

Der Ausbruch des Deutsch-Dänischen Krieges 1864 war ein schwerer Schlag für das Althoffsche Unternehmen. Drei seiner Hauptakteure, Sohn ANTON und die Neffen Johann Wilhelm und Friedrich Wilhelm wurden zum Westfälischen Husaren-Regiment Nr. 8 eingezogen. Ein Jahr später, nach Kriegsende, war Ferdinands Circustruppe zwar wieder komplett, aber schon im Mai 1866 kam ein neuer Mobilmachungsbefehl. Die drei Reservisten mußten einrücken und ihren Prinzipal erneut im Stich lassen. Im kurz darauf ausbrechenden Krieg Preußens gegen Österreich und den Deutschen Bund wurden die Paderborner Husaren der sogenannten Main-Armee zugeteilt. In einem der Gefechte gegen die Bayern zeichnete sich Anton Althoff durch sein tapferes Verhalten aus und bekam dafür eine Belobigung.

In der Armee wurde Anton wegen seiner frappierenden Ähnlichkeit mit Generalfeldmarschall von Manteuffel allgemein nur »das Manteuffelchen« genannt. Der dichte Schnurr- und Kinnbart, den er sich während des Feldzuges wachsen lassen hatte, ließ ihn älter erscheinen. Mit seiner hohen, schlanken Gestalt, dem etwas wirren Kopfhaar und den kühlen durchdringenden Augen unter der breiten Stirn konnte man ihn ohne weiteres für den jüngeren Bruder des Generals halten. Dem Oberkommandierenden der Main-Armee, Edwin von Manteuffel, bereitete die Existenz eines Doppelgängers großes Vergnügen. Wo immer sich die Gelegenheit bot, richtete er ein paar freundliche Worte an ihn. Die Althoffs bewahrten pietätvoll eine abgenutzte Zigarrentasche auf, das Geschenk des großen Vorgesetzten an seinen Doppelgänger. Als Anton im weiteren Verlauf des Feldzuges leicht verwundet wurde, erkundigte sich der General voll Anteilnahme nach seinem Befinden und ließ ihm eine gute Flasche Wein zukommen.

Die Paderborner Husaren waren stolz darauf, ihren eigenen »Circus« zu haben. »Ein Althoff ist ein guter Artist, zwei von ihnen ergeben eine gute artistische Nummer – drei aber bedeuten einen ganzen Circus«, hieß es. Anläßlich des Stiftungsfestes zum fünfzigjährigen Bestehen des Westfälischen Husaren-Regiments Nr. 8 am 14. Juni 1865 hatten die drei Althoffs Gelegenheit, ihr Können unter Beweis zu stellen. Höhepunkt der Festlichkeiten sollte eine Circusvorstellung sein. Anton Althoff hat später oft davon erzählt. Er selbst fungierte als Regisseur und bildete zusammen mit seinen beiden Vettern die künstlerische Elite als Kunstreiter, Seiltänzer, Jongleure und Zauberkünstler. Darüber hinaus mußten sie aber auch noch unter ihren Kameraden artistische Talente entdecken, um ein anspruchsvolles Programm zusammenstellen zu können. Der Erfolg war groß. Zur Belohnung bekamen die drei Circuskünstler Sonderurlaub.

Das Ende des Krieges bedeutete für die meisten Männer die glückliche Heimkehr zu ihren Familien. Nicht für Anton Althoff. In Neuruppin, wo der Circus stand, führte sein Vater ihn zu einem frischen Grabhügel. Antons Frau war kurz zuvor bei der Geburt von Zwillingen gestorben. Eins der Kinder folgte ihr zwei Tage später. Dem Vater blieb nur die kleine Antonia. Sein starker Lebenswille und die den Artisten eigene Zähigkeit halfen ihm, den Schicksalsschlag zu überwinden. Das väterliche Unternehmen wurde ihm jedoch zu eng. Er wollte sich selbst eine Existenz aufbauen.

Ferdinand Althoff respektierte den Wunsch seiner Kinder nach Selbständigkeit. Auch sein ältester Sohn JOHANN hatte ein eigenes Unternehmen gegründet, den CIRCUS J. ALTHOFF. Jetta, wie HENRIETTE allgemein genannt wurde, war mit Rudolf Mark verheiratet, der zusammen mit seinem Bruder Otto den CIRCUS GEBRÜDER MARK leitete. JOHANNA und ihr Mann Hermann Beine gründeten die ARENA BEINE.

Im Gegensatz zu ihren Geschwistern, die zumeist in der Mark Brandenburg und in Sachsen reisten, fand MINNA durch ihre Ehe mit dem Holländer Robert Röber in den Niederlanden eine neue Heimat. Dort riefen die Röbers den CIRCUS ROBERTI ins Leben. Von ihren fünf Kindern führte Robert später das elterliche Geschäft weiter, während Karl in Westfalen den CIRCUS WESTFALIA gründete. Seine Frau, Irmgard Winter, gehörte ebenfalls einer großen Circusfamilie an. Robert und Minna Röbers Tochter Amanda heiratete den Hochseilartisten Louis Weitzmann aus der berühmten alten Weitzmann-Familie. Louis hätte fast das Licht der Welt auf dem Hochseil erblickt, denn noch am Tage seiner Geburt war seine Mutter über das Seil gelaufen. Da sie nach der Entbindung einige Tage aussetzen mußte, sprang die achtzigjährige Großmutter für sie ein und zeigte ihre Kunst auf dem Seil wie in jungen Jahren. Wagemut und Pflichterfüllung um jeden Preis bis ins hohe Alter – für den Artisten sind dies selbstverständliche Tugenden.

Ferdinands Tochter LISETTE und ihre zahlreichen Nachkommen gäben Stoff für ein eigenes Kapitel. Sie war nicht nur eine hervorragende

Kunst- und Schulreiterin, sondern ritt bereits im Herrensattel, was damals einer Sensation gleichkam. Mit ihrem Mann Nikolaus Reuß gründete sie CIRCUS UND HIPPODROM LISETTE ALTHOFF. Um diese Heirat gab es durch eine Namensverwechslung lange ein großes Verwirrspiel. Der Name ihres Mannes wurde irrtümlich mit Heinrich Prinz angegeben, was zu der Vermutung führte, sie sei mit Prinz Heinrich XX. von Reuß-Köstritz vermählt gewesen. Jener Prinz von Reuß hatte jedoch die bekannte Parforcereiterin Chlothilde Loisset geheiratet, mußte deswegen auf die Erbfolge verzichten und nahm den Titel »Graf von Reichenfels« an. Lisettes Tochter Henriette vermählte sich mit dem Circusbesitzer Carl Probst. Ihre fünfzehn Kinder und Enkel übervölkerten die Mark, so daß die Circusgründungen kaum noch zu zählen sind. Neben dem CIRCUS PROBST entstanden die Circusse PROSCHO, SCHOLLINI-PROSCHO, SARANI und WEISHEIT.

Von Ferdinands acht Kindern blieb nur AUGUSTE mit ihrem Mann Johann Weber, die beide Kunstreiter waren, im väterlichen Geschäft. Mit Unterstützung seines Vaters konnte sich auch ANTON bald ein eigenes Unternehmen aufbauen. Zunächst war es nur eine kleine Arena mit wenigen Pferden. Zusammen mit seiner zweiten Frau Luise Vespermann, die ihm sechs Kinder gebar, brachte er es aber bald zu einem kleinen Circus, mit dem er nach dem Kriege 1870/71 durch das geeinte deutsche Reich zog.

Anton Althoff nannte sich »Der letzte Flußläufer«, da er fast alle größeren deutschen Flüsse auf einem Seil überquert hatte. Dabei setzte er sich oft den größten Gefahren aus. Einmal lösten sich die auf sumpfigem Boden aufgestellten schweren Holzkreuze, an denen das Seil befestigt war, und er stürzte kopfüber in den Fluß. Anton und seine Frau waren nicht nur fleißig, sondern auch ehrgeizig und bestrebt, ihrem Publikum etwas Außergewöhnliches zu bieten. Ihre Kinder erzählten später, wie die Zuschauer eines Abends während der Turmseilvorführung in große Aufregung geraten waren:

»Soeben hatte der Seilläufer seine Nummer beendet, als sich plötzlich aus dem Publikum eine laute Stimme erhob, die behauptete, daß Turmseillaufen kein Kunststück wäre. Der Zwischenrufer verstieg sich sogar zu der kühnen Behauptung, er wäre bereit, auch auf den Turm zu laufen. Wie auf Kommando wandten sich alle Augen nach dem Verwegenen um. Aber bevor noch aus dem Kreis der Artisten eine Antwort erfolgt war, kam ein großer, schwerer Bauernbursche, dessen unsicher schwankender

Gang erkennen ließ, daß er einen über den Durst getrunken hatte, in die Arena. Nur mit Mühe konnte er sich auf den Beinen halten, verlangte aber, daß man ihn auf dem Turmseil laufen lasse. Selbstverständlich dachte niemand vom Circuspersonal daran, man versuchte vielmehr, den Betrunkenen zu beruhigen und hinauszubugsieren. Vergeblich.

Plötzlich wurden unter den Zuschauern Stimmen laut, man solle doch den Tölpel machen lassen, was er wolle. Kaum merkte der Bursche, daß das Publikum seine Partei ergriff, als er auch schon begann, das Postament zu erklettern. Die Circusleute waren machtlos, denn er schlug wild um sich. Einem Polizisten, der bis jetzt nur interessiert zugesehen hatte, schienen nun doch Bedenken zu kommen. Er befahl dem Bauern, sofort die Arena zu verlassen.

Zu spät. Der Kerl tastete sich bereits mit einem Fuß auf das Seil, das in schwindelnder Höhe bis zum Turmfenster hinaufführte. Nun stand er mit beiden Füßen darauf, dabei hin- und hertorkelnd, daß man jeden Augenblick fürchten mußte, ihn mit zerschmetterten Gliedern in der Manege wiederzufinden. Die Zuschauer verfolgten angstvoll, wie der Betrunkene unsicher Schritt für Schritt seinen Todesweg fortsetzte. Plötzlich machte er eine ungeschickte Bewegung. Seine Füße glitten ab. Entsetzensschreie wurden laut. Einige Frauen hielten sich die Augen zu. Doch wie durch ein Wunder hatte der Bursche im letzten Augenblick noch das Seil erfassen und sich daran festhalten können.

Der Polizist rannte unterdessen aufgeregt hin und her und befahl dem Mann, sofort herunterzukommen, sonst würde er ihn einsperren. Der dachte gar nicht daran. Er war schon wieder auf den Beinen und lief weiter das Seil hinauf. Plötzlich riß er an seinen Kleidern. Seine Bauernjacke flatterte zu Boden, dann die Hose. Nur noch mit einem Trikot bekleidet, lief er leichtfüßig zum Turmfenster hinauf. Nun erkannten ihn alle. Es war der Herr Prinzipal höchstpersönlich – Anton Althoff.« Diese Glanznummer soll überall begeistert vom Publikum aufgenommen worden sein.

Der CIRCUS ANTON ALTHOFF florierte, die sieben Althoff-Kinder wuchsen heran. Diese glückliche Zeit sollte jedoch nicht lange währen. Unerbittlich brach das Schicksal über die Familie herein. Bertha gestaltete mit ihren dreizehn Jahren schon eine eigene Programmnummer und packte auch sonst überall zu, wo es nötig war. Eines Tages rutschte sie auf einer lehmigen Straße aus und geriet mit dem Kopf unter die Räder eines Circuswagens. Sie war sofort tot.

Antonia, das Zwillingskind aus erster Ehe, war bereits als Vierzehnjährige eine begabte Voltigereiterin und eine der Hauptattraktionen im väterlichen Geschäft.

Der Circus ist an diesem Abend bis auf den letzten Platz gefüllt. Die Musik spielt einen Marsch, der den Auftritt der jugendlichen Voltigereiterin Mademoiselle Antonie Althoff einleitet. Noch stapft der Schimmel ruhig und würdevoll durch die Manege, doch mit dem Tempo der Musik fällt er immer mehr in Galopp, während das hübsche Mädchen alle möglichen Tricks ausführt. Bald läuft es neben ihm her, dann wieder steht es auf seinem Rücken. Immer schneller wird das Tempo, jetzt rast der Gaul in gestrecktem Galopp durch das Rund. Da – ein Schrei aus Hunderten von Kehlen. Die Reiterin ist bei einem Sprung mit dem Fuß in einer Schlaufe hängengeblieben und stürzt. Das Pferd scheut, rast, das hilflose Mädchen hinter sich herschleifend, durch die Manege. Panik bricht aus. Frauen bekommen Weinkrämpfe. Kinder werden in dem fluchtartigen Gedränge umgestoßen. Endlich gelingt es dem Stallmeister, den Schimmel zum Stehen zu bringen. Blutüberströmt trägt man Antonia hinaus. Ihr Leben kann gerettet werden. Einige Jahre später stirbt sie in geistiger Umnachtung.

Doch damit nicht genug. Eines Mittags wartete die Familie vergeblich auf den Sohn Anton, der am Morgen zum Angeln gegangen war. Als er auch am Nachmittag noch ausblieb, alarmierte der Vater die Bauern der Umgebung. Mit langen Stangen wurde bis in die Nacht hinein der nahegelegene See abgesucht. Vergeblich. Der Sohn blieb verschollen. Seine Leiche wurde nie gefunden.

Wie unbeschwert erschien Anton nun im Rückblick seine Soldatenzeit. In Gifhorn wurde er noch einmal lebhaft daran erinnert. Es war zur Zeit der Herbstmanöver. Sein Circus stand auf dem Gifhorner Marktplatz. Eines Tages wurde Anton, als er in die Manege trat, mit begeisterten Hurra-Rufen empfangen. Die Paderborner Husaren waren extra von ihrem Manöverort Walsrode nach Gifhorn gekommen, um ihren alten Kriegskameraden wiederzusehen. Zur Feier dieses besonderen Tages bestieg der Circusdirektor das Turmseil in voller Uniform.

Viele Jahre waren seitdem vergangen. Anton Althoff hatte sein Unternehmen zu einem ansehnlichen Zeltcircus vergrößert, aber seine Lebensfreude und Vitalität waren gebrochen. Er konnte den Verlust seiner Kinder nicht verwinden. Circus Althoff spielte in Potsdam. Die Eröffnungsvorstellung hatte bereits begonnen, als ein hagerer, weißhaariger

Herr an die Circuskasse trat und die Kassiererin fragte, ob der Circus vielleicht dem früheren Paderborner Husaren Althoff gehöre. Die Frau des ältesten Sohnes, die an der Kasse saß, bejahte. »Dann sag ihm, daß sein alter Kriegskamerad, General von Manteuffel, ihn sprechen will.« »Mein Schwiegervater ist leider krank, Herr General«, erwiderte Klara Althoff bedauernd. »Desto notwendiger ist es, daß ich ihn begrüße. Wo kann ich ihn sehen?«

Die junge Frau führte den Besucher in einen der Wohnwagen. Dort saß Anton Althoff in Decken gehüllt in einem Lehnstuhl und sah seinem ehemaligen Vorgesetzten ungläubig entgegen. Er versuchte, sich zu erheben, aber die Beine verweigerten ihm den Dienst. Der General begrüßte das »Manteuffelchen« mit großer Herzlichkeit. Die Ähnlichkeit zwischen den beiden Männern war nun im Alter noch ausgeprägter. Mehr als eine Stunde vergaßen sie über ihren Kriegserinnerungen Alter und Leiden. Es sollte ihre letzte Begegnung sein. Nach Ablauf eines Jahres stand der inzwischen wieder genesene Circusdirektor am Grabe des Generals. Anton Althoff wurde nur sechsundfünfzig Jahre alt. Er starb im Frühjahr 1898 in Charlottenburg und fand auf dem Luisen-Friedhof seine letzte Ruhe.

Eine Begegnung ganz anderer Art hatte im Zweiten Weltkrieg Antons Urenkel Ferdinand Althoff. Aus einem Internierungslager im Ural glücklich entkommen, war es ihm gelungen, sich bis in die Nähe von Warschau durchzuschlagen. Dort wurde er erneut aufgegriffen. Seine Befürchtungen schienen sich angesichts der Behandlung der Mitgefangenen zu bestätigen. Ein russischer Offizier verhörte ihn. Seine Papiere, unter denen sich auch der Artistenausweis befand, hatte er vor sich liegen. Althoff machte sich schon auf das Schlimmste gefaßt, da ließ ihn der Russe durch seinen polnischen Übersetzer wissen, daß er ebenfalls aus einer Artistenfamilie stamme. Ohne weitere Fragen zu stellen, gab ihm der Offizier seine Papiere zurück, schrieb einen Passierschein aus und versorgte ihn mit Wurst, Schinken und Brot. Althoff konnte die kyrillischen Buchstaben entziffern. Das Papier, das ihm das Leben rettete, trug die Unterschrift: Sabletzki.

Jahre waren vergangen, als Ferdinand Althoff bei Dreharbeiten zu einem Circusfilm den Kunsthistoriker Barell kennenlernte. Über das von Ferdinands Vater geschriebene Buch *Die Letzten von Freialdenhoven* kamen sie auf die Geschichte des Circus zu sprechen, die vor allem eine Geschichte der Circusse ist. »Einer macht dem anderen Konkurrenz, sogar innerhalb der eigenen Familie, denn jeder kämpft ums Überleben«, meinte Barell. »Nicht unter den Artisten. Ihr Zusammenhalt kennt keine Grenzen«, schränkte Althoff ein und führte als Beispiel sein Kriegserlebnis an. Auch an den Namen Sabletzki konnte er sich noch erinnern. Barell wurde plötzlich sehr nachdenklich und vertiefte sich in seine Genealogie. »Ihr seid verwandt«, erklärte er nach einer Weile.

Von ihm erfuhr Ferdinand Althoff die Geschichte seiner Urgroßtante MARIE ALTHOFF. Sie war eine der sechs Schwestern seines Urgroßvaters Anton. Als junge Schulreiterin verliebte sich Marie in den Kosakenreiter Sabletzki. Die beiden heirateten und gründeten eine namhafte Dschigiten-Reitertruppe, mit der sie unter dem Namen CIRCUS MARIE ALTHOFF reisten. Jener russische Offizier könnte ihr Urenkel gewesen sein. Möglicherweise kannte er sogar die Geschichte seiner Vorfahren, so daß ihm der Name Althoff bekannt war. Eher mag aber wohl das kosmopolitische Bewußtsein, das die Circusleute auf der ganzen Welt miteinander verbindet, der Beweggrund gewesen sein, dem jungen Deutschen die Tür in die Freiheit zu öffnen.

Kino im Circuszelt

Die Zauberkünstler machten sich im 17. Jahrhundert die Erfindung des Jesuitenpaters Athanasius Kircher zunutze, um ihren Zuschauern Geistererscheinungen vorzutäuschen. Mit Hilfe der gut getarnt installierten Laterna Magica projizierten sie die »Geister« in aufsteigenden Rauch. Diese »Zauberlaterne« war ein erster Schritt in dem uralten Bemühen der Menschen, »lebende Bilder« zu erzeugen.

Wie die meisten anderen Erfindungen hat auch der Film viele »Väter«. Eine Vielzahl von Einfällen und Versuchen mußten vorausgehen, bis die ersten verschwommenen Linien und Gebärden von zappelnden Menschen über die Leinwand flimmerten. Oft liegen solche Erfindungen geradezu in der Luft. Unabhängig voneinander brüten Entdecker und Bastler über neuen Ideen und kommen, ohne voneinander zu wissen, zum gleichen Ziel.

Wer war der erste? Wann schlug die Geburtsstunde des Films? Ist er eine Erfindung der Engländer? 1889 drehte William Friese-Greene im Hyde Park einen rund hundert Meter langen Film. Anstatt aber sein Patent auszuwerten, experimentierte er weiter. Die Amerikaner verweisen auf ihren Thomas Alva Edison. In seinem Atelier entstand 1891 der erste Stummfilm. Edison verzichtete jedoch aus kommerziellen Erwägungen darauf, seine Filme zu projizieren. Statt dessen ließ er sie von den Zuschauern einzeln durch sein »Kinetoskop« betrachten.

Die Deutschen waren sicher die ersten, die einen Film öffentlich zeigten. Sie ehrten aber erst vierzig Jahre später, am 1. November 1935, die Brüder Max und Emil Skladanowsky mit einer Gedenktafel an der Außenfront des Berliner »Wintergarten«, der Welturaufführungsstätte des Films. In diesem berühmten Varieté hatten die Brüder Skladanowsky bereits am 1. November 1895 mit ihrem »Bioskop« die ersten »lebenden Bilder« vorgeführt. Da sie jedoch noch keine Vergrößerungslinse kannten, war das projizierte Filmbild nicht größer als zwei Briefbögen, insgesamt ein DIN-A3-Format. Entgegen späterer Behauptungen wurde diese erste Filmvorführung weniger eine Sensation als ein Lacherfolg. Die Skladanowskys betrachteten sich selbst immer nur als originelle Varieténummer und merkten viel zu spät, daß sie einen neuen Kunstzweig aus der Taufe gehoben hatten.

Frankreich machte den deutschen Filmpionieren den Erfolg dann letzten Endes doch streitig. Bereits 1893 hatten die Brüder Auguste und Louis Lumières in Lyon ihren ersten »Cinematographen« entwickelt, ihn aber noch nicht der Öffentlichkeit präsentiert. Am 28. Dezember 1895, einen Monat nach den Skladanowskys, entschlossen sie sich endlich, ihre »lebenden Fotografien« im Keller des Grand Café de Paris einer kleinen Öffentlichkeit vorzuführen. Ihr Apparat war wesentlich weiter entwickelt, und der nachhaltige Erfolg der Brüder Lumières führte später zu der allgemeinen Übereinkunft, daß dies als die Geburtsstunde des Films anzusehen sei.

Es war aber noch ein weiter Weg, bis sich das neue künstlerische Medium Film durchsetzen konnte, um schließlich die ganze Welt zu erobern. Erst Männer wie Pathé aus Paris, der 1896 in Berlin das erste Kino eröffnete, und der Berliner Optiker Meßter mit seinem »Kosmographen« verhalfen ihm endgültig zum Durchbruch. Ab 1898 waren im Berliner »Apollo-Theater« auf einer vier mal fünf Meter großen Leinwand regelmäßig »Meßters aktuelle lebende Bilder« zu sehen, gewissermaßen die erste Wochenschau. Auch Kinoreklame und Werbefernsehen haben einen frühen Vorläufer. Bereits 1872 ersann Ernst Litfaß, der Erfinder der Reklamesäulen, für das Ballhaus Kroll den »industriellen Vorhang«, auf dem Firmen für ihre Erzeugnisse werben konnten. Während der Ballpausen wurde er heruntergelassen und fand bei den Gästen viel Beachtung.

Die Technik stand bei den ersten Filmvorführungen im Vordergrund, wogegen die Namen der Schauspieler weniger wichtig waren und nicht einmal genannt wurden. So ist es auch nicht verwunderlich, daß die großen Mimen dem Film nicht trauten und es ablehnten, sich auf etwas einzulassen, was höchstens jahrmarktsfähig war. Wirkliche Verbreitung fand das neue Medium zunächst nur durch das Fahrende Volk, ihm gehören die ersten Lebensjahre des Films. Otto Meßter bestätigte dies, als er einmal sagte: »Die eigentlichen Pioniere des deutschen Films sind jene Männer gewesen, die damals mit ihren Kinoschauen von Ort zu Ort zogen und das Volk in Stadt und Land mit dem Wunder des lebenden Bildes bekanntmachten.«

Die Schausteller hatten ihre Chance schnell erkannt und versprachen sich von der neuen Erfindung gute Geschäfte. So kam es, daß der Allgemeinheit die ersten »lebenden Bilder« in Kinoschaubuden zugänglich gemacht wurden. Bald lockte jedes Volksfest, jeder Jahrmarkt mit der Prachtfassade eines »Kinematographen«. Die Zuschauer saßen wie gebannt vor den beweglichen Bildern, wenngleich die Filme zunächst noch sehr kurz waren, flimmerten und häufig rissen.

Auf einem Kirmesplatz in den Niederlanden war es auch, wo Anton Althoffs ältester Sohn FERDINAND den ersten »Kinematographen« zu Gesicht bekam. Sehr viel später, an einem absoluten Tiefpunkt seines Lebens angekommen, sollte er sich daran wieder erinnern.

Ferdinand Althoff galt in jungen Jahren als der »schneidigste Athlet der Neuzeit«. Von ihm, dem »Kettensprenger« und Gymnastiker, wurde behauptet, er könne »ein Orchester samt zwei Klavieren tragen«. Obwohl von Kindheit an mit Pferden vertraut, wurde er 1895 zum 20. Infanterie-Regiment in Wittenberg eingezogen. Durch seine artistischen Fähigkeiten machte er sich dort bald beliebt. An hohen Festtagen, vor allem aber zu den Geburtstagen des Kaisers, mußte er zur Unterhaltung der Offiziere und Mannschaften beitragen. Seine Kameraden nannten ihn den »Mann mit dem eisernen Kopf und Brustkasten«, weil er sich zwei Zentner schwere Steine auf die Brust oder den Kopf legen ließ, die zwei Männer mit zehn Pfund schweren Hämmern zerschlugen. Als einzigem Kunstreiter des Regiments gehörte es auch zu seinen Aufgaben, die Offizierspferde zuzureiten. Nach einem Jahr bekam er Lungenbluten und wurde aus der Armee entlassen.

In seinem Artistenberuf hatte Ferdinand Althoff zunächst wenig Glück. »Ständelnd« zog er von Kirmes zu Kirmes durch die Niederlande. Circusbesitzer Bußnack gefiel der talentierte junge Artist. Er engagierte ihn für sein Circusschiff. Den Wolgaschiffern vergleichbar zogen die Artisten damals ihre Circusschiffe die holländischen Kanäle entlang, schlugen an größeren Orten ihre Buden auf und spielten. Nachdem Hochwasser den Bußnackschen Circus verwüstet hatte, war Ferdinand Althoff wieder ohne Engagement.

Inzwischen hatte er geheiratet. Zusammen mit seiner Frau Klara, einer geborenen Bauer, brachte er es einige Monate später selbst zu einem kleinen Circusschiff, mit dem sie durch die Niederlande reisten, bis eines Nachts ein Feuer alles vernichtete. Wieder mußten die Althoffs von neuem beginnen. Ein kleiner Circus bot Ferdinand ein Engagement als Athlet. Er durfte nicht wählerisch sein, denn seine Frau stand kurz vor ihrer Niederkunft. In einem schadhaften Planwagen in Sneek am Zuiderzee wurde 1897 ihr Sohn Ferdinand geboren. Bei Klara stellten sich jedoch Komplikationen ein. Sie mußte wochenlang im Krankenhaus liegen.

Ein Jahr später starb Anton Althoff. Ferdinand, sein einziger noch lebender Sohn, führte das väterliche Geschäft weiter. Die Schicksalsschläge hörten jedoch nicht auf. Eines Abends fegte kurz vor Beginn der Vorstellung eine Windbö das Zelt in den Main. Das alte Bankistenblut in ihren Adern ließ die Althoffs aber nicht aufgeben. Hartnäckig fingen sie wieder von vorne an. In Neustadt passierte das nächste Unglück. Ein Wolkenbruch brachte den neu erbauten Circus zum Einstürzen. Die Vorstellungen mußten abgesagt werden, während die Gagen fällig waren und die Tiere täglich ein kleines Vermögen verschlangen. Die kleine Familie schien vom Pech verfolgt zu sein. Bei einer Karbidkesselexplosion wurde Ferdinand so schwer verletzt, daß er viele Wochen nicht arbeiten konnte. Kaum wiederhergestellt, entging der stämmige, untersetzte Mann, der Eisenstangen wie dünnen Draht biegen konnte, beim Baden mit seinem Braunbären knapp dem Tode. Das Tier, das vielleicht nur spielen wollte, stieß ihn immer wieder ins Wasser zurück und tauchte ihn unter. Allein dem beherzten Eingreifen eines seiner Artisten hatte er sein Leben zu verdanken.

Manchmal bedarf es nur noch einer Kleinigkeit, um das Faß zum Überlaufen zu bringen. Die schwersten Schicksalsschläge hatte Ferdinand in seinem Leben gemeistert, nun sollte eine Auseinandersetzung mit einem seiner Musiker die Ursache werden, daß der Circus Althoff seine Pforten schloß. Sie gastierten zu dieser Zeit in einem kleinen Ort nahe Berlin. Der Musiker konnte es nicht lassen, die Tiere zu ärgern oder zu quälen, wenn er an ihren Käfigen vorbeikam. Als das erneut geschah, stellte Althoff den Mann zur Rede, denn in diesem Punkt kannte er kein Pardon. Es war ihm stets gelungen, Streitigkeiten unter den Artisten zu schlichten. Der Musiker, der seine Kollegen zur Hilfe gerufen hatte, lachte ihn jedoch ob seiner übersteigerten Tierliebe nur aus. Aus dem Wortwechsel wurde eine Schlägerei. Die Leute gingen mit Messern gegen ihren Prinzipal vor. Ferdinand Althoff beherrschte die Situation und wies die Männer in ihre Schranken, aber innerlich fühlte er sich zutiefst getroffen, etwas in ihm war zerbrochen. Als schon alles schlief, hockte er noch immer in der Manege und brütete vor sich hin.

Dumpfes Krachen und Splittern läßt Klara, die vergeblich auf ihren Mann gewartet hat, hochschrecken. »Ich kann nicht – ich will nicht mehr!« Diese Worte schreit er ihr entgegen, als er kurz darauf in den Wohnwagen stolpert. Ferdinand hat sein Lebenswerk mit eigener Hand zerstört. Den Circus Althoff gibt es nicht mehr.

Die Phase der Verzweiflung hält jedoch nicht lange an. Ferdinands Lebenswille ist stärker. »Weine nicht, Mutter. Es wird noch alles gut werden«, tröstet er seine Frau, nachdem er sich etwas gefaßt hat. »Schluß jetzt mit dem Circus und dem ewigen Ärger. Ich habe eine Idee. Wir bauen ein neues Geschäft auf, da haben wir die Artisten im Karton und können sie unter den Arm nehmen.« Für Klara Althoff klingt das sehr rätselhaft.

Es ist die Erinnerung an jenes »Biographentheater« in den Niederlanden, die diesen Plan in ihm hatte reifen lassen. Auch Klara begreift sehr bald, was er meint. Sie hat ja selbst alles miterlebt, da sie beide schräg gegenüber dieser Kinoschaubude arbeiteten. In einem der Filme, die der Inhaber van der Doorn vorführte, hatte sich im Titel ein Druckfehler eingeschlichen. »Der Leigenzug des Königs« empörte die Leute so, daß es zu einer regelrechten Keilerei kam. Ihr Mann, der beliebte »Herkules«, war dem Schausteller zur Hilfe gekommen und hatte sein Geschäft vor der Zerstörung gerettet. Daraus entstand nicht nur eine Freunschaft mit van der Doorn, er engagierte sie auch beide für sein kombiniertes Theater. Ferdinand trat als »Starker Mann« auf, sie selbst als Drahtseilkünstlerin. Die Arbeit in Verbindung mit dem Filmprogramm hatte ihnen viel Spaß gemacht.

Ferdinand geht sofort daran, seinen neuen Plan zu verwirklichen. Eine Woche später zeigt er seiner Frau die folgende Bescheinigung:

> »Ferdinand Althoff ist befugt, unter Mitführung der umstehend bezeichneten Personen zur Veranstaltung von Kunstreitervorstellungen mit Musikbegleitung, ferner zu kinematographischen Vorstellungen und zum Betrieb eines Bärentheaters.
>
> Potsdam, den 23. Dezember 1901
> gez. Die Regierung

»Bärentheater?« Klara Althoff runzelt die Stirn. »Ich denke, du willst nichts mehr mit dem Circus zu tun haben!« Ferdinand zuckt die Schultern. »Sicher ist sicher, Mutter. Man kann nie wissen.«

So wurden die Althoffs Besitzer eines Kinos auf Rädern. Vor ihrer Kinobude stand rechts von der Kasse eine Orgel von Gebr. Buder, links eine Lichtmaschine. Die Eintrittspreise für die etwa zwanzig Minuten dauernden Vorstellungen betrugen zwanzig, dreißig und vierzig Pfennig.

Meßter, der sich auf die Fabrikation von Projektoren spezialisiert hatte, lieferte die Apparate. Auch die Filme mußten die »Kino-Besitzer« kaufen, da sie ja mit ihren Schaubuden von Ort zu Ort zogen. Sie tauschten und verkauften sie aber oft auch untereinander. Eine der wichtigsten Personen in diesen ersten Jahren des Films war der »Erklärer«, der die Vorführungen zu kommentieren hatte. Diese Aufgabe fiel manchmal schon dem dreizehnjährigen Ferdinand zu. Während er mit der linken Hand die Maschine bediente, hielt er rechts das Sprechrohr und schilderte die Geschehnisse der höchstens fünfzig bis hundert Meter langen Filme.

Ein ehemaliger Jahrmarkt-Schausteller, Charles Pathé, betrieb zu dieser Zeit schon die Filmproduktion in großem Stil. Mit seinem Regisseur Ferdinand Zecca drehte er 1901 bereits eine erste Version von »Quo vadis«. Aber auch Dramen aus dem Alltag wie »Die Opfer des Alkohols« oder »Das Leben Harlekins« waren zu sehen. Mit den ersten Schauspielerinnen, die durch den Film bekannt wurden, Henny Porten und Asta Nielsen, gewann das neue Medium immer mehr an Volkstümlichkeit. Auch der Circus wurde für den Film entdeckt. Hauptdarsteller in dem Stummfilm »The Circus« war Charlie Chaplin.

In diesen Wanderkino-Jahren erlebten die Althoffs viele komische Situationen, wenn die Zuschauer beispielsweise die »Poppenspäler« hinter

Gruß aus dem Kinematograph-Circus F. Althoff.

Erste Ansichtskarte des Althoffschen Urkinos.

der Leinwand suchten. In einer Vorstellung in Wittstock an der Dosse nahmen die Besucher mit dem Gesicht zur Vorführkabine Platz. Sie wollten sich nicht davon abbringen lassen, daß die lebenden Bilder nur in der kleinen runden Öffnung zu sehen sein könnten. Schon damals war es üblich, daß jeder Vorstellung ein Feuerwehrmann beiwohnen mußte. In Gollnow in Pommern stellte sich der Mann mit seiner Handpumpe nicht wie üblich in der Nähe der Vorführkabine auf, sondern vorn an der Leinwand. Als nun in dem Film ein Stall in Brand geriet, setzte der Feuerwehrmann geistesgegenwärtig seine Handpumpe in Betrieb und begann, die Flammen auf der Leinwand zu »löschen«.

Kinematographen sah man inzwischen auf jeder Kirmes. Manchmal warben sogar drei oder vier zugleich um die Gunst des Publikums. Als das Geschäft immer schlechter lief, gab Ferdinand Althoff seine Kinobude auf und ging 1905 mit dem ersten KINEMATOGRAPH-CIRCUS auf Reisen. Das schwarze Circuszelt war innen mit Sternen bemalt, vorn hatte es ein sogenanntes Schweizer Kassenhaus. Die Filme wurden aus einem besonderen Vorführwagen durch die Mastbäume projiziert. Dazwischen gab es auf der Bühne artistische Einlagen. Rechts und links vom Mittelgang befanden sich die Logen, deren Sitze mit Plüsch bezogen waren. In den Hauptgängen lagen schwere rote Cocosmatten. Die Platzanweiser trugen Livree. Ferdinand Althoff hatte an nichts gespart.

Mit dieser neuen Attraktion, die nie kopiert wurde und viel Geld einbrachte, machte sich Althoff unabhängig vom Jahrmarktsrummel und suchte nur noch Privatplätze in größeren Städten auf. Wochentags gab er eine und sonntags zwei Vorstellungen, die zweieinhalb Stunden dauerten. Je nach Größe spielte er zehn oder vierzehn Tage an einem Ort. Mit der Zeit konnte man auf die Artistik ganz verzichten, ohne dem Programm Abbruch zu tun. Damit löste sich Ferdinand Althoff endgültig vom Circus.

Sein Sohn FERDINAND heiratete eine »Private«. Charlotte Bujack stammte aus dem ältesten Danziger Bauern- und Patriziergeschlecht Bujack-Uphagen. Gemeinsam bauten Vater und Sohn nach den Rückschlägen im Ersten Weltkrieg das Geschäft weiter aus. Als der Tonfilm aufkam, stellte sich Ferdinand Althoff jun. sofort auf dieses neue Medium um und reiste nun als F. ALTHOFF TONFILMSCHAU durch die deutschen Lande. Während in den großen Städten die Zahl der mit viel Bequemlichkeit ausgestatteten Lichtspielhäuser ständig zunahm, war die Landbevölkerung noch weit davon entfernt, in den Genuß einer Kinovorführung zu kommen. Die Althoffs nutzten diese Chance und zogen wieder wie ihre Vorfahren über die Dörfer, wo sie ein dankbares Publikum fanden. Es war eine stattliche Kinokarawane, die aus sechs großen Wohn-, Transport- und Küchenwagen und drei Filmautos bestand. Zwei Großbulldogs, von Vater und Sohn gefahren, schleppten die Wagen. Die Seniorin und ihre Schwiegertochter lenkten die Autos.

Sein besonderes Interesse für Filmgeschichte hatte Ferdinand Althoff jun. schon früh veranlaßt, den Schaustellern alle verfügbaren Filme abzukaufen. Aus diesem »Hobby« entstand das größte private Filmarchiv der Welt. Als er Mitte der dreißiger Jahre sein Wanderleben aufgab, ging er daran, eine lange gehegte Lieblingsidee zu verwirklichen: das Urkino als Attraktion. In diesem lebendigen Museum des Kinos sollte in Stimmung und Milieu original dargestellt werden, wie sich die Filmkunst aus kleinen Anfängen entwickelt hat. In Verbindung damit plante er als weitere Attraktion: den Circus vor hundert Jahren.

Was ein Althoff sich vornimmt, das verwirklicht er, wie die Geschichte der Dynastie immer wieder beweist. 1936 eröffnete Ferdinand Althoff in einem Circuszelt auf dem Fehrbelliner Platz in Berlin sein Urkino, in dem neben den alten Filmen und dem naiven Erklärer auch Dampfmaschine und Orgel ihren Platz hatten. Vor der Bühne mit der Leinwand befand sich eine kleine halbrunde Manege, in der Artistik in historischen Kostümen im Stil früherer Zeiten gezeigt wurde. Im Foyer waren Apparate ausgestellt, von den alten Pathé- und Buderus-Projektoren bis zu den neuesten Bildtongeräten. In einer besonderen Vitrine lag ein in rotes Leder gebundenes Buch, das rechtzeitig zur Eröffnung des Wandermuseums fertig geworden war: *Die Letzten von Freialdenhoven.*

Das Althoffsche Kino-Circus-Museum existierte nur zwei Jahre. Der Krieg machte Ferdinand Althoffs weitere Pläne zunichte. Er starb 1945. Seine Liebe zum Film vererbte sich auf seinen ältesten Sohn Ferdinand. Dem Märkischen Zweig der großen Sippe ist es zu danken, daß die Althoffs nicht nur in die Circusgeschichte eingingen, sondern als Kino-Pioniere auch ihren Beitrag zur Filmgeschichte leisteten.

Die Althoffs aus der Pfalz

Elefantenjagd in Bessungen

Im »Facturenbuch« der zoologischen Abteilung des Hessischen Landesmuseums in Darmstadt ist unter dem 10. März 1879 nachzulesen, das Museum habe von Herrn Wilhelm Althoff in Bessungen für hundertzehn Mark das Skelett eines afrikanischen Elefanten (Loxodonta africana) erworben.

Der Leiter des städtischen Museums, Dr. Georg Wiesenthal, der auf diese Eintragung aufmerksam gemacht wurde, ging der Sache nach und machte eine erstaunliche Entdeckung. »So unwahrscheinlich es klingt, aber es ist wahr«, schrieb er am 20.10.1965 an Oberregierungsbaurat Krause, »in Bessungen fand im Jahr 1879 einmal eine Elefantenjagd statt... Der Name Althoff in Verbindung mit einem Elefanten mußte natürlich an den bekannten Circus Althoff erinnern... und tatsächlich kam heraus, daß die Wiege des weltbekannten Circus in Bessungen stand...«

Laut Melderegister wohnte um 1880 in der Heidelberger Straße 65 der Kunstreiter ANTON WILHELM ALTHOFF. Der 1830 geborene Sohn von Wilhelm A. Althoff und Anna Helene Holzmüller begründete die sogenannte PFÄLZER LINIE, eine Nebenlinie der RHEINISCHEN. Als Kunstreiterprinzipal zog er über die Dörfer und spielte mit seiner berittenen Schar vorwiegend in Hessen und in der Pfalz. Diese Reitertruppe war der Ursprung des 1854 gegründeten CIRCUS W. ALTHOFF. Anton Wilhelm siedelte sich mit seiner Frau, Philippina Grasmück, die ihm acht Kinder gebar, in Bessungen (in Darmstadt eigemeindet) an. Sein ältester Sohn WILHELM führte das Unternehmen weiter. Auf dem polizeilichen Meldebogen wird sein Beruf mit »Circusbesitzer« angegeben, im Gegensatz zu seinem Vater, der als »Kunstreiter« eingetragen ist.

Seine erste Vorstellung zu Beginn einer neuen Saison gab Circus Althoff Jahr für Jahr im Park des Darmstädter Schlosses vor der Großherzoglichen Familie und der Hofgesellschaft. Dabei durfte eine der Prinzessinnen jeweils eine Nummer mit Hunden oder Pferden vorführen. Das Winterquartier der Althoffs befand sich in den Stallungen des »Chausseehauses«. Im Seitenhaus Bessunger Straße 105, das als Wohnhaus heute noch steht, waren die wilden Tiere untergebracht. Im Winter 1878/79 erkrankte der afrikanische Elefant. Es soll der erste gewesen sein, der in einem deutschen Circus zu sehen war. Eine zu Reklamezwecken von jeher beliebte, aber meistens nicht nachprüfbare Behauptung. Der Zustand des Tieres verschlimmerte sich von Tag zu Tag. Es tobte und brüllte vor Schmerzen. Seine wütenden Trompetenstöße hallten schaurig durch den kleinen Ort. Die Ketten, mit denen er an den starken Bohlen des Elefantenpodiums befestigt war, drohten zu zerreißen, aber keiner wagte sich mehr an den wütenden Koloß heran. Anton Wilhelm Althoff und sein Sohn Wilhelm fürchteten um die Sicherheit der Bessunger Bevölkerung. Es blieb ihnen keine andere Wahl, als den wild gewordenen Elefanten töten zu lassen. Das war jedoch leichter beschlossen als ausgeführt. Schließlich erklärte sich der ehemalige Artillerie-Trompeter Adam Gunst bereit, das Todesurteil zu vollstrecken. Da er den Stall jedoch nicht betreten konnte, mußte er sein Gewehr durch das Eisengitter des Fensters schieben. Althoff hatte ihm eingeschärft, die verwundbarste Stelle liege zwischen Auge und Ohr. Mit einem wohlgezielten Schuß erlegte und erlöste Gunst den leidenden Dickhäuter.

Der tote Elefant mußte nun zerteilt, enthäutet und gekocht werden, bevor das saubere Skelett dem Hessischen Landesmuseum übergeben werden konnte. Die Summe von hundertzehn Mark war für den Circus Althoff ein mehr als bescheidener Ersatz für das wertvolle Tier. In Bessungen munkelte man später, das Restaurant »Chauseehaus« habe seinen Gästen zu dieser Zeit eine besondere Spezialität serviert – »Elefantenschnitzel«.

Die Althoffs und ihre Elefanten... Einige Familien der Dynastie führen sie als Wappentier, oder sie zieren zumindest ihre Briefköpfe, so eng ist die Verbindung zwischen beiden seit mehr als hundert Jahren. Sogar die Gegend, in der sie zum ersten Mal in Europa Erwähnung fanden, war beiden gemeinsam, der Aachener Raum. Der erste Elefant konnte dort allerdings viel früher nachgewiesen werden als die ersten Althoffs. Er kam anno 801 nach Europa.

Zu jener Zeit hatten die Herrscher noch keine Luxusautos als Gastgeschenke zu vergeben. Wie der Historiker Einhard in seinen Annalen berichtet, ließ Kalif Harun al Raschid dem römischen Kaiser Karl dem Großen durch seinen Gesandten, den Juden Isaak, einen Elefanten und einen Affen überbringen. Das Geschenk des Kalifen, in dessen Heimat der Elefant als Symbol der Stärke galt, beeindruckte den Kaiser sehr. Er ordnete an, daß das riesige Tier, mit wertvollen Schabracken und Schmuck behängt, künftig bei Festlichkeiten in seiner Residenzstadt Aachen zur Schau gestellt werden sollte. Ehrfürchtig und aus sicherer Entfernung bestaunten die Bürger von Aachen, die als erste Europäer einen leibhaftigen Elefanten zu sehen bekamen, dieses seltsame Ungeheuer aus dem fernen Afrika. Seine Haut war für die kühlen nördlichen Breitengrade aber wohl doch nicht dick genug. Man wußte außerdem nicht so genau, was ein Elefantenmagen verträgt. Die Umstellung von einheimischer Kost auf europäische (Hafer, Kleie, Stroh) dauert selbst heute noch etliche Wochen. Elefanten bekommen leicht eine Kolik wie Pferde und gehen daran zugrunde. Vielleicht war es auch Heimweh nach seinen Artgenossen, das das Leben des Dickhäuters im Münsterland nach neun Jahren plötzlich verlöschen ließ, ohne daß irgend etwas auf eine Krankheit hingedeutet hätte.

Erst mehr als sechshundert Jahre später kam wiederum ein Elefant nach Mitteleuropa. Die Frankfurter konnten ihn anno 1443 für zwei Pfennig Eintrittsgeld auf der Messe bewundern. Erzherzog Maximilian II. sorgte dafür, daß auch seine Wiener solch ein »Ungeheuer mit zwei Schwänzen« zu sehen bekamen. 1552 schickte er ihnen aus Spanien einen asiatischen Elefantenbullen. Er ist nicht so schwer und gefährlich wie sein afrikanischer Vetter und an den kleineren Ohrlappen zu erkennen.

Ein Schausteller in Nürnberg verfiel etwa hundert Jahre später auf die Idee, den Leuten mehr als ein Schauobjekt für ihr Geld zu bieten. Auf Anschlägen und Handzetteln verkündete er, daß im Komödienhaus auf der Schütt ein »Elephant viel wunderliche Künste« zeigen werde. Erwachsene mußten dafür vier, Kinder zwei Kreuzer berappen. Der Elefant trug mit seinem Rüssel einen wassergefüllten Eimer herum, den er auf Befehl abstellte. Er fegte das Podium mit einem Reisigbesen und konnte mit dem Fingeransatz des Rüssels die ihm zugeworfenen Münzen vom Boden aufheben, um sie dann seinem Herrn zu übergeben. Die Zuschauer waren von der Geschicklichkeit seines »Schnabels«, wie sie den Rüssel bezeichneten, tief beeindruckt.

Der erste dressierte Elefant, der in einem Circus auftrat, hieß Baba. Er und der legendäre Hirsch Coco waren um 1816 die Sensation in Franconis Cirque Olympique. Ganz Paris kannte und liebte sie. Baba rauchte Pfeife, spielte Mundharmonika und blies auf der Trompete, wozu er mit dem Schwanz die große Trommel schlug.

Dressierte Elefanten blieben lange Zeit fast ausschließlich eine Attraktion der großen Wandermenagerien und Schausteller. Im Circus waren sie im 19. Jahrhundert noch eine Seltenheit. Um so schwerer muß damals der Verlust eines solchen Giganten den Circus W. Althoff getroffen haben. Kranke Elefanten oder Bullen, die mit der Geschlechtsreife oft unberechenbar gefährlich werden, stellten von jeher eins der schwierigsten Probleme in der Elefantenhaltung dar. Sie können in den Wochen vor ihrer Brunftzeit, der »Musth«-Periode, ausgesprochen aggressiv werden. Dann toben sie, geraten außer Kontrolle und reagieren nicht mehr auf Zurufe. Oft genug ist es vorgekommen, daß ein Bulle seinen Wärter in einem unbeobachteten Moment mit dem kräftigen Rüssel zu Boden schlug oder ihn in hohem Bogen durch die Luft warf. Einer versuchte sogar, seinen Kutscher mit den Stoßzähnen zu durchbohren. »Viel mehr Menschen sind umgekommen, die mit Elefanten zu tun hatten, als solche, die mit Raubtieren umgingen«, schrieb Carl Krone 1938.

James A. Bailey vom Circus Barnum & Bailey ließ jeden Elefanten, der einmal einen Menschen attackiert hatte, töten. Auf der Rückfahrt von Europa wußte er sich einmal nicht anders zu helfen, als das bösartige Tier in den Ozean werfen zu lassen. Früher hielten viele Dompteure das Erwürgen mit Hilfe von Flaschenzügen für die am wenigsten qualvolle Methode. Beruhigungsmittel nutzen meist wenig, selbst wenn man sie so hoch dosiert, daß sie einen Menschen sofort ins Jenseits befördern würden. Bei Carl Krone galt das ungeschriebene Gesetz: Für den Elefantenbullen, der einen Menschen angegriffen hat, heißt die Endstation Zoo. Findet sich aber kein Zoologischer Garten mit stabilen und ausbruchsicheren Stallungen, der den wütenden Koloß aufnimmt, ist sein Todesurteil besiegelt – und das lautet: erschießen oder einschläfern.

Als ausgesprochene Elefantenkenner galten HERMANN CARL ALTHOFF und sein Sohn HERMANN, genannt Männe. Hermann C., der 1877 geborene jüngste Sohn von Anton Wilhelm Althoff, gehörte zu den wenigen Kunstreitern, die es fertigbrachten, ihr Pferd auf der Piste traben zu lassen. Ohne ein Trampolin zu benutzen, schnellte er aus der Manege zum Stand auf den Rücken seines Grauschimmels. Er schaffte es auch,

Salto mortale durch Papiertunnels von einem Pferd aufs andere zu springen. Hermann C. heiratete eine Cousine aus der Rheinischen Linie, HELENE ALTHOFF. Ihr gemeinsamer Sohn Hermann wurde 1899 geboren. Sechs Jahre später folgte Tochter Lulu, die spätere Frau des bayerischen Circuskönigs Gustav Brumbach. Der von Hermann C. und Helene gegründete CIRCUS HERMANN ALTHOFF bot ein vielfältiges Programm, in dem Equestrik und Tierdressuren vorherrschten. Zu den größten Attraktionen zählte der berühmte Todesritt auf der Piste, 1904 erstmalig von seinem Schwager Willy Manns im Circus Corty-Althoff gezeigt, den Hermann C. kopiert hatte. Die Unternehmen Hermann Althoff und Corty-Althoff waren erbitterte Konkurrenten. Direktor Pierre Althoff ging sogar soweit, den Circus seines Neffen und Schwagers in der Öffentlichkeit als minderwertig zu bezeichnen. Zwischen 1914 und 1916 reisten beide in den Niederlanden. Um sich gegen das größere Unternehmen zu behaupten, startete Hermann C. eine Gegenreklame:

Voor de eerste maal allhier
Circus Hermann Althoff
Bemindste en gevierdste onderneming.
Niet te verwarren met Circus Corty-Althoff.

Hermann C. Althoff gab sein Geschäft später auf und wechselte als Elefantendresseur zu Circus Krone über. Carl Krone legte bei seinen Wärtern und Dresseuren großen Wert auf ein ruhiges und besonnenes Wesen und verlangte von ihnen äußerste Behutsamkeit im Umgang mit den sensiblen Riesen des Dschungels. Auch HERMANN Althoff JUNIOR arbeitete dort als Elefantendresseur, bis er 1931 zum Circus Jacob Busch ging. Er wurde als Elefantenexperte weithin bekannt. Großes Aufsehen erregte er 1933 mit seinen Charleston tanzenden Elefanten.

Vor Hermann Althoff hatte der Elefantentrainer Epi Vidane einen Winter lang bei Busch gearbeitet. Der singhalesische Arztsohn, der wie sein Vater Medizin studieren sollte, war als Halbwüchsiger fortgelaufen, um bei den ceylonesischen Elefantentreibern, den Mahouts, zu lernen. Er wurde berühmt durch seinen Kopftrick, der ihm auch, kaum daß er ein halbes Jahr bei Busch gearbeitet hatte, ein Engagement beim Circus Ringling Bros. and Barnum & Bailey in den USA verschaffte.

Vidane wußte die Spannung geschickt zu steigern, bevor er zum Höhepunkt seiner Vorstellung kam. Bedächtig wickelte er seinen aus einem mehrere Meter langen Stoffstreifen bestehenden Turban vom Kopf. Darunter kamen seine zu einem Nackenknoten verschlungenen langen Haare zum Vorschein. Nun trat er dicht an seinen Elefantenbullen Jasso heran, der im gleichen Moment den Rüssel nach oben zusammen-rollte und das Maul weit öffnete. Die Musik setzte aus. Wie eine Lähmung legte sich die Spannung über die Zuschauer und eine unerträg-liche Stille breitete sich aus, während Vidane seinen Kopf in Jassos Maul legte, die Beine anzog und sich so mehrere Male rund um die Manege tragen ließ. Nachdem er sich aus der gefährlichen Umklammerung be-freit hatte, entlud sich die angestaute Spannung in einem orkanartigen Applaus.

Dem Ceylonesen sagte das amerikanische Dreimanegen-Spektakel auf die Dauer nicht zu. Er kehrte zum Circus Jacob Busch zurück und betreute die große, von Hermann Althoff dressierte und vorgeführte Elefantenherde. Sowohl seinen Nachfolger, der den Elefantenbullen Jasso übernahm, wie auch die Circusdirektion von Ringling hatte er davor gewarnt, den Kopfhang mit dem Tier weiterhin zu zeigen, da es mit zunehmendem Alter unberechenbar werden würde. In der artistischen Fachzeitschrift *Das Programm* mußte er dann eines Tages lesen, daß Jasso seinen Nachfolger beim Kopfhang zerquetscht hatte.

Hermann Althoff und Epi Vidane standen dem in Nürnberg beheimate-ten Circus Jacob Busch auch während der Kriegs- und Nachkriegszeit zur Seite. Unter Lebensgefahr schafften Vidane und sein Lieblingselefant Jenny zum Ende des Krieges bei Tieffliegerbeschuß das Heu für die Circustiere herbei. Dennoch mußten vier Elefanten wegen völliger Unter-ernährung erschossen werden. Schon im Herbst 1945 startete Circus Busch in der sächsischen Stadt Meerane, die der sowjetischen Besat-zungszone zugeteilt worden war, ein bescheidenes Circusprogramm. Nur vier Elefanten waren von der einstigen großen Herde übriggeblieben. Mit ihnen bot Hermann Althoff eine klassische Dressurnummer, während Epi Vidane mit der schwergewichtigen Elefantendame Jenny seinen gefähr-lichen Kopfhang vorführte.

Hermann Althoffs Engagement im Circus Busch lief mit Ende der Saison 1948 aus. Sein Nachfolger wurde Epi Vidane. Dessen Sohn Banda, ein ebenso erfolgreicher Elefantendresseur wie sein Vater, arbei-tete später im Rennbahn-Circus von Franz Althoff. Nach dessen Auflö-sung holte sich Circus Krone den versierten Elefantenmann, wo er bis heute die berühmten Krone-Elefanten präsentiert. Besonders spektakulär ist immer sein Abgang, wenn die Elefantendame Bara vorsichtig seinen Kopf ins Maul nimmt und ihren Dresseur aus der Manege trägt.

Zur Ruhe setzen wollte sich Hermann Althoff keinesfalls. Er ging als Elefantenoberpfleger in den Tiergarten der »Wilhelma« in Stuttgart. Dort verbrachte er die letzten Lebensjahre zwischen seinen geliebten Rüsseltieren, bis er 1970 im Alter von siebzig Jahren starb.

Alsenborn –
das Dorf der ewig Wandernden

Die circensische Tradition von Alsenborn begann vor fast hundertfünfzig Jahren mit einem Mann, der auf seinem Pflug lieber einen Handstand machte als anzuspannen. 1847 heiratete dieser Karl Lorenz Schramm die Seiltänzerin Elisabeth Wolf, stellte Pflug und Egge beiseite und arbeitete ebenfalls auf dem Seil. Bauer Schramm – anderen Quellen zufolge soll er Musikant gewesen sein – wurde Stammvater einer Circusgeneration, die noch in unserem Jahrhundert als Kunst-Arena oder Varieté anzutreffen ist. Einige Monate später gaben sich seine Schwester Magdalena und der Musikant Simon Müller das Jawort. Auch sie verschrieben sich der Manege. Die artistischen Leistungen der vier Alsenborner zogen weitere auswärtige Künstler an. Freundschaften entwickelten sich, durch Einheirat vergrößerte sich die Sippe. Bald gehörten auch die Seiltänzerfamilien Schweitzer und Rosenberger zur »Gevatterschaft der Schramm«. Sie begründete Alsenborns Ruf als Heimstätte der Seiltänzer.

Die kleine pfälzische Gemeinde nahe Kaiserslautern war so wohlhabend, daß sie den »Künstlern« keine Steuern abverlangte. Schon vor 1870 galt sie als »Steuerparadies an der Alsenzquelle«. Immer größer wurde die Schar der fahrenden Leute, die sich einen Wandergewerbeschein auf Alsenborn ausstellen ließen und hier ihr Winterquartier aufschlugen. Was das im Westen der Pfalz gelegene Dörfchen Mackenbach für die in aller Welt verstreuten Mackenbacher Musikanten bedeutete, wurde Alsenborn mehr und mehr für die ewig Wandernden.

In jedem Herbst entwickelte sich in dem sonst so ruhigen Ort ein seltsames und lebhaftes Tun und Treiben. Zwischen Höfen und Häusern, auf den Wiesen und am Waldrand breitete sich ein buntes Völkchen mit seinen Wohn- und Käfigwagen aus und brachte einen Hauch ferner

Welten und geheimnisvoller Abenteuer in die dörfliche Idylle. Überall wurde fleißig probiert, Löwen, Tiger, Bären, Kamele und andere Exoten dressiert, um Menschen und Tiere für die Sommermonate fit zu machen. Da saßen Dreijährige, statt auf einem Schaukelpferd zu reiten, schon auf einem Elefanten. Andere Kinder übten Handstand oder versuchten die ersten Tanzschritte. Auf den Straßen begegnete man Artisten aus aller Herren Länder. Hühnergegacker und das friedliche Muhen der Kühe, untermalt von Löwengebrüll, ergaben eine reizvolle ländlich-exotische Mischung, die noch durch das Trompeten der Elefanten verstärkt wurde. Wenngleich das Nebeneinander von Dörflern und Artisten nicht immer ohne Spannungen verlief, so bot es den Alsenbornern doch eine willkommene Abwechslung während der langen Wintermonate. Die Circusleute hingegen freuten sich auf eine Phase der Erholung, in der sie vom nervenaufreibenden täglichen Leistungszwang entbunden waren. Alsenborn war ihnen Heimat, von hier zogen sie in den ersten Frühlingstagen hinaus in die Welt. Hierher kehrten sie nach Ende der Saison immer wieder zurück.

Nicht alle Wintergäste nahmen während der dunklen Jahreszeit mit der Enge ihrer Wohnwagen vorlieb. Einige wurden wirklich seßhaft, brachten es zu geräumigen Häusern oder gar Villen, die noch heute von der damaligen Blütezeit Alsenborns zeugen. Unter ihnen war auch der Kunstreiter und Circusbesitzer Andreas Bügler aus Münchweiler an der Alsenz. Er galt nicht nur als Könner seines Faches, sondern auch als kaufmännisches Genie, das es in den Gründerjahren des Bismarck-Reiches zu Wohlstand gebracht hatte. Sein Bankguthaben soll sich auf fünfundsiebzigtausend Goldmark belaufen haben. Mit seinen sechs Kindern, die alle das artistische Talent ihres Vaters geerbt hatten, baute er sein Unternehmen weiter aus. Er kaufte in Alsenborn ein altes Herrenhaus aus der Barockzeit und errichtete Stallungen für seine Tiere. Durch die Heirat seines Sohnes Carl Jeremias kam im Jahre 1883 die erste Althoff nach Alsenborn: MARTHA LENA, die Tochter von JAKOB ALTHOFF (Badener Linie). Büglers Rückkehr im Herbst wurde für die Alsenborner immer ein Festtag. Dann war das ganze Dorf auf den Beinen. Man erzählt, er hätte Säcke voll Silber und Kisten voll Geld heimgebracht. Die Gelage in den Gasthäusern nahmen kein Ende. Andreas Bügler war ein freigebiger Mann und ließ sich die Wiedersehensfeiern etwas kosten.

Nach dem Tod seiner Frau Barbara, die die Seele des Unternehmens war, folgte ein Fehlschlag dem anderen. Langsam aber sicher ging es mit

A.   Nur für das Jahr 190**8**   *Nr.* 1

Nur für die Zeit vom .... bis ....

Nur für folgende Tage: ....

Wandergewerbeschein

gültig, vorbehaltlich der Entrichtung der Landessteuern, zunächst

nur für den Bezirk   *Kaiserslautern*

für andere Bezirke erst, wenn er darauf ausgedehnt ist,

Wilhelm Althoff

wohnhaft zu   *Alsenborn*

staatsangehörig in   *Preußen*

ist befugt, unter Mitführung der umstehend bezeichneten Personen,

*Schon früher galt das Dorf an der Alsenzquelle
als »Steuerparadies«, und die Zahl derer,
die sich einen auf Alsenborn lautenden Wandergewerbeschein
ausstellen ließen, stieg sprunghaft an.*

Bügler bergab. Er resignierte. Eine Vorstellung in Odenbach am Glan im Jahre 1901 sollte seine letzte werden. Unmittelbar danach erlitt er einen Herzschlag. In Alsenborn fand er seine Ruhestätte. Vier Jahre später waren seine Kinder gezwungen, den Circus aufzulösen.

Bedeutende Artisten, die in den Manegen großer Circusse oder auf den Bühnen bekannter Varietés einmal als Sensation gehandelt wurden, trugen Alsenborns Ruf als Circus- und Artistendorf in die Welt. An Namen wie Rosenberg, Götz und Fortuna Wimmer, Thys, Endres, Frank, Traber, die beiden Bügler-Töchter Isabella Zerboni und Lenchen Moulier sowie die Geschwister Perezoff und KIKO mögen sich einige noch erinnern. Vier Jahrzehnte vor und nach der Jahrhundertwende währte diese große Zeit. Es gibt nur noch wenige Augenzeugen, die davon erzählen können. Wer jedoch nach den Althoffs fragt, wird auch heutzutage bei den Alsenbornern offene Ohren finden.

Die Chronik berichtet: »Im Jahre 1906 kam der weltbekannte CIRCUS
WILHELM ALTHOFF nach Alsenborn und nahm dort regelmäßig Winter-
quartier.« Nachdem Anton Wilhelm 1892 im Alter von achtundsechzig
Jahren in Bessungen gestorben war, hatten die Althoffs vorübergehend in
Bad Kreuznach gewohnt. In Alsenborn übernahmen sie das aus rotem
Sandstein erbaute stattliche Haus und die Stallungen von Andreas Bügler.
In der dazugehörigen Reithalle fanden im Winterhalbjahr unter Aufsicht
des berühmten englischen Schulreiters Charles Bradbury, der ebenfalls
viele Jahre in der Gemeinde seinen Wohnsitz hatte, die Vorbereitungen
und Proben für die Sommersaison statt. Der Circus Wilhelm Althoff
brachte keine Weltsensationen, aber er bot seinem Publikum gute Unterhaltung durch fachlich gekonnte und gewissenhaft präsentierte Akrobatik
sowie schöne und ungewöhnliche Dressuren.

Wilhelm Althoffs Frau Sophie entstammte der bekannten Schausteller-
Familie Mehlich, die mit einem elektrischen Theater und einem »Riesen-
Kinematographen« reiste. Ihre Nachfahren sprechen von ihrer Urgroß-
mutter Sophie als einer sehr exaltierten Frau, die mit dem Circus nichts
zu tun haben wollte. Wegen ihrer vielen eingebildeten Krankheiten nannte
man sie »Hypochonder-Mehlich«. Sie reiste mit ihren vier Kindern von
Bad zu Bad, begleitet von der Hausdame, einer Privatlehrerin und dem
Kutscher. Später mußten sie ihre drei Großtöchter auf ihren Badereisen
begleiten.

Ihre Enkelin Sophie schrieb darüber in ihren Erinnerungen: »... In dieses
Idyll platzte eines Tages unser Großvater. Er war ein stattlicher Mann. Ich
sehe ihn noch deutlich, wie er mit seinem weißen Schnurrbart, weißer
Weste und dicker goldener Direktorenuhrenkette zur Mittagstafel in
unserem Hotel einem Boy seine Reisetasche, die der eifrige Junge ihm
immer wieder abnehmen wollte, entriß und rief: ›Sie verdammter
Sch...kerl, lassen Sie endlich meine Tasche, ich bin Herr Direktor. Wo
ist meine Frau und die Enkelchen?‹ Wir saßen wie erstarrt, und Großmutter konnte nur stöhnen: ›Aber Wilhelm!‹ Da ließ sich auch schon Großvater wieder hören: ›Die Frau Direktor!‹ ... Dann steuerte er auch schon
auf sie zu ... schaute uns über die Brille an, wischte sich über die Glatze
und rief: ›Kommt ihr Bauern, es wird Zeit, daß ihr auf die Pferde
kommt!‹, was in unseren Ohren Musik war. Dies Intermezzo hatten die
anderen Kurgäste schon mit vorgehaltener Serviette kichernd beobachtet.

Wie andere Circusdirektoren warb auch Wilhelm Althoff
mit Ansichtspostkarten für sein Unternehmen.

Großmama stand schnell auf, nahm uns ins Schlepptau, und raus ging es. Doch Großvater drehte sich in der Türe nochmal um, nahm allen Zucker, der auf unserer Untertasse zurückgeblieben war, steckte ihn ein und sagte gelassen: ›Das ist für unsere Ponys.‹ Und nun hatte er alle Sympathie auf seiner Seite. So war halt Großpapa.« Seine drei Enkelinnen hatten in ihm von klein auf den besten Lehrmeister im Reiten.

Circusdirektor Althoff konnte sich die Extravaganzen seiner Frau finanziell leisten. Er hatte das erste reisende Geschäft, das eine eigene Lichtmaschine, eine sogenannte Dampflokomobile, besaß. Die Althoffs waren alle erstklassige Reiter sowie Pferde- und Elefanten-Dresseure. Ihre kostbaren Reitpferde durften nicht als Zugtiere benutzt werden. So wurden für die Beförderung zur Bahn Spediteure engagiert, die auch die Verladung vornahmen. In der nächsten Stadt holten andere Spediteure mit ihren Pferden die Wagen ab und brachten sie zu dem vorgesehenen Platz. Nicht viele Unternehmen konnten sich diesen Luxus leisten. Gespielt wurde jeweils nur von Freitag bis Montag. Die übrigen Tage waren Reisetage.

Der Circus W. Althoff besaß eine eigene Lichtmaschine,
eine sogenannte Dampflokomobile.

Wilhelm und Sophie Althoff hatten fünf Kinder: Alma, Willi, Elisabeth, Hermann und Jean-Baptist. Der 1880 geborene HERMANN, genannt Harry, verließ das väterliche Unternehmen, als der Erste Weltkrieg begann und gründete in Stockholm eine Reitschule. JEAN-BAPTIST ging zum Circus Moulier. Er wurde bekannt als Jockeyreiter, eine Nummer, auf die im vorigen Jahrhundert kein Circus verzichten konnte. Auch ELISA-BETH war eine erstklassige Artistin. ALMA, die Älteste, soll eine bild-schöne Schulreiterin gewesen sein. Sie heiratete den Kapellmeister Peter Hirdt. Dem ältesten Sohn gab man, wie schon seinem Vater und Großva-ter, den Namen Wilhelm, nannte ihn aber WILLI.

Diese sich wiederholenden gleichen Vornamen waren es, die in der Geschichte der Althoffs von jeher Verwirrung stifteten. Selbst den Fami-lienmitgliedern müssen sie Schwierigkeiten bereitet haben. Sie suchten und fanden immer wieder Beinamen, um die verschiedenen Wilhelms zu unterscheiden. Anton Wilhelms Sohn wurde allgemein »das Wilhelm-chen« genannt. Dessen Sohn Willi bekam den Spitznamen »Dickbacke Althoff«, weil er priemte.

Anton Wilhelms Sohn Wilhelm
wurde allgemein »das Wilhelmchen« genannt.

Willi Althoff hatte den Spitznamen »Dickbacke Althoff«,
weil er priemte.

Der 1877 geborene Willi übernahm den Circus seines Vaters. Er heiratete eine »Private«, die aber eine artistische Ausbildung erhalten hatte. Marie Scharffs Vater, ein Buchdruckermeister, war ein künstlerisch vielseitig interessierter Mann, der es sich in den Kopf gesetzt hatte, seine Kinder zu Artisten auszubilden. Willi Althoff hätte keine bessere Frau finden können. Marie schenkte ihm einen Sohn, Wilhelm, der aber nur wenige Wochen alt wurde, und drei Töchter. Elise, Käthe und Sophie machten sich als Artistinnen einen Namen. Neben dem Unterricht auf dem Drahtseil und den Reitstunden bei ihrem Großvater wurden sie von einer Wiener Ballettmeisterin ausgebildet.

Sophie erinnerte sich noch daran: »Mit sieben Jahren habe ich Ballett-unterricht bekommen, weil mein Großvater gesagt hat: ›Ihr kommt nicht eher auf die Pferde, ihr seid mir zu steif.‹ Eine Ballettmeisterin aus Wien wurde engagiert, die ziemlich alt und häßlich war, aber um so mehr konnte. Dann ritten wir in unserer Reitbahn und Großpapa, der Altmei-ster der Reitkunst, hat uns trainiert.«

Auch von ihrer Großmutter Sophie wußte die inzwischen einundacht-zigjährige Enkelin Sophie zu berichten: »Es gab ja auch immer Konkur-renz, und unsere Großmutter hat gesagt: ›Jetzt schaffe ich mir einen Elefanten an!‹ Das hatte noch keiner gehabt, einen Elefanten, der dann in einem Circus gezeigt wurde auf der Parade. Auf dem Wurstmarkt in Dürkheim stand er dann draußen, wobei drei bis vier Kutscher drum-herum sein mußten mit Ketten und allem, damit er nicht abgeht. Es war fürchterlich. Jede Nacht ist er ausgerückt. Wenn man ihn an einen Baum gebunden hat, dann ist er ausgerissen. Einmal ist er in eine Glasfabrik hinein und alles demoliert.«

Circus Wilhelm Althoff war eines der ersten Unternehmen, das mit Elefanten reiste. Bei dem von Sophie erwähnten müßte es sich um einen Nachfolger des in Bessungen erschossenen afrikanischen Elefanten ge-handelt haben. Wie viele Dickhäuter die Althoffs hatten, ist nicht genau festzustellen. In alten Berichten wird als berühmtester und gelehrigster Dickhäuter die Elefantendame Nelly erwähnt. Raubtiere wollte Wilhelm-chen in seinem Circus nicht haben.

Über ein Gastspiel des Circus W. Althoff in der Ingolstädter Militär-Reitbahn im Oktober 1918 ist in der Ingolstädter Stadtchronik folgende Rezension nachzulesen:

Ingolstadt, 11. Oktober 1918

Circus Althoff

Seit langer Zeit haben sich wieder die Stätten circensi-scher Kunst hier eröffnet. Was der schon in den siebziger Jahren in der Zirkuswelt bekannte Name *Althoff* ver-sprach, hat die Vorstellung gehalten. Schlag auf Schlag wickelte sich das sehr reichhaltige, den guten alten Cir-custraditionen entsprechende, 16 N̲O̲. umfassende Pro-gramm ab. Den Löwenanteil daran trugen die reizenden Schwestern *Althoff*, die sich als gewandte Panneau- und Voltigereiterinnen und in einem präcis gearbeiteten Drahtseilakt zeigten. Wenn auch das Pferdematerial qua-litativ und quantitativ durch den Krieg Einbuße erlitten hat, so zeigte doch der vielseitige Dresseur Herr *Weber*, den wir auch als trefflichen Stehendreiter kennen lern-ten, daß man auch mit wenigem Material sehr gute Circusleistungen produzieren kann. Seine Freiheitsdres-suren und Kamelvorführungen sind tadellos. Prächtig wirkte ein von Herrn *Sandor* in der hohen Schule geritte-ner Rotschimmel-Wallach in Aussehen, Haltung und Dressur. Aber auch die anderen Nummern des Pro-gramms, die Luft- und Parterre-Akrobaten und nicht zuletzt die vortrefflichen Clowns, pardon, Spaßmacher, wie sie jetzt heißen, runden die Vorstellung zu jenem farbenfrohen, heiteren Bilde ab, daß den Circusfreund immer wieder entzückt und den Besuch des Circus empfehlenswert macht.

Zweiundzwanzig Jahre lang zog der Circus Althoff von Alsenborn aus in die Welt hinaus. Wenn die Saison zu Ende war, wurden die mit Musik heimkehrenden Circusleute wie zu Büglers Zeiten von der Dorfbevölke-rung begrüßt. Man ging ins Wirtshaus und begoß das Wiedersehen. »Und Großvater Dickbacke hat alles bezahlt«, erzählt sein Enkel, Willi Fröchte-Althoff. Zu der Zeit waren die Althoffs noch sehr reich. Dann kamen der Erste Weltkrieg, die Sorgen der Nachkriegszeit und der Inflation. Als willkommenes Steuerobjekt waren die sowieso schon um ihre Existenz ringenden Circusunternehmen Sonderbelastungen ausgesetzt, denen sie kaum noch gewachsen waren. Bis 1927 kämpften die Althoffs tapfer gegen

Der Circus W. Althoff hatte immer ein volles Haus.
Er brachte keine Weltsensationen,
aber er bot seinem Publikum reelle Unterhaltung
sowie schöne und ungewöhnliche Dressuren.

alle Widerstände an. Schließlich mußten sie doch aufgeben. Die Gebrüder Lorch, die in Eschollbrücken bei Darmstadt ihren Sitz hatten, übernahmen den Circus. Sie vermochten ihn aber auch nur kurze Zeit zu halten, da sie ab 1933 als jüdische Mitbürger keine Reiselizenz mehr erhielten. Willi Althoff starb 1932 in Alsenborn. Dort, wo so viele Circusleute von ihrer langen Wanderfahrt ausruhen, fand auch er seine letzte Ruhe. Sein Vater, der seinen Lebensabend in Kaiserslautern verbracht hatte, folgte ihm zwei Jahre später.

Dank ihrer vielseitigen Begabung und insbesondere der Ballettausbildung hatten die drei Althoff-Töchter nach Auflösung des väterlichen Geschäfts sofort von den Circussen Sarrasani, Gleich, Busch und Straßburger Engagement-Angebote bekommen. Diese Großunternehmen unterhielten damals Ballettcorps mit sechzig bis hundert Tänzerinnen. Zum Circus Sarrasani bestanden zudem noch alte freundschaftliche Beziehungen. Hans Stosch-Sarrasani hatte bei »Wilhelmchen« als Clown angefan-

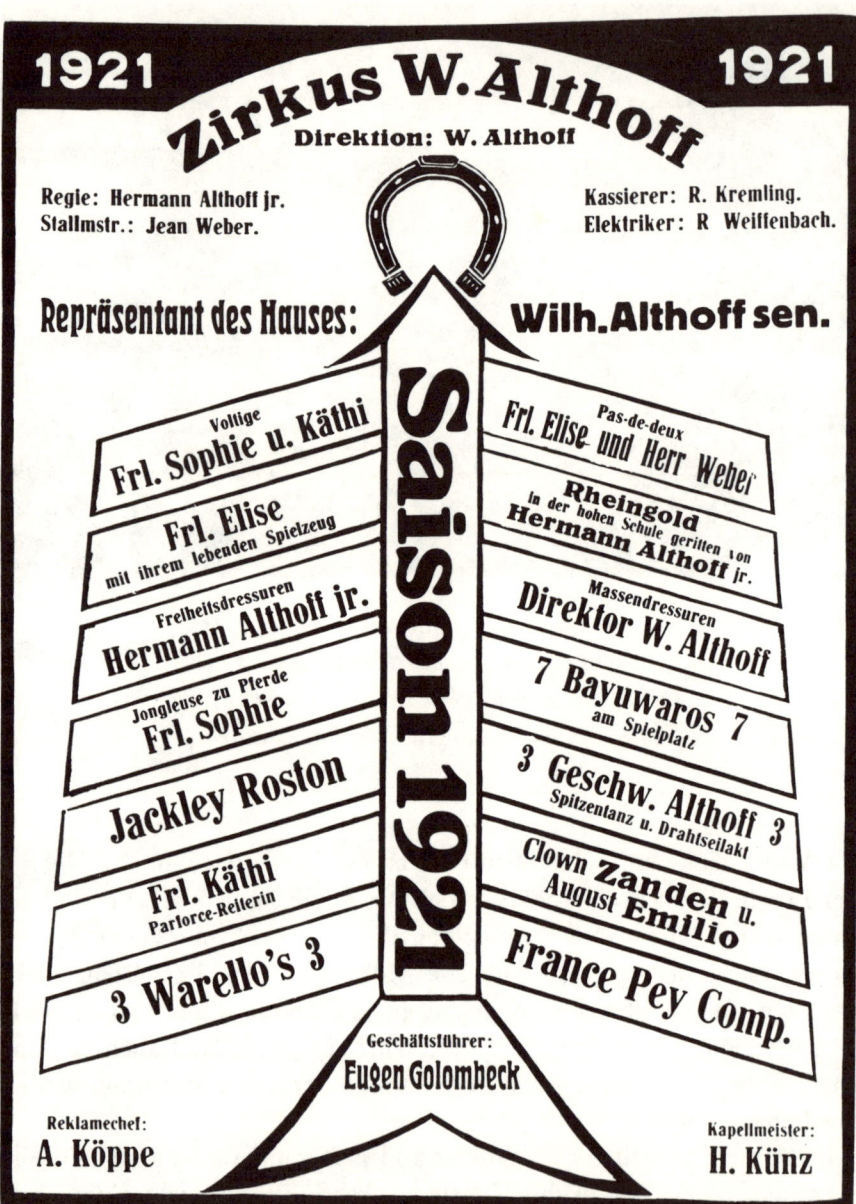

1921 vermochten die Althoffs ihr Programmniveau noch zu halten.
Mit Beginn der Inflation wurde der Kampf ums Überleben
aber immer schwerer.

gen und war in einer gemischten Nummer mit Schweinen und Tauben aufgetreten. Briefe von Sarrasani befinden sich noch im Besitz der Nachkommen. Die Älteste der Schwestern, ELISE, wurde als Dresseuse und Parforcereiterin bekannt. Sie heiratete den Schulreiter und Dresseur Sandor Kleinbarth. Gemeinsam präsentierten sie ein vielseitiges Programm, in dem Hunde, Affen, Ponys und die unreitbaren Esel Strolch und Spatz mitwirkten. Die Terrier schlugen Salto auf dem Rücken des Ponys, ein anderes Pony schaukelte auf einer Wippe. Besonders putzig aber waren die boxenden Hunde. 1950 gingen Sandor und Elise nach Finnland und gründeten den CIRCUS SANDOR EPILÄ. Ihre Tochter Edith wurde eine ausgezeichnete Jongleuse.

Das von der Jockey- und Schulreiterin KÄTHE Althoff gerittene Pferd Hermann aus einem Zweibrücker Gestüt wurde bei einem Wettbewerb in Frankfurt als bestes Schulpferd prämiert. Der Schulreiter Charles Bradbury hatte es trainiert. Käthe, die auch als Drahtseilkünstlerin arbeitete, war mit dem Dompteur Richard Franz verheiratet. Ihr Sohn Rudi, der in seiner Jugend unter anderem als Drahtseilkomiker auftrat, gab den Artistenberuf später auf. Richard Franz – sein Künstlername war Ricardo Franklini – war viele Jahre Dompteur bei Willy Hagenbeck. Später arbeitete er bei Dominik Althoff und Harry Williams. Zusammen mit seiner Frau Käthe präsentierte er als Attraktion den »Seiltanz im Löwenkäfig«. Er wirkte mit seinen Tieren auch in dem Albers-Film »Liliom« mit. Großen Beifall fand eine Nummer, in der sich ein Leopard zwischen einer Löwengruppe bewegte. 1935 wurde Franklini bei einem Gastspiel in England von einem Tiger angefallen und schwer verletzt. Richard und Käthe Franz beschlossen ihren Lebensabend in Alsenborn.

Die Jüngste aus dem »Dreimäderlhaus«, SOPHIE, lebte bis zu ihrem Tod im Jahre 1990 in der alten Alsenborner Villa umgeben von Bildern und zahlreichen anderen Erinnerungen aus der Glanzzeit der Althoffs. Dieses ehemalige Büglersche Haus aus dem Jahre 1728 steht unter Denkmalschutz. Allein sein Keller, ein über drei Meter hohes, zwölf Meter langes Tonnengewölbe, ist sehenswert. Sophie benutzte ihn früher als Reitbahn. Als Seiltänzerin und Kunstreiterin, berühmt aber vor allem als Jongleuse zu Pferd, ist Sophie weit durch die Welt gekommen. Sie war bei Gleich und bei Sarrasani engagiert. Im Circus Sarrasani lernte sie ihren Mann kennen. Josef Fröchte arbeitete dort als Techniker. Zuvor war er im »Circus Wilh. Hagenbeck u. D. Althoff«. 1948 wechselte er als Fahrmeister zum Rennbahn-Circus Franz Althoff über.

Willi Althoffs jüngste Tochter Sophie,
berühmt als Jongleuse zu Pferd.

Ihr einziger Sohn Willi, besser unter dem Namen Bubi bekannt, wurde von seiner Mutter schon als Kind zum Fußjongleur ausgebildet. »Für mich gab es keine Alternative«, erzählt er. »Meine Mutter steckte mich in den Keller, da war ich acht. ›Komm, jetzt mußt du anfangen zu probieren‹, hieß es. Auf dem Rücken, auf einem speziellen Gerät, der Trinka, liegend, mußte ich mit den Füßen verschiedene Gegenstände jonglieren. Was an Begabung fehlte, wurde durch Fleiß und Hiebe ersetzt. Manchmal hat sie es mir mit der Reitpeitsche eingetrichtert.«

Der Erfolg ließ nicht auf sich warten. BUBI FRÖCHTE-ALTHOFF wurde als namhafter Antipode unter anderem auch durch das Fernsehen bekannt. Schon als Elfjähriger ging er mit seiner Mutter auf Tournee. Geschickt versetzte er mit den Füßen Kugeln, Fässer, Walzen, ja sogar ein Bett in wirbelnde Umdrehungen.

Sein Onkel, Franz Althoff, übernahm die weitere Ausbildung. Bubi fing als Bereiter bei ihm an und blieb fünfundzwanzig Jahre in seinem

Die Althoff-Villa in Alsenborn, in der Sophie Fröchte-Althoff
bis zu ihrem Tod im Jahre 1990 lebte.

berühmten Rennbahn-Circus. Schon als Junge durfte er bei Ankunft oder
Abreise die fünfzehn Elefanten allein durch die Stadt führen. Später
wurde er mit der Dressur betraut, konnte die Herde ab und zu auch
vorführen. Manchmal stand sein Name dann sogar zweimal im Programm:
»Bob Fröchte, der Meisterantipode« und »Mister Bob präsentiert Europas
größte Elefantengruppe«. Zuletzt war er allein für die Dickhäuter verantwortlich.

Bubi Fröchte hat auch mit Pferden gearbeitet sowie mit Raubtieren, bei
deren Aufzucht seine Frau Maud ihn tatkräftig unterstützte. Maud, früher
Jockeyreiterin, entstammt der bekannten deutschen Circusfamilie Lorch.
Ihr Vater war Mitglied der Lorch-Truppe, der besten Ikariertruppe der
Welt. »Unser Sohn Henri sollte gar nicht erst anfangen zu probieren«,
erzählt Bubi Fröchte. Das Circusblut der Althoffs und Lorchs ließ sich
jedoch nicht verleugnen. »Henri hat im Keller meine alten Requisiten
gefunden und allein angefangen zu probieren. Erst nach einem Jahr

kamen wir dahinter.« Inzwischen hat sich Henri Fröchte unter dem Namen Winnetou eine Antipodennummer aufgebaut und ist schon in vielen großen Circussen aufgetreten.

Wird er eines Tages vielleicht auch mit Elefanten arbeiten wie sein Vater – oder mit Raubtieren? »Nein, nicht mit Raubtieren! Das würde ich zu verhindern wissen«, reagiert Bubi Fröchte beinahe heftig. »Mit Elefanten hatten die Althoffs nie Probleme. Sie waren alle gute Dresseure. Aus unserer Familie ist keiner von Elefanten umgebracht worden. Mit Raubtieren ist es etwas anderes.« Da er selbst mit ihnen gearbeitet hat, weiß er, wovon er spricht. Aber auch die Alsenborner, ob Artisten oder Private, wissen es: »Gehen Sie auf den Friedhof...«

Als Figaro
den Kopf verlor

Vor einem hochragenden Gedenkstein auf dem Alsenborner Friedhof verhält fast jeder Spaziergänger den Schritt. »Hier ruht in Gott Peter Feierabend, geb. 22. Juni 1881, gest. 21. Februar 1911.« Eine normale Grabinschrift, an der nichts Auffälliges ist. Wer allerdings weiterliest, erfährt eine traurige Geschichte (Psalm 80,4 und 2. Tim. 4,17):

> Die wilden Tiere haben ihn verderbet.
> Herr Gott Zebaoth tröste uns.
> Laß leuchten Dein Antlitz, so genesen wir.
> Ich werde erlöst von des Löwen Rachen.

Einige Alsenborner konnten sich noch an das grausige Geschehen im Jahre 1911 erinnern. Bevor die Wintergäste im Frühjahr abzogen, gaben sie ihre Abschiedsvorstellung. So auch die Menagerie Wieser mit ihrem großartigen Tierpark. Im Herbst war sie gleichzeitig mit dem Circus Althoff eingetroffen, der es allerdings nicht für nötig befand, sich wie die anderen in Alsenborn zu produzieren. Wohl gerade deswegen hatte sich Menageriebesitzer Wieser etwas Besonderes ausgedacht. Er ließ Depeschen mit schwarzem Rand im Dorf verteilen: »Schon mancher wurde von wilden Tieren zerrissen. Wer es aber dennoch wagt, während der Vorstellung den Löwenkäfig zu betreten, erhält eine hohe Belohnung!« Schnell sprach es sich herum, daß sich der dreißigjährige Friseur Peter Feier-

abend aus Alsenborn erboten habe, den Menageriebesitzer Wieser in
Gegenwart der fünf Berberlöwen zu rasieren.

Die Vorstellung war schon lange vor Beginn überfüllt. Das Programm
wickelte sich reibungslos ab. Die Tiere, besonders die Löwen, arbeiteten
unter ihrem Dompteur willig und ruhig. Was dann geschah, gibt am
besten die zeitgenössische Berichterstattung wieder: »Da zerriß ein Glok-
kensignal die ringsum herrschende Stille und ein Schild, das man in der
Arena herumtrug, verkündete dem Publikum: ›Es folgt die Hauptattraktion: *Die Rasierstube im Löwenkäfig!*‹ Vom Publikum jubelnd begrüßt, betrat
der kleine Mann festen Schritts den Käfig, in dessen Hintergrund die
Löwen, auf Postamenten malerisch gruppiert, von ihrem Dresseur be-
wacht, Aufstellung genommen hatten. Der Menageriebesitzer saß auf
einem Stuhl am Gitter und Feierabend begann mit einer erstaunlichen
Ruhe und Gelassenheit, Wieser einzuseifen. Funkelnden Auges verfolgten die Bestien jede Bewegung des fremden Besuchers, der dem Direktor
bereits die rechte Gesichtshälfte rasiert hat und sich nun anschickte, um
den Stuhl herumgehend, seine Arbeit an der linken Gesichtshälfte fortzusetzen. Da, ein Fauchen, ein Sprung, ein Schrei und ein Fall. Mit einer
Schnelligkeit, die nur den Löwen eigen ist, hatte das am weitesten hinten
gruppierte Tier sein Opfer angesprungen, riß es zu Boden und schlug die
scharfen Zähne in das blonde Haupt ein. Ein nervenaufregender Kampf
begann. Der Überfallene suchte sich, auf den Knien liegend und sich mit
den Händen strebend aus dem Löwenrachen zu befreien. Die Dompteure
stürzten auf die Bestie los, hielten ihr die Pranken fest und machten
vergebliche Versuche, ihr das Maul aufzureißen. Die Wärter stürmten mit
langen zweizinkigen Gabeln auf den Löwen los, andere hielten die
unruhig gewordenen anderen Tiere in Schach. Der Tierbändiger lag auf
dem Löwen und biß ihm ins Ohr, bis endlich nach minutenlangem
entsetzlichen Ringen den todesmutigen Rettern gelang, dem Löwen den
Rachen aufzureißen und von seinem Opfer abzubringen. Die Wärter
schleppten den bedauernswerten blutüberströmten Menschen aus dem
Käfig in seine nahegelegene Wohnung, wo der Arzt sich des tödlich
Verletzten annahm... Wenige Stunden später hatte ein junges Leben
geendet.«

Nicht alle Begegnungen der Alsenborner mit dem König der Wüste
endeten so tragisch. Anfangs befanden sich die Tierkäfige der Menagerie
Wieser in einer Parterrewohnung. Eines Tages soll der Wärter während
der abendlichen Fütterung abgerufen worden sein und vergessen haben,

Gedenkstein für den Friseur Peter Feierabend
auf dem Friedhof in Alsenborn.

das Gitter zu schließen. In dem alten Zeitungsbericht heißt es weiter: »Ein Löwe war neugierig und spazierte hinaus. Als er plötzlich auf der Dorfstraße auftauchte, nahm alles vor ihm Reißaus. Er kam ungeschoren bis ans Ende der Straße, als ihm eine alte Frau – die Frau Lesweng – begegnete, die mißbilligend ihren verstört davonlaufenden Mitbürgern zuschaute. Die tierliebende Bäuerin blieb stehen und lockte das Tier: ›Komm, mei Knechtche, ich führ dich heem!‹ Sprach's, nahm den Löwen zärtlich um den Hals und drängte ihn sacht in Richtung des Wieserschen Hauses zurück. Ohne sich zu widersetzen, ließ sich der Löwe die ›Führung‹ gefallen. Immer noch mit dem Arm um seine Mähne, lieferte die Frau den Löwen in seinem Käfig ab.«

In diesem Fall könnte es sich um eine wahre Begebenheit handeln. Viele der Geschichten, die noch heute aus der guten alten Zeit erzählt werden, wenn die Alsenborner in geselliger Runde beisammensitzen, dürften jedoch mit Vorsicht zu genießen sein. So soll angeblich ein

Tanzbär einige beschwipste Skatbrüder am Stammtisch eines Gasthauses
überrascht haben. Mit einem Sprung durch Fenster und Türen brachten
sie sich in Sicherheit.

Nur zu gern erinnern sich die älteren Einwohner an ihre Kindheit, die
ganz von der Circusatmosphäre ihres Heimatortes geprägt war. »Wenn
unsere Eltern uns suchten, so brauchten sie nur in Stall oder Reithalle von
Circus Althoff zu kommen, da war immer was los«, erzählte Robert
Ellenberger sen. »Pferde bester Gestalt in allen Rassen, Elefanten, Kamele und auch Affen. Auch konnten wir sehen und erleben, wie die
Artisten ihr Brot verdienen mußten.« War es da ein Wunder, wenn
plötzlich auch ein Alsenborner Bürger seine »artistische Veranlagung«
entdeckte. Seinen Versuch, eine Schlange zu bändigen, gab der Schrei-
nermeister Philipp Schmitt allerdings schnell auf. Dafür machte er mit
seinem pflügenden Elefanten Dorfgeschichte. In diesem Fall eine wahre
Geschichte. Viele, die dabei waren, konnten es bezeugen. Robert Ellenberger sen. läßt das Alsenborner Kuriosum in der *Rheinpfalz* noch einmal
lebendig werden:

»Wie damals so üblich, waren die Zirkusleute in jenem Kriegssommer
1917 wieder einmal in ihrem Heimatdorf Alsenborn zu Hause, wo sie in
einer Scheune auch zwei Elefanten untergebracht hatten. Immer zu
Streichen aufgelegt, setzte es sich der findige und witzige Schreiner und
›Universalgenie‹ Philipp Schmitt in den Kopf, einem der Elefanten des
Zirkusunternehmens Moulier das Arbeiten vor dem Pflug beizubringen.
Das Problem war nur, wo oder wie konnte ein entsprechend großes
Sielen-Geschirr aufgetrieben werden. Leder oder sonstiges geeignetes
Material war in jener Zeit schwerlich zu erhalten. Da Philipp Schmitt
nebenbei noch eine Motormühle unterhielt, fertigte er kurzerhand aus
den Treibriemen der Transmission das benötigte Geschirr. Der Elefant
Bubi wurde aufgeschirrt, Carola, die Tochter des Besitzers, ließ sich mit
dem Rüssel auf den Rücken heben, und ab ging es in gemächlichem
Tempo hinaus aus dem Dorf in die Gewanne ›Simonsflur‹.

Das Vorhaben hatte sich mittlerweile im Dorf herumgesprochen und
alles war gespannt, wie wohl Meister Philipp Schmitt diese ›Jungfernfahrt‹
bestehen würde. Anfangs soll auch das Pflügen ganz gut geklappt haben.
Die neugierige Menschenmenge jedoch, die das Treiben mit Spannung
verfolgte, mußte anscheinend den braven Elefanten aus dem Konzept
gebracht haben. Nachdem Bubi zwei Reihen gezackert (gepflügt) hatte,
stürzte er sich plötzlich, laut trompetend, in den angrenzenden Kornacker

und wälzte aus Lust oder vor Wut gleich einer Dampfwalze das hochstehende Korn nieder. Es half weder das Zurufen der beiden vorsorglich mitgekommenen Betreuer noch die afrikanischen Beruhigungsrufe ›Sam-Sam‹ Philipp Schmitts, der Elefant war nicht mehr bereit, seine begonnene Feldarbeit fortzusetzen. Samt Pflug, Sielen-Geschirr und Kornbüscheln trabte er unaufhaltsam zurück ins Dorf, zwängte sich, da das große Hoftor nicht geöffnet war, zwischen den brechenden Torpfeilern hindurch hinein in seine Unterkunft.«

Die Nahrungsbeschaffung für die Tierkolosse wurde damals immer schwieriger, so daß die beiden Elefanten schließlich eingingen. Teile ihres Skeletts dienen nun den Schulkindern als Anschauungsmaterial. In Alsenborn, das inzwischen in der Großgemeinde Enkenbach-Alsenborn aufgegangen ist, sind aber nicht nur Elefantenknochen zu besichtigen. Hier gibt es noch viele verborgene Schätze aus der großen circensischen Vergangenheit einer kleinen pfälzischen Gemeinde. Mit dem Tod von Wilhelm Althoff sen. und jun. »setzte deutlich sichtbar die Agonie des sogenannten Alsenborner Artistenwesens ein«. Sein legendärer Ruf als Wiege großer Circusdynastien blieb jedoch erhalten. Es sollte für Einheimische und Circus-Freunde eine Verpflichtung sein, diese Tradition zu pflegen und ihr mit dem Bau eines Circus-Museums für alle Zeiten ein Denkmal zu setzen.

Circus im Blut

Die Althoffs traten mit ihren Kunstreitergesellschaften und Wandercircussen nicht nur in deutschen Landen auf, sie reisten durch die halbe Welt, heirateten und verbanden sich mit anderen Artistengeschlechtern, gründeten eigene Familien und Unternehmen. Viele Angehörige dieser weitverzweigten Sippe starben, ohne Spuren zu hinterlassen, die meisten brachten es jedoch zu Ansehen und Erfolg. Für diese Vielzahl von Verästelungen und Verbindungen ist die von ANTON WILHELM begründete PFÄLZER LINIE ein typisches Beispiel. Von seinen acht Kindern: Wilhelm, Johann Carl, Katharina, Peter, Anna, Jakob, Heinrich und Hermann, besaßen außer Anna alle einen eigenen Circus. Insgesamt zählte allein dieser Zweig der Familie vierzehn Circusse.

Mit achtundzwanzig bedeutenden Circusfamilien Deutschlands und Frankreichs ist die Dynastie der Althoffs versippt und verschwägert. So wurde, wie schon erwähnt, HERMANN Althoffs Tochter Lulu durch ihre Vermählung mit GUSTAV BRUMBACH Mitdirektorin des CIRCUS BRUM-BACH.

Hermanns älterer Bruder, der 1866 geborene PETER Althoff, gründete mit seiner Frau ANNA um die Jahrhundertwende den CIRCUS PIERRE ALTHOFF. Anna war die Tochter des Kunstreiters Mathias KAISER und seiner Frau Anna aus der bekannten Familie Traber. Mit Unterstützung der Schwiegereltern bekam der Circus Pierre Althoff ein gutes Programmniveau und entwickelte sich zu einem gediegenen Mittelcircus. Nach dem Tod ihres Mannes führte Anna das Unternehmen als Circus Pierre Althoff Wwe. weiter.

Inzwischen war es bei den Circussen üblich geworden, eine das Programm begleitende Schau zu zeigen. Große Unternehmen legten ihr Schwergewicht auf die Tierschau, in der seltene Tierarten zu sehen waren, die nicht für Dressuren geeignet erschienen. Nicht weniger beliebt waren Völkerschauen mit ihren folkloristischen Rahmenprogrammen. Ausländische Unternehmen brachten nach amerikanischem Vorbild in einer sogenannten »Side Show« Schaubudenattraktionen unterschiedlichster Art. Auch der Circus Pierre Althoff übernahm diese Neuheit. »Hereinspaziert, meine Damen und Herren«, brüllte der Ausrufer von seinem Podium in die Menge, »hier sehen Sie ein anatomisches Wunder, ›Zenzi, der lebende Mädchenkopf im Wasser‹!« Mit derb humoristischen Worten stellte er die Kuriositäten und Abnormitäten der Althoffschen Side Show vor. Was sie im einzelnen bot, ist nicht bekannt. »Siamesische Zwillinge« erregten zu jener Zeit immer das meiste Interesse. Zu den Attraktionen zählten aber auch Haar- und Bartmenschen, Riesen und Zwerge. Der Reiz des »Absonderlichen« hängt wohl mit dem Interesse des Menschen für alles Ferne, Triebhafte und Ungeklärte zusammen. Monstren dienten Schaustellern schon von jeher dazu, das Publikum anzulocken.

Alle elf Kinder des Ehepaares Peter und Anna Althoff – vier von ihnen sind früh verstorben – waren im Programm vertreten. Einige wurden bedeutende Artisten, so Käthe, die sich als Kugelläuferin einen Namen machte. Sie heiratete den Artisten Eugen Rengies. Gemeinsam mit ihren beiden Söhnen arbeiteten sie als die »4 Eugens« mit einer Schleuderbrettnummer. Robert und seine Frau Tamara traten im Circus Franz Althoff auf. Philippina, Pina genannt, heiratete Bruno Edwards und leitete mit ihm den CIRCUS EDWARS.

HEINRICH Althoffs Ehe mit ANNA SPINDLER blieb, soweit bekannt ist, kinderlos. Der von ihm gegründete CIRCUS HEINRICH ALTHOFF mußte aufgelöst werden, nachdem Heinrich 1915 in Ungarn gefallen war. JOHANN CARL Althoff war ebenfalls stolzer Circusbesitzer und reiste mit seinen vier Kindern unter dem Namen CIRCUS JEAN BAPTIST ALTHOFF. Anton Wilhelms Tochter ANNA hatte zwar keinen Circus, aber auch in ihren Adern floß Circusblut. Sie machte sich einen Namen als Reiterin. Ihre beiden Ehemänner, Diedrich und Wrobello, waren Artisten.

Durch die 1863 geborene KATHARINA, die in erster Ehe mit dem Nachkommen eines alten französischen Artistengeschlechts, ADALBERT FOUREAUX, verheiratet war, sind die Althoffs auch mit den ebenfalls zum artistischen Uradel zählenden Tourniaires liiert.

Unter den frühen französischen Circusprinzipalen hatten die Namen Jacques Tourniaire und Jacques Foureaux einen guten Klang. Tourniaire, 1772 in Grenoble geboren, verdiente sich schon in Astleys Pariser Circus seine ersten Sporen und trat später bei Antonio Franconi auf. Anfang des 19. Jahrhunderts gründete er eine eigene Kunstreitergesellschaft, mit der er seine Heimat jedoch bald verließ, da er dort zu sehr im Schatten Franconis stand.

Als erster bedeutender Reisecircus durchzog er ganz Europa. Tourniaire führte sogar schon einen Elefanten mit, wie aus einem Ankündigungszettel hervorgeht. Er stellte den Leipziger Bürgern für den 3. April 1823 ein großes Ereignis in Aussicht: »... zum Beschluß wird man zum ersten Mal den Elephanten zur Nacht speisen sehen.« Besonders in Rußland nahm man Jacques Tourniaire mit offenen Armen auf. Zar Nikolaus I. ernannte ihn zu seinem Ehrenstallmeister. In Petersburg wurde ihm per Erlaß vom 26. Juni 1827 die Genehmigung zur Errichtung eines festen Hauses erteilt.

In der ersten Hälfte des 19. Jahrhunderts war das Reisen für die Circustruppen nicht nur umständlich infolge der vielen Grenzen und Zollschranken, sondern auch äußerst gefahrvoll. Unzählige Berichte von Raubüberfällen sind aus dieser Zeit überliefert. In vielen mag die Phantasie da nachgeholfen haben, wo die Feder des Chronisten allzu magere Fakten lieferte. Wahr oder nicht, die Geschichte über Jacques Tourniaire, die Ferdinand Althoff in seinem Buch *Die Letzten von Freialdenhoven* aufzeichnete, sollte auch nicht in diesem Buch fehlen:

»Im Sommer des Jahres 1801 zog eine Zirkustruppe durch die hessischen Wälder. Ihr Ziel war die Festung Mainz, wo die französischen

Künstler ein ebenso kunstverständiges wie zahlungskräftiges Publikum vorzufinden hofften. Jacques Tourniaire, der Prinzipal, war seinen Leuten vorausgeeilt, um den Permissionär, den er auf dem Rückwege von Mainz vermutete, zu treffen. Nach kurzem Ritt begegnete er auch seinem treuen Quartier- und Erlaubnismacher, und dessen Bericht war so günstig, daß der Prinzipal seinem Pferde die Sporen gab, um möglichst schnell Mainz zu erreichen.

Plötzlich hörten die beiden Männer das Knacken von Gewehrhähnen. Das bedeutete zu jener Zeit soviel wie: ›Hände hoch!‹ Im Glanze der untergehenden Sonne blitzten den Kunstreitern einige Dutzend Gewehrläufe entgegen, und die Hände, die diese Gewehre hielten, gehörten Männern, denen man es auf den ersten Blick ansah, daß mit ihnen nicht gut Kirschen essen war. Innerhalb weniger Sekunden waren Tourniaire und sein Permissionär von einer so großen Anzahl Galgenstricke umringt, daß jeder Widerstand Selbstmord gewesen wäre. Einige Banditen waren dazu noch mit guten und schnellen Pferden versehen. Es blieb den Circusleuten nichts anderes übrig, als der Aufforderung der Wegelagerer, ihnen zu folgen, nachzukommen.

Nach einem längeren scharfen Ritt erreichte die kleine Kavalkade eine Waldlichtung, auf welcher ein größerer Trupp Räuber kampierte. Kaum bekamen sie die Ankömmlinge zu Gesicht, als ein langer, robuster Kerl vom Boden aufsprang und auf die abgesessenen Kunstreiter zuging.

›Wie heißt er?‹ fragte der Lange barsch.

›Sagt mir erst Euren Namen!‹ erwiderte Tourniaire furchtlos. Über das Gesicht des Banditen, der anscheinend der Anführer der Räuberbande war, ging ein belustigtes Grinsen. ›Ihr werdet erblassen, Mensch, wenn Ihr meinen Namen hört! Ich bin der Schinderhannes!‹

Der Kunstreiter erwiderte mit ruhiger Stimme: ›Mein Name ist Jacques Tourniaire.‹

›Der Bankist?‹ fragte Schinderhannes erstaunt.

›Bankist, wie Ihr Bandit seid!‹ war des Kunstreiters mutige Antwort.

›Hört, Herr Tourniaire‹, sagte der Räuberhauptmann, ernster werdend, ›Eure kühne Antwort würde jedem anderen schlecht bekommen. Ich könnte Euch jetzt die Taschen leeren und Euch dann an dem nächsten Baum aufknüpfen lassen. Aber ihr seid frei und könnt gehen. Auch Euren Leuten soll nichts geschehen.‹

Der Kunstreiter war auf alles andere gefaßt gewesen, nur nicht auf die Großzügigkeit eines so berüchtigten Banditen. Sein Gesicht mußte wohl

Zweifel an den Worten des Schinderhannes gezeigt haben, denn der Räuberhauptmann fuhr fort: ›Ihr seid erstaunt, Herr Tourniaire? Nun, so laßt Euch die Geschichte erzählen. Vor vier Jahren spieltet Ihr mit Eurer Truppe in Frankfurt. Ich hielt mich zu dieser Zeit dort auf und ließ mich verleiten, Eure Vorstellung zu besuchen. Doch der Satan wollte es, daß mich ein Schuft erkannte und an die Polizei verriet. Kaum eine halbe Stunde später war das Gebäude von Gendarmen und Soldaten umstellt, welche keinen Menschen herausließen, von dem man nicht die Gewißheit hatte, daß er nicht der gesuchte Schinderhannes sei. Erinnert Ihr Euch nicht mehr daran, Herr Tourniaire?‹

Der Kunstreiter nickte zustimmend. ›Wie seid Ihr damals entkommen?‹ fragte er den Räuberhauptmann.

Der Schinderhannes lachte belustigt auf. ›Acht Tage war ich in Eurem Zirkus, aber die Häscher fanden mich nicht! Ich hielt mich unter dem Stroh eines kranken Pferdes verborgen und ein mitleidiger Kutscher versorgte mich während dieser Zeit mit Speise und Trank. Eine Woche später war ich wieder in meinen Wäldern.‹

Der Bandit erhob sich. ›Es soll keiner sagen, daß der Schinderhannes je undankbar gewesen sei! Geht unbesorgt, Herr Tourniaire, in wenigen Stunden werdet Ihr wieder bei Eurer Truppe sein. Übergebt diese Dukaten Eurem Kutscher Baptiste von mir. Der Brave hat damals mich und heute Euch gerettet.‹

Die beiden Kunstreiter ließen sich das nicht zweimal sagen. Sie sprangen auf ihre Pferde, und froh, den Händen des gefürchteten Schinderhannes so leicht und billig entronnen zu sein, trabten sie ihrer Truppe nach.

Zwei Jahre später wurde der Schinderhannes gefangen und mit neunzehn seiner Leute durch das Fallbeil hingerichtet. Am Hinrichtungsort stehen heute zwanzig Pappeln, unter denen die Jugend von Mainz spielt, ohne zu ahnen, was dieser Platz einstmals gesehen hat.«

Ein prunkliebender und eleganter Prinzipal wie Jacques Tourniaire bewies auch in der Wahl seiner Frau guten Geschmack. Philippine Rödiger, die Tochter eines Kaufmanns aus Nancy, galt als eine der schönsten und gefeiertsten Kunstreiterinnen ihrer Zeit. »Prima cavalerizza, celebre Ballerina«, wie es auf einem Mailänder Stahlstich aus dem Jahre 1809 heißt. Sie war besonders in Rußland eine viel umworbene Frau. »Wo sie erschien, eroberte sie die Herzen von Tausenden im Sturm und Könige sowie Völker jubelten der bestrickend schönen Amazone zu«, hieß es von ihr.

Im Jahre 1821 nahm Tourniaire ein neues Mitglied in seine Truppe auf, das als Seiltänzer und Kunstreiter bei ihm arbeitete, Louis Foureaux. Auch er gehörte einem alten französischen Artistengeschlecht an. Sein Großvater, Jean Baptiste Foureaux, war als Bankist von Dorf zu Dorf gezogen. Jacques Foureaux, sein Vater, der 1765 in Alais geboren wurde, hatte 1805 eine eigene Gesellschaft gegründet und gehörte zu den »fünf Großen« der damaligen Circuswelt. Seinem Sohn Louis sollte es jedoch vorbehalten bleiben, den Namen Foureaux zu einem europäischen Begriff zu machen. Er verliebte sich in Tourniaires älteste Tochter, die schöne Sophie, und wurde 1822 sein Schwiegersohn. Jacques Tourniaire gab seiner Tochter eine großzügige Mitgift von 150 000 Franken. Mit Hilfe dieses Startkapitals gründete Louis Foureaux eine eigene Circusgesellschaft, mit der er zuerst Frankreich und später auch das Ausland bereiste. König Karl XIV. Johann von Schweden verlieh ihm den Titel eines königlichen Ehrenstallmeisters. 1836 ging er mit fünfundsiebzig Pferden und vielen Artisten nach Italien. Auch Foureaux soll bereits einen dressierten Elefanten gehabt haben.

Louis Foureaux starb in den sechziger Jahren in Navarra. Sein Sohn Adolphe hatte schon vorher die Direktion des Geschäfts übernommen. Eine seiner beiden Töchter, die Schulreiterin Angèle Foureaux, heiratete den 1870 geborenen Jakob Althoff. Zusammen gründeten sie den Circus Jack Althoff. Ihr Bruder, Adalbert Foureaux, führte 1883 Anton Wilhelms Tochter, Katharina Althoff, genannt Kätchen, zum Traualtar. Der Circus, von dem es hieß, es habe damals keinen bedeutenden Artisten gegeben, der nicht wenigstens einmal im Circus Foureaux gearbeitet hätte, nannte sich nun Circus Althoff-Foureaux. Nach Adalberts Tod im Jahre 1890 heiratete Kätchen Althoff den Athleten August Kuhlen und gab ihrem Unternehmen den Namen Circus Althoff-Kuhlen. Ihr zweiter Ehepartner war von stattlicher Statur und einer der stärksten Männer seiner Zeit. In Düsseldorf ist er heute noch zu bewundern. Am Nordende des Stadtgrabens in der Königsallee steht die 1902 von Fritz Coubillier geschaffene beeindruckende Brunnenplastik des Triton im Kampf mit einem Delphin. Für die Statue des stoßbereiten Triton stand August Kuhlen Modell. Aus den Ehen mit Foureaux und Kuhlen gingen drei Nachkommen hervor. Kätchens Sohn Adolf firmierte später wieder unter Circus Foureaux.

All diese klangvollen und berühmten Circusnamen aus der Pfälzer Althoff-Linie sind längst Vergangenheit. Der Circus steckt aber den meisten Nachkommen noch immer im Blut. Viele von ihnen sind bedeutende Artisten geworden, die in der Manege oder im Varieté ihren großen Vorfahren alle Ehre machen.

Corty und Althoff

....

Der Todessprung
des »Professor Monte Christo«

Die Premiere von Circus Corty-Althoff in Chemnitz verspricht eine Sensation. Überall in der Stadt verkündeten große bunte Plakate den »Todessprung des ›Professor Monte Christo‹ aus beträchtlicher Höhe ins Wasser«.

Corty-Althoffs Ankunft weckt die Bürger von Chemnitz an diesem Frühlingsmorgen 1889 schon zeitig aus dem Schlaf. Ein Extrazug hat Menschen und Tiere mit Wohn- und Käfigwagen sowie all den anderen Requisiten, die ein Reisecircus mit sich führt, über Nacht in die Stadt gebracht. Mit dumpfem Dröhnen rollen die schweren Circuswagen über das Straßenpflaster zu dem Gelände, auf dem die Zeltstadt entstehen soll. Während am Bahnhof noch die letzten Wagen abgeladen werden, beginnen auf dem Platz bereits die Vorbereitungen zum Aufbau. Ein in den Erdboden gerammter Nagel bezeichnet den Mittelpunkt des Zeltes. Der Tentmeister steckt mit dem Bandmaß den Durchmesser ab und bezeichnet die Stellen, an denen die Eisenanker für die gesamte Absegelung eingeschlagen werden sollen.

Nun beginnt der schwierigste Teil, das Aufstellen der beiden großen Masten. Nachdem der Zeltmeister die daran befindlichen Flaschenzüge und Absegelungen kontrolliert und sich vergewissert hat, daß die unteren Enden der Hauptmasten gut in den Mastschuhen verankert sind, damit sie beim Aufrichten nicht wegrutschen können, heben mehrere Männer die Spitze des ersten Mastes hoch. Schnell schieben zwei andere ein starkes Holzdreieck als Stütze unter das Kopfende. Die Arbeiter stemmen den Mast mit den Schultern so weit, daß der Grad erreicht wird, der notwendig ist, um ihn mit einem am Kopfende angebrachten Flaschenzug hochzuziehen. Langsam steigt der riesige Pfahl empor, bis er senkrecht in den Himmel ragt. Die Absegelungen werden an achtzig Zentimeter langen Eisenstangen verankert. Danach kann der zweite Hauptmast mit Hilfe eines Flaschenzuges an diesem aufgerichtet werden.

Während sich das Gerippe des Zeltes schon abzuzeichnen beginnt, haben sich die ersten Schaulustigen eingestellt. Neugierig versuchen sie, einen Blick durch die kleinen Fenster ins Innere der Wohnwagen zu werfen, die sich zu einem großen Karree hinter dem Circus ordnen. Noch liegt ein Gewirr von Stangen, Seilen und anderem Material herum. Hämmern, Rufen und vielerlei Geräusche aus den Käfigwagen mischen sich mit dem Keuchen der Lokomobile. Es wimmelt von Menschen, die für das Auge des Laien scheinbar planlos umherlaufen, dennoch arbeiten alle exakt gleich einem Uhrwerk. Jeder hat seine bestimmte Aufgabe. Aus einem der Wagen werden jetzt mehrere zentnerschwere Säcke herbeigeschafft und die darin befindlichen Teile der Zeltleinwand ordnungsgemäß ausgebreitet. Mehrere Männer sind unter dem am Boden liegenden Baumwollgewebe verschwunden. Ein bewunderndes »Ah!« der Umherstehenden, als sich, wie durch Zauberhand, das Zeltdach langsam höher und höher hebt. Nachdem auch Quarterpoles, wie die Sturm- oder Stützstangen genannt werden, und Rondellstangen eingeschoben sind, spannen sich die schlapp hängenden Baumwollplanen und runden sich zu einem stattlichen Zelt.

Sowie das Äußere des Chapiteaus fertig ist, machen sich die Arbeiter an die Inneneinrichtung. Wie in einem Amphitheater wird das Gradin, die hölzernen Sitzbankreihen, aufgebaut. Bald steht auch die niedrige Barriere, die die Manege umgibt, die Piste. Seit 1807 hat die Manege, von wenigen Ausnahmen abgesehen, in der ganzen Welt das gleiche Maß von dreizehn Meter Durchmesser und einen Umfang von 40,82 Meter. Dieser ist nach sechzehn Pferdelängen bemessen. Der Boden wird mit Sand und Sägespänen aufbereitet. Noch ist die Beleuchtung nicht installiert, Fahnen müssen aufgehängt werden, es fehlen tausenderlei Kleinigkeiten. Jeder packt mit an, auch die Kinder. Alle haben nur einen Gedanken: heute abend ist Premiere! Sie schleppen Teppiche, Tücher, Gardinen und alle möglichen Requisiten. Endlich ist auch der letzte Handgriff getan. Die Premiere kann steigen. Circus Corty-Althoff ist bereit. Wer mag wohl der erste Besucher sein? Circusleute sind ein abergläubisches Völkchen. Nicht, daß man etwas gegen alte Frauen hätte, im Gegenteil. Nur sollten sie nicht gerade als erste den Circus betreten, das bedeutet nichts Gutes.

Ein Buckliger hingegen bringt Glück, noch dazu, wenn man ihm unauffällig mit der Hand über den Buckel streicht. In der vergangenen Saison hatte eine ganze Woche lang jeden Abend ein anderer Buckliger als erster sein Billett gelöst. Wirklich waren auch alle Vorstellungen ausverkauft gewesen. Später kam allerdings heraus, daß sich ein befreundeter Journalist einen Spaß gemacht und die Bucklingen eigens engagiert hatte.

Als an diesem Abend unter den Klängen der Circuskapelle der Einlaß beginnt, ist der erste Besucher weder bucklig noch eine alte Frau. Es deutet auch kein anderes böses Omen darauf hin, daß dieser 10. April 1889 als schwarzer Tag in die Geschichte des Circus Corty-Althoff eingehen sollte.

»Todessprünge«, diese neue Art von Nervenkitzel, sind zu dieser Zeit vom Publikum besonders gern gesehene Attraktionen. Sie kommen aus dem Land der unbegrenzten Möglichkeiten, wo sie täglich Tausende von Zuschauern anlocken. In der Artistenwelt finden wirkungsvolle Nummern schnell Nachahmer, die meist bestrebt sind, ihr Vorbild an Waghalsigkeit noch zu überbieten. Um eine solche Sensation nun erstmalig in Deutschland zu zeigen, hat Direktor Pierre Althoff einen Artisten aus England, Carl Baume, engagiert. »Professor Monte Christo«, wie er sich nennt, kopiert die bekannte Romanfigur von Alexandre Dumas. Einem Verurteilten gelingt die Flucht aus dem Gefängnis, weil er seine Lagerstatt mit der eines Toten vertauscht hat. Sein »Leichnam« wird in einen Sack genäht und ins Meer geworfen.

Am Morgen hat Baume seinen Tauchsprung von einem achtzehn Meter hohen Gerüst in das zwei Meter tiefe Rundbassin noch einmal geprobt. Er dauerte eine knappe Sekunde. Nach vier Minuten und fünfzehn Sekunden war der Artist im Badetrikot ohne sichtbare Anstrengung aus dem Bassin gestiegen. Für die Premiere am Abend hat er jedoch noch »etwas ganz Besonderes« angekündigt.

Schon eine Stunde vor der Vorstellung ist der Circus restlos ausverkauft. Der »tollkühne Todesspringer«, die Hauptattraktion des Abends, soll als letzte Nummer gezeigt werden. Nach der Pantomime »Alyator oder die geraubte Braut« wird die Manege in dem verdunkelten Circus für den Tauchkünstler hergerichtet. Gestalten huschen umher, Bretter poltern. Jetzt ist das Plätschern von Wasser zu hören, das in ein am Eingang neben der Manege stehendes Bassin fließt. Die Spannung im Zelt hat ihren Höhepunkt erreicht.

Ein Gongschlag bringt das aufgeregte Summen der Menge zum Verstummen. Im aufflammenden Licht schweben zwei gedrungene Männergestalten in die Kuppel empor. Der eine, Monte Christo, ist mit einem einfachen Trikot bekleidet. Mit Spannung verfolgt das Publikum, wie er in einen Straßenanzug schlüpft. Der Helfer zieht ihm einen undurchsichtigen Sack von unten über den Kopf und bindet ihn mit einer Schnur zu. Von seinem Gehilfen geführt, tastet sich der »Professor« nun vorsichtig zum Rande des Sprungbretts vor. Atemlose Stille herrscht in dem weiten Circusrund, während sich der graubraune Sack immer mehr dem Abgrund nähert. Gleich wird er pfeilschnell in die Tiefe sausen, um millimetergenau in dem Rundbassin zu landen, das einen Durchmesser von drei Metern hat. Wenn das Wasser über ihm zusammenschlägt, kommt es darauf an, sich innerhalb weniger Minuten aus seiner Verschnürung zu befreien und aufzutauchen. Oft genug hat er seine Nummer geprobt, viele tausend Zuschauer schon mit seinem Wagemut geschockt und gelassen ihre Beifallsstürme entgegengenommen, wenn er dem Tod ein Schnippchen geschlagen hat. Er wird es auch heute schaffen, wenngleich – er spürt, daß er nicht gut in Form ist. Eine innere Unruhe macht seine Bewegungen fahrig und unkontrolliert, während sich die Füße in dem engen Sack Zentimeter um Zentimeter weiterschieben. Baume zwingt sich zur Ruhe, konzentriert sich auf das unsichtbare Ziel. Der dumpfe Trommelwirbel verstärkt sich, dröhnt in seinen Ohren, um jäh abzubrechen. Baume ballt die schweißnassen Hände zu Fäusten:

»Monte Christo!« gellt sein Ruf durch die Stille. Der lebende Sack löst sich vom Brett und saust in flachem Bogen in die Tiefe. Zu kurz! Er hat sich verschätzt. – Hart schlägt der Körper auf den Rand des Bassins, dann versinkt das unförmige Bündel in dem hochaufspritzenden Wasser.

Das Entsetzen der Zuschauer ballt sich zu einem einzigen Schrei. Danach breitet sich lähmende Stille aus. Artisten stürzen zusammen mit der Direktion und dem Circuspersonal in die Manege. Mit Haken an langen Stangen bemüht man sich, den Sack aus dem Bassin zu fischen. Als es nicht gelingt, springen einige Männer ins Wasser und heben das triefende Bündel schließlich mit vereinten Kräften über den Rand des Bassins. Die Zuschauer recken neugierig die Hälse, als man den verunglückten Artisten aus seinem nassen Gefängnis befreit und er aus der Manege getragen wird. Betroffene, aber auch sensationslüsterne Blicke folgen dem traurigen Zug.

Während das Circusorchester das erregt diskutierende Publikum abzulenken versucht, werden alle erdenklichen Wiederbelebungsversuche un ternommen. Aber weder künstliche Beatmung, noch Reiben, Bürsten oder Herzmassage haben Erfolg. Es besteht kein Zweifel mehr: »Professor Monte Christo« ist tot.

Alle Angehörigen von Corty-Althoff erweisen ihrem toten Kollegen die letzte Ehre. Sechs der schönsten Pferde ziehen seinen Sarg zum Friedhof. Der Todessprung sorgt in der Presse im In- und Ausland für viel Aufsehen, zumal fast zur gleichen Zeit aus New York ein ähnlicher Fall berichtet wird. Es hätte aber kaum dieser spektakulären Meldung bedurft, um Circus Corty-Althoff Publizität zu verschaffen.

»Im Circus Corty-Althoff, da ist es wunderschön...«

Um die Jahrhundertwende war er berühmt und in der ganzen europäischen Welt bekannt, der Circus Corty-Althoff.

> »Im Circus Corty-Althoff,
> da ist es wunderschön.
> Da kann man für fünf Pfennig
> den dummen August sehn«,

sangen die Kinder im westfälischen Münster auf den Straßen. Aber nicht nur hier, wo Circus Corty-Althoff sein Winterquartier hatte, war er gern gesehen. Bereits Ende der neunziger Jahre reiste er mit einem großen Zelt durch die Lande, das mehr als dreitausend Zuschauern Platz bot. Andere bedeutende Unternehmen, die bis dahin nur in festen Gebäuden gearbeitet hatten, gingen ebenfalls zum »Tentcircus« über. Mit dem reisenden Zeltcircus begann eine neue Ära. Entwickelt wurde das Zeltsystem um 1830 in Amerika und England. Der Amerikaner James W. Myers hatte bereits im Mai 1872 auf dem Königsplatz vor dem Brandenburger Tor ein Circuszelt mit drei Manegen aufgeschlagen. Ernst Renz äußerte sich damals recht verächtlich über diesen »amerikanischen Plunder« und fand, es sei eine unglaubliche Zumutung, den Besuchern Holzbänke und ein windiges Zelt anzubieten.

Die Vorgeschichte des Circus Corty-Althoff reicht weit zurück in die große französische Circusszene Mitte des vergangenen Jahrhunderts. Das

Weltzentrum der Circensik hieß Paris. Was Philip Astley begonnen hatte,
setzten Antoine Franconi und seine Söhne fort. Ihr Olympischer Circus
wurde zum Mittelpunkt und Musterbeispiel für alle stationären und
Wanderunternehmen. Im Jahre 1828 übertrugen die Brüder Franconi ihre
Lizenz auf Henris Sohn Adolphe, »damit das Etablissement in der Familie
bleibe«. Doch bereits 1836 verkaufte dieser den Cirque Olympique-
Theatre National für fünfhundertzwanzigtausend Franc an den Grund-
stücksmakler Louis Dejean. Dejean kam nicht in die Manege, er war kein
ausübender Künstler, dafür aber ein glänzender Kaufmann und Organisa-
tor. Sein Reichtum gestattete es ihm, die besten und teuersten Artisten zu
verpflichten. In der Circuswelt machte er vor allem durch sein Debüt in
der preußischen Hauptstadt von sich reden.

Anfang Oktober 1850 war Circus Renz nach Berlin gekommen und
hatte den 1849 errichteten Circusbau des Herrn Großkopf in der Charlottenstraße bezogen, den er »Cirque Olympique« nannte. Es war zu der
Zeit üblich, einen Circus mit ansteigenden Sitzreihen als »olympisch« zu
bezeichnen. Nach vielen Schwierigkeiten glaubte Ernst Renz, nun so weit
zu sein, daß er keine Konkurrenz mehr zu fürchten brauchte. Und
wirklich strömten die Berliner in die Charlottenstraße, um seine »Pariser
Attraktion« zu sehen, den weltberühmten Starclown Auriol – bis Louis
Dejean am 25. Dezember in der Friedrichstraße seinen »Cirque National«
eröffnete, eine genaue Nachbildung des Pariser Nationalcircus. Den
Auftrag zur Errichtung dieses eleganten und höchst komfortablen Gebäu-
des hatte er bereits im Jahr zuvor an Ratsbaumeister Otto erteilt. Auf dem
Podium saß ein großes Unterhaltungsorchester im Frack. Wie sonst nur in
der Oper üblich, trugen selbst die Programmverkäufer Fräcke und Perük-
ken. Hier paarte sich Pracht mit Bequemlichkeit. Dazu kam ein außergewöhnliches Programm. So etwas hatten die Berliner noch nicht gesehen.
Sie rannten in Scharen in diesen Wundercircus. Man sprach von »De-
jean-Entzückten« und »Renz-Verrückten«.

Einen unmittelbaren Eindruck dieses »Circus-Fiebers« gibt der Augen-
zeugenbericht des damaligen Kulturpapstes von Berlin, Ludwig Rellstab,
in der *Vossischen Zeitung*:

»Der Eröffnung des neuen Zirkus beizuwohnen, war keine so leichte
Sache, als Mancher meint! ... Was bedeutet diese Entgegenströmung von
Menschen in der Friedrichstraße? Ist das übergestaute Flut aus dem
überschwellenden Zirkus? Weshalb rennt sich alles an und um, bevor ich
nur die Schwelle erreiche? ... Ein Glück, daß das Wetter so schön, daß

niemand dadurch gehindert war, auszusteigen und zu Fuß an die Pforte des Heils zu gelangen! Des Unheils vielmehr! Seht Ihr nicht den Auflauf? Diesen Menschenschwarm! Der schwarz an dem Circus-Bienenkorbe hängt? Weshalb schreit, lärmt und tobt alles durcheinander? Weshalb bleibt ein ganzes Konstablerspalier ohne Aktion? Weshalb homerisches Zürnen und heroisches Schmähredenwechseln an der Kasse? Ich vergebe alles. Denn konnte irgend jemand ahnen, daß halb Berlin am ersten Festtage nichts anderes tun, nach nichts Anderem trachten würde, als der Circus-Eröffnung beizuwohnen? Konnte man ahnen, daß eine Stunde vor Beginn die Rotunde schon so gestopft voll war, daß niemand weiter hinein konnte, selbst mit Billets? Nur die Inhaber von Sperrsitzen hatten noch Zutritt, wenn sie ihn mit Widdern und Mauerbrechern (durch die dreißig-fache Mauer der Coulvir-Steh-Zuschauer) tapfer erkämpften!

Endlich brachte ichs so weit wie Cäsar: Sitze, schaue, berichte! Ich habe nicht Alles gesehen, aber Vieles, und weit mehr, als ich beschreiben kann...«

Die überschwengliche Darstellung des Programms gipfelt in der Schil-derung des Beifallssturms: »Sehr fest muß der neue Cirkus gebaut sein, daß er nicht einstürzte. Dem Vernehmen nach haben mehrere Häuser in der Umgebung Mauerrisse bekommen infolge dieses terremoto!« Ab-schließend bemerkt Rellstab: »So werden denn die Wettrennen, die beide Unternehmen miteinander halten können, zum Ruhm und zum Siege für beide Teile und jedenfalls zum Vorteil der Zuschauer ausfallen, da die Nebenbuhlerschaft erst recht die Kräfte anstacheln wird.«

Diese erste Saison verlief für beide Unternehmen unentschieden. Doch schon in der nächsten Spielzeit, im Winter 1851/52, wendete sich das Blatt. »Renzeken, Renzeken macht mit Dejann een Tänzeken!« pfiffen die Schusterjungen. Angeblich soll Renz Rellstab bestochen haben, damit er sein Programm besonders herausstellte. Davon abgesehen, hatte er aber auch von Dejean gelernt und alle Anstrengungen unternommen, konkur-renzfähig zu sein. Tatsächlich stiegen die Besucherzahlen wieder an. Von manchen Historikern wurde diese Rivalität zu einem »Circuskrieg« hoch-stilisiert. Es ist aber nicht einmal sicher, ob man auf seiten von Renz von einem »Sieg« sprechen kann. Dejean verließ Berlin, wie schon lange zuvor angekündigt, planmäßig am 15. März 1852, um sein neues Gebäude in Paris zu beziehen. Wie immer es auch gewesen sein mag, Ernst Renz hatte es geschafft. Bereits am 21. März verkündete er den Berlinern, daß er Dejeans Circus in der Friedrichstraße »auf mehrere Jahre kontraktlich erworben habe«. Ernst Renz wurde nicht nur Deutschlands ungekrönter Circuskönig, seine Ernennung zum königlichen Commissionsrath machte den Circus endlich auch gesellschaftsfähig.

Im Unternehmen des finanzstarken französischen Circuskönigs Louis Dejean arbeitete ein junger Artist und Musiker namens Pierre Corty. Er entstammte vermutlich einer Hugenottenfamilie. Als Kunstreiter, Seiltänzer und Tanzlehrer zogen die Cortys in ihrer Maringotte durch Westeuropa, brachten es jedoch nie zu Glanz und Anerkennung. Pierre Corty und Louise Dejean fanden Gefallen aneinander. Obgleich Dejean Pierre als Schwiegersohn ablehnte, heirateten die beiden jungen Leute 1837. Nachdem Ende 1840 ihre Tochter Adele zur Welt gekommen war, verließen sie Paris. Lange Jahre reisten die Cortys mit fremden Gesellschaften. Bis 1849 waren sie bei Alessandro Guerra und danach im Circus de Bach-Soullier in Wien im Engagement.

Im September 1853 endlich erfüllte sich Cortys langgehegter Wunsch, er gründete ein eigenes Unternehmen. Mit seiner Frau, einer kleinen Truppe und vier Pferden gab er im Hof des Augartens in Wien seine erste Vorstellung – unter freiem Himmel. Diesem mutigen Start folgten schwere Jahre des Existenzkampfes. Louis Dejean, der noch immer in Paris dominierte, reagierte nicht auf die Bittbriefe seiner Tochter. Die Cortys boten gute artistische Leistungen und traten mit ihrer kleinen Truppe vorwiegend auf Messen und Märkten auf. Unter den Schaustellern fanden sie Leidensgenossen, die ihnen mit Rat und Tat zur Seite standen. Im Herbst 1865 schlug Pierre Corty seine Kunstreiterbude auf der Schobermesse auf. »In Luxemburg trafen die Cortys einst mit einem Angehörigen der weitverbreiteten deutschen Bankistenfamilie Althoff zusammen«, schrieb Saltarino über diese Begegnung zwischen PIERRE CORTY und DOMINIKUS ALTHOFF.

Laut Zivilstandsregister Diez von 1835–1850 wurde Dominikus Althoff am 25. 10. 1841 im Kirchspiel Diez als Sohn des »reisenden Seiltänzers« Wilhelm A. Althoff geboren. »Mutter: Anna Helene, geb. in Siegburg, wohnhaft in Hüllich, Tochter des Jacob Nauhalle (oder Neuhalle) in Siegburg, Ehefrau des Nebengenannten, Kath. Confession.« Auch eine Notiz in *Der Artist* vom Mai 1896 scheint dies zu bestätigen:

»Die Zirkusdirektorin Anna Helene Althoff, die mit Jakob Nauhalle verheiratet war und die Mutter des Direktors Dominik Althoff vom Circus Corty-Althoff war, verstarb im April in Bochum.« Dem widersprechen die Heiratsurkunde von Wilhelm A. Althoff und Anna Helene Holzmüller, in

der Dominik als eines ihrer vorehelichen Kinder aufgeführt wird. Auch in
Dominiks Sterbeurkunde vom 31. 1. 1887 ist der Name seiner Mutter mit
Anna Helene Holzmüller angegeben. Eine Klärung dieser verworrenen
Familienverhältnisse dürfte kaum mehr möglich sein. Fest steht, daß
Dominik die MÜNSTERANER LINIE, eine Nebenlinie der Rheinischen,
begründete.

Pierre Corty nahm Dominik Althoff als Kompagnon in sein Geschäft.
Schon bald war der junge Artist der auserkorene Liebling der Familie.
Vater Corty widersetzte sich nicht, als es um das Glück seiner Tochter
ging. 1866 wurde Adele Corty mit Dominik Althoff getraut. Der streb-
same Schwiegersohn betrieb mit Eifer den Ausbau des kleinen Geschäfts
und brachte den Cortys Glück. Für den rapiden Aufstieg des Unternehmens sind wohl nicht nur seine Ausdauer und Tatkraft ausschlaggebend
gewesen, sondern auch seine vielseitige Begabung. Außer auf dem Turmseil, arbeitete er am Schwung- und Tanzseil und war ein ebenso guter
Tischspringer wie Reiter. Sein liebenswürdiges Wesen nahm die Menschen sofort für sich ein und ebnete ihm so manchen Weg. Zeitgenossen
beschrieben ihn als großen, schlanken und bildhübschen Mann mit
Schnurrbart und »korrekt gezogenem Popo-Scheitel«.

Bald standen sechzehn Pferde im Stall, und man konnte es wagen, in
Herford einen festen Circus aufzubauen. Bare vierhundert Taler kostete
er. Von nun an ging es bergauf. Jahr für Jahr mußte das Unternehmen
vergrößert werden. Seit 1874 spielte Circus Corty regelmäßig in Bremen,
wo ihm auf dem Heumarkt das aus Holz errichtete Circusgebäude zur
Verfügung stand. Auch auf dem Kramermarkt in Oldenburg war er stets
gern gesehen. In dem Inserat einer Oldenburger Zeitung vom 3. Dezember 1874 beehrten sich die Herren »Pierre Corty, Direktor, und Althoff,
Regisseur«, mitzuteilen, daß »zur Bequemlichkeit des hochgeehrten Publikums die Casse im Circus von Morgens 11 bis 1 Uhr und Nachmittags
von 3 Uhr an ununterbrochen geöffnet« sei. Die Plätze kosteten: »Num-
merirter Logenplatz 3 Mark. ... Sperrsitz 2 Mark. Erster Platz 1 Mark 50
Pfennige. Zweiter Platz 1 Mark. Gallerie 50 Pfennige«. Ferner legten sie
Wert auf die Feststellung, daß »der mit circa 400 Gasflammen erleuchtete
Circus gegen jedes Unwetter geschützt und geheizt« sei.

Wie aus dem damaligen Briefwechsel hervorgeht, unterzeichnete Dominik Althoff noch bis 1878 als Regisseur des Circus Corty. Nachdem
ihm sein Schwiegervater die Teilhaberschaft angeboten hatte, firmierte
das Unternehmen etwa ab 1884 als CIRCUS CORTY & ALTHOFF. Im Stall

*Mit den von Willy Manns dressierten »musikalischen Wunderelefanten«
gastierte Alfredo Rossi später in vielen Ländern.*

standen achtzig Pferde. Dominik arrangierte großzügige Manegenschau-
stücke. Die beiden Direktoren hatten es geschafft. Sie durften sich ihres
Erfolges allerdings nicht lange freuen. Am 30. Januar 1887 starb Dominik
Althoff in Stuttgart. Sein Schwiegervater und Teilhaber, Pierre Corty,
folgte ihm nur ein Jahr später. Louise Corty verstarb 1895 in Thorn.

Dominik Althoff hinterließ acht Kinder: Pierre, Alexandra, Adele,
Maria, Alfons, Rosine, Louise und Helene. Seine älteste Tochter, die
1870 geborene ALEXANDRA, heiratete den Reckakrobaten und Chef der
Meteor-Truppe Carl Stephan. Nachbarn in Münster erzählten, das Ehepaar habe achtzehn Kinder gehabt, von denen aber nur acht am Leben
geblieben sein sollen. Urkundlich nachgewiesen ist lediglich eine Tochter,
Rosa, die Rudi Renz geheiratet hat. Die ein Jahr jüngere ADELE war mit
dem Jockeyreiter Gottlieb Letsche-Angelo verheiratet. Sie gründeten
später den CIRCUS ANGELO.

MARIA arbeitete als Luftgymnastikerin. Zusammen mit ihrem Mann,
dem Jockeyreiter Willy Manns, trat sie im Circus Corty-Althoff in der
Nummer »Miss Mary und Herr Willy Manns mit ihren beiden Wunderelefanten« auf. Später arbeitete Willy Manns mit vier »musikalischen
Wunderelefanten«. Sie spielten auf Schlittenschellen und Stahlharfen,
musizierten auf einer Balgenorgel und bliesen zum Schluß auf eigens für
sie konstruierten Blechblasinstrumenten. Nach Auflösung des Circus
Corty-Althoff übernahm Alfredo Rossi diese Nummer und gastierte damit
in vielen Ländern. Berühmt wurde Willy Manns durch seinen Todesritt
auf der Piste, den er 1904 im Circus Corty-Althoff herausbrachte. Er
stülpte seinem Pferd und sich eine Kapuze über den Kopf und ritt so in
gestrecktem Galopp auf der nur vierzig Zentimeter breiten Piste dreimal
um die Manege, wobei er zuletzt sogar eine Hürde nahm. Sein Schwager
Hermann kopierte diesen Todesritt und zeigte ihn in seinem eigenen
Circus. Solcherart Sensationsartistik kam nach 1900 immer mehr in
Mode, wobei einer den anderen mit seinen »Todesnummern« zu überbieten versuchte.

ALFONS wurde mit seinem Musikalakt zu Pferde bekannt. Durch seine
zweite Frau, Rosa, Tochter von Louis Lorch, verbanden sich die alten
Circusgeschlechter Althoff und Lorch. In einem Programm des Circus
Lorch aus dem Jahre 1894 hieß es: »Brillante akrobatisch-equilibristische
Produktionen auf dem hochgespannten doppelten Telegraphendraht, ausgeführt von Fräulein Rosa Lorch und Herrn Julius Lorch«. »Dieses Seil
zerriß eines Tages die Liebe«, schreibt A. H. Kober über das Ende der

Nummer mit Bruder Julius. Rosa ging mit ihrem Mann nach USA, wo
ihre Kinder berühmte Wundermusikanten an großen Varietés geworden
sind. Alfons, der zusammen mit ihnen auftrat, ist auf der Bühne einem
Herzschlag erlegen.

Alte Münsteraner konnten sich noch an die tollen Streiche erinnern,
die Eugen Southain mit »seinem dressierten Viehzeug« anstellte. »Er war
eines der größten Originale vom Neutor«, erzählte man über den Ehemann von ROSINE Althoff. Er trat als Clown unter dem Namen »Little
Fred« auf und arbeitete mit Schweinen und Hunden. In der Gastwirt-
schaft Stücker, wo er Stammgast war, hatte er es einmal auf einen lieben
Nachbarn abgesehen. Als dieser zur gewohnten Stunde kam, um sein
Schnäpschen zu trinken, jonglierte Little Fred einen Suppenteller voll
Mehl auf einem Billardqueue unter der Zimmerdecke, während alle
anderen in die Küche verschwanden. Dem Neuankömmling erzählte
Fred, er habe mit dem Wirt um zehn Korn gewettet, daß er den Teller
eine Stunde lang unter der Decke halte. Bald hatte er den anderen soweit,
ihn für fünf Schnäpse abzulösen, woraufhin Fred schleunigst verschwand.
Schließlich wurde dem Gast der Arm lahm, der Teller rutschte weg und
der hilfsbereite Mensch stand als vielbelachter Mehlmann da. Little Fred
war der erste, der Fußball oder besser Schnauzball spielende Hunde
herausbrachte. Jahrelang rätselte man darüber, wie er die Tiere dazu
abgerichtet haben könnte. Einer seiner Assistenten lüftete endlich das
Geheimnis. Fred hatte beim Eindressieren Fleischstücke in den Ballons
verborgen, nach denen die Hunde schnappten.

Dominiks jüngste Tochter HELENE heiratete, wie schon erwähnt, ihren
Vetter aus der Pfälzer Linie, Hermann C. Althoff. »In der ganzen
Fachwelt konkurrenzlos war ein Jockeyreitakt von Mr. Hermann, der auf
ungesatteltem Pferde auf dem nur fünfzig Zentimeter breiten Manegen-
rande einhersprengte«, hieß es in einem Zeitungsbericht über ihn.

Dominik Althoffs Frau Adele, geborene Corty, führte das Geschäft
nach dem frühen Tod ihres Mannes weiter. Dies geht auch aus Briefen
des Jahres 1888 hervor, die die Aufschrift tragen: »Circus Corty-Althoff,
Inhaberin: Witwe Adele Althoff«. Sie, wie viele weibliche Mitglieder
dieser Branche vor und nach ihr, beweisen, daß die Frau wohl in keiner
anderen Berufswelt so früh ihren gleichberechtigten Platz gefunden hat
wie im Circus. Bei der Leitung des ausgedehnten Unternehmens war
Adele auf die Unterstützung ihrer Mutter und ihres ältesten Sohnes, des
achtzehnjährigen Pierre, angewiesen. Er enttäuschte sie nicht. Mit zwan-

zig bereits Direktor, machte er Circus Corty-Althoff zu einem der renommiertesten deutschen Unternehmen, das es sich leisten konnte, Artisten von Weltrang zu engagieren.

»High-Life-Vorstellung«
bei Corty-Althoff

Wie ein Lauffeuer ging es durch die Straßen von Bochum: »Fesselkönig Houdini kommt!« Am 10. Juli 1901 sollte der weltbekannte amerikanische Entfesselungskünstler Harry Houdini im Circus Corty-Althoff sein Debüt geben. »Wer Houdini nicht gesehen hat, hat nichts gesehen!« warben große Inserate in den Tageszeitungen.

Nur ein Unternehmen der Größenordnung wie Circus Corty-Althoff konnte es sich leisten, eine solche Weltsensation zu präsentieren. Dieser »geheimnisvolle Amerikaner« gab den erfahrensten Kriminalisten und selbst seinen eigenen Kollegen unlösbare Rätsel auf. Erich Weiß, als Sohn eines Rabbis in Pest geboren, nannte sich nach seinem Vorbild, dem Magier Robert Houdin, Harry Houdini. Bei seinen perfekt in Szene gesetzten Sensationstricks bevorzugte er es, sich von Polizeibeamten, gewissermaßen also amtlich, in Fesseln legen zu lassen. So auch in Bochum.

Über seinen vielbeachteten Auftritt berichtete eine Rezension im *Märkischen Sprecher*: »Houdini, der ›König der Fesseln‹, ließ sich von Polizeiwachtmeister Herren Frensemeyer und Günter verschiedene Eisenfesseln anlegen, die er mit verblüffender Fixigkeit abstreifte. Die kleine Handschelle war für ihn nach Verlauf einer Minute ›erledigt‹, die Fesselung beider Arme und eines Fußes kostete ihn fünf anstrengende Minuten, aber er erzwang sie doch. Als drittes brachte er den Koffertrick, der schon in Essen viel Aufsehen machte. Sein Geheimnis hat der Amerikaner auch gestern nicht preisgegeben, er erklärte zwar, daß alles mit natürlichen Dingen zugehe: über das Wie schwieg er sich indessen aus.«

Der große Zeltcircus brachte ein abwechslungsreiches Programm und spielte Tag für Tag vor ausverkauftem Haus. Es kam sogar vor, daß mehrere hundert Personen umkehren mußten. In jenen Tagen stand Ostasien im Blickpunkt der Weltöffentlichkeit. Pierre Althoff, der ein gutes Gespür für die Zeitströmung hatte, startete am 19. Juli 1901 das neu

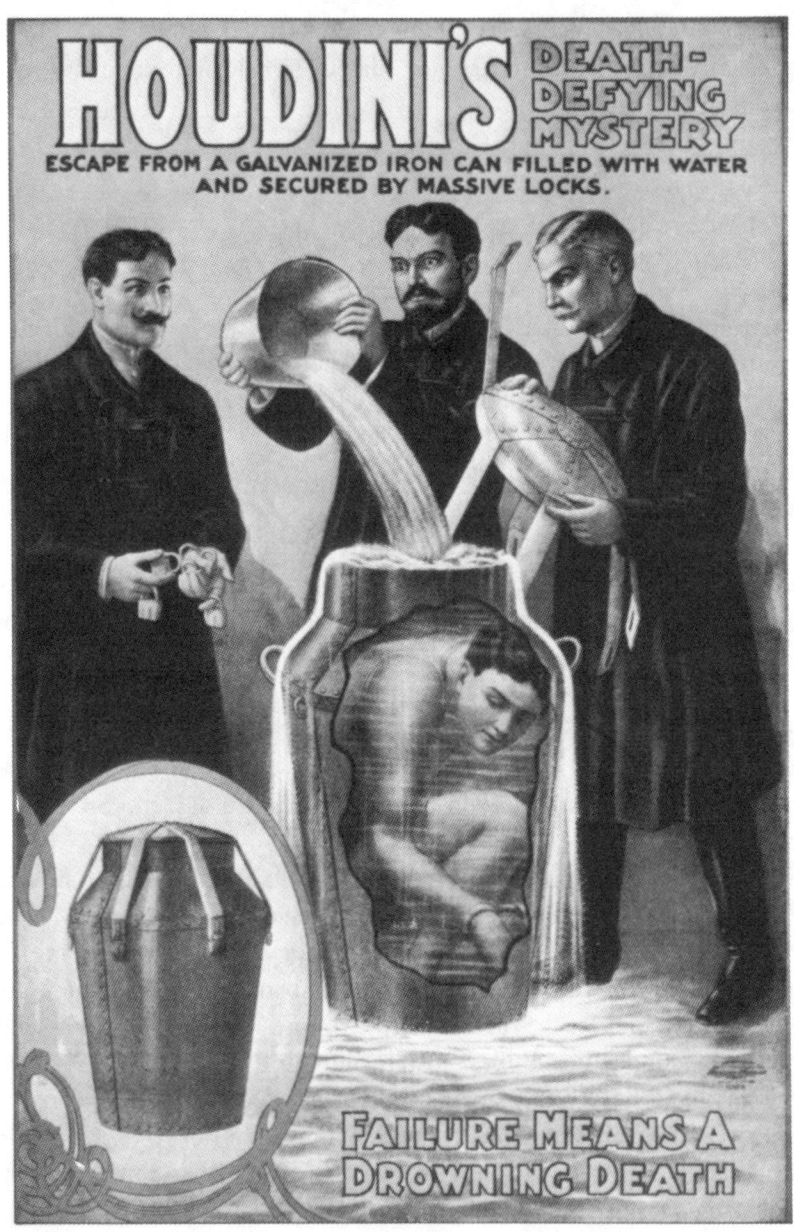

*»Houdini, der König der Fesseln«, eine Weltsensation,
die sich nicht jeder Circus leisten konnte.*

einstudierte prunkvolle Manege-Schaustück »Ost-Asien« mit der »Erstürmung der ca. 30 Fuß hohen chinesischen Mauer«.

Houdini stellte dennoch alles in den Schatten, er war und blieb der Held des Tages. Am 23. Juli erschien in der Bochumer Tagespresse das folgende groß aufgemachte Inserat:

Aufforderung

Der betreffende Herr J.P. aus Bochum, welcher im »Bochumer Anzeiger« vom 21. Juli mich aufforderte, mich von demselben mit selbst mitgebrachten Stricken binden zu lassen, wird hierdurch ersucht, morgen, Dienstagabend, zur Vorstellung zu erscheinen und mich während meiner Produktionen zu binden; auch ist es jedem Anderen von dem geehrten Publikum gestattet, an diesem Abend mich zu binden.

Houdini,
genannt der »König der Fesseln«.

Es wurde Houdinis Glanzabend. So sehenswert die übrigen Programmpunkte auch sein mochten, die Zuschauer warteten nur auf ihn. Endlich wurde die Programmnummer 13 angesagt: Houdini! Herr P., ein Bochumer Bergmann, hatte ein starkes Seil mitgebracht. Den ganzen Tag in Wasser eingeweicht, erschien es ihm besonders geeignet, »gordische Knoten« zu bilden. Die Fesselung des Amerikaners, die von einem Arzt überwacht wurde, dauerte allein sechs Minuten. Wie gewöhnlich begab sich Houdini dann in seinen abgedichteten Verschlag. Nach siebzehn Minuten verneigte er sich vor dem verblüfften Publikum, den Strick triumphierend in der Hand schwenkend. Die Leute rasten vor Begeisterung.

In seiner Abschiedsvorstellung ließ sich der »Hexenmeister«, wofür ihn manche hielten, mit Hand- und Fußschellen gefesselt in eine Zwangsjacke stecken. Inzwischen zweifelte keiner mehr, daß er sich aus eigener Kraft befreien würde. Später zeigte Houdini anläßlich eines Gastspiels von Corty-Althoff in Bremen auch noch eine seiner sensationellsten Leistungen, den »Kannen-Trick«. Dies war wirklich ein Spiel mit dem Tode. Houdini zwängte sich in eine mit Wasser gefüllte Kanne, deren Deckel

Fünftausend Mark versprach der »Hexenmeister« demjenigen zu zahlen,
der ihm nachweisen könnte,
daß er bei seiner Entfesselung in der Folter-Wasser-Zelle
Luft bekäme.

*Pierre Althoff im Alter von fünfzehn Jahren
auf dem preisgekrönten arabischen Rapphengst Rheingold.
Nach einem im Jahre 1884 von dem berühmten Pferdemaler E. Volkers
in Düsseldorf angefertigten Ölgemälde.*

zusätzlich mit sechs Vorhängeschlössern gesichert wurde. Fünftausend
Mark versprach er, demjenigen zu zahlen, der ihm nachweisen könnte,
daß er bei seiner Entfesselung in dieser Folter-Wasser-Zelle Luft bekäme.
Die Polizei in den Vereinigten Staaten und in Europa gelangte schließlich
zu der einhelligen Überzeugung, »daß nichts auf Erden Houdini in
Fesseln halten könne«. Als er 1926 in Detroit an den Folgen eines
Boxhiebs starb, nahm er sein Berufsgeheimnis mit ins Grab.

Allein schon am Weltniveau des Bochumer Gastspiels wird deutlich, in
welchem Maße sich Pierre Althoff des Vertrauens seiner Mutter würdig
erwiesen hatte. Vier Jahre nach dem Tode ihres Mannes konnte sich
Adele Althoff zur Ruhe setzen und das Geschäft getrost ihrem Sohn
übergeben. Mit ihrem liebenswürdigen und freundlichen Wesen war und

Bereits mit zwanzig Jahren war Pierre Althoff
Direktor des Circus Corty-Althoff.

blieb sie bis zu ihrem Tod am 8. Oktober 1909 der Mittelpunkt ihrer großen Familie. »Hier ruht unsere innigstgeliebte unvergeßliche Mutter«, steht auf der nur noch als Fragment vorhandenen Grabtafel auf dem Zentralfriedhof in Münster. Ihre Tochter Adele, die Frau von Gottlieb Letsche-Angelo, starb im selben Jahr.

Der 1869 in Dortmund geborene Pierre hatte bereits mit elf Jahren als Jongleur seinem Lehrmeister, dem berühmten Paul Cinquevalli, alle Ehre gemacht. Genauso sicher wie auf ebener Erde jonglierte er auch zu Pferd. Die Lust und Liebe zu allen artistischen und circensischen Künsten war ihm angeboren, wie seine vielseitigen Begabungen bewiesen. Er zeichnete sich als Akrobat und Gymnastiker genauso aus wie als musikalischer Clown, Jockey, Stehendreiter und Voltigeur zu Pferde. Seine besondere Liebe aber galt den Freiheitsdressuren, in die sein Vater ihn eingeführt hatte. Man hielt ihn für einen der besten Dresseure seiner Zeit und stellte ihn einem Albert Schumann gleich. Bereits im Alter von fünfzehn Jahren präsentierte er sich als Schulreiter auf dem preisgekrönten arabischen Rapphengst Rheingold.

Pierres Auserwählte, die italienische Reiterin Adele Rossi aus Bari, die er 1895 heiratete, stammte aus einer berühmten Gymnastiker- und Kunstreiterfamilie. Sie war die Tochter von Francesco Rossi, einem der besten Springclowns seiner Zeit. Rossi kam 1884 auf tragische Weise zu Tode, als er unter die Lokomotive des Extrazuges des Circus Wulff geriet. Pierre und Adele, eine »sehr elegante und bildhübsche Frau«, wurden wegen ihrer Liebenswürdigkeit allgemein geschätzt. Bei dem humanen Ton, der »im Hause« herrschte, fühlte sich ein jeder wohl. Pierre Althoff hatte sich viele Sympathien erworben und besaß einen großen Freundeskreis. Als Mann von Bildung und Erfahrung, war er gleichzeitig ein glänzender Gesellschafter. »Dem Zuge unserer Zeit folgend, hat er (Direktor Althoff) sich einen 50pferdigen Mercedes zugelegt«, berichtete einer seiner Freunde. »Mir als Besucher passierte es, daß wir gelegentlich einer ›Spazierfahrt‹ in Köln frühstückten, in Frankfurt a. M. zu Mittag speisten, um in Karlsruhe zu soupieren und schließlich in Basel zu übernachten.«

Im Juli 1899 schrieb Pierre Althoff, Direktor des Circus Corty-Althoff, »des größten equestrischen Zelt-Circus der Welt«, an die Stadt Solingen, um die Gastspielerlaubnis für das kommende Jahr zu erbitten. Diesem Brief ist zu entnehmen, daß die Künstler-Gesellschaft aus hundertzwanzig Artisten »nur ersten Ranges« bestand und hundert Rassepferde mitführte. Weiter heißt es darin, der »Monstre-Zelt-Circus« habe ein »vorzügliches Ballet-Corps, bestehend aus 40 Damen«. Er sei »concurrenzlos und unvergleichlich, sowie zur Zeit das größte reisende Weltunternehmen des Continents«. Das Zelt fasse etwa dreitausendvierhundert Personen und sei elektrisch beleuchtet. Daß Corty-Althoff nicht nur in Deutschland spielte, geht auch aus einem Inserat anläßlich seiner sechzigsten Tournee hervor, die er, wie in jedem Jahr, in der Festhalle in Münster begann: »Erzielt allerorts glänzende Erfolge! Bestens eingeführt in allen Großstädten von: Deutschland, Holland und Belgien, Dänemark, Oesterreich, Frankreich, Schweden-Norwegen, Italien, Schweiz, Rußland«. Zumindest die holländische Tournee 1908 ist durch spaltenlange Berichte in holländischen Zeitungen belegt.

1903 feierte Circus Corty-Althoff sein fünfzigjähriges Bestehen. Aus diesem Anlaß brachte das Central-Organ der Circus, Varieté-Bühnen und reisenden Theater *Der Artist* am 24. Mai eigens eine Festschrift heraus, in der unter anderen das kaufmännische und technische Personal seinem »allverehrten Herrn Direktor Pierre Althoff nebst Frau Gemahlin« Glück

Adele Althoff, geborene Rossi,
galt als »sehr elegante und bildhübsche Frau«.

wünschte. *Der Artist* von 1908 gibt einen Eindruck des »gegenwärtigen Circus Corty-Althoff im XX. Jahrhundert, wie er sich uns zeigt und dem Publikum beweist, welchen Aufschwung die gesamte Circus- und Artistenwelt in unserer Neuzeit gewonnen hat... In seiner heutigen Gestalt kann das Unternehmen in jeder Hinsicht als Muster hingestellt werden... Das imposante Zuschauerzelt ist mit einem geradezu verblüffenden Luxus ausgestattet und enthält Bequemlichkeiten, welche bei weitem die Einrichtungen eines Holzbaues übertreffen. In diesem eleganten Milieu

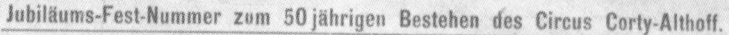

Jubiläums-Fest-Nummer zum 50 jährigen Bestehen des Circus Corty-Althoff.

No. 954.   Düsseldorf, 24. Mai 1903.   21. Jahrg.

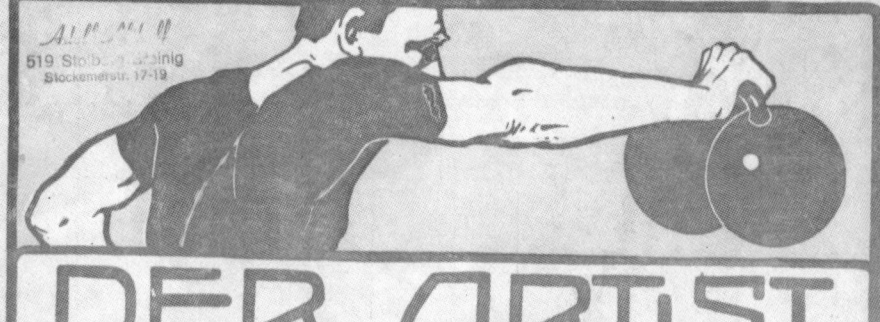

DER ARTIST

Central-Organ der Circus, Variété-Bühnen und reisenden Theater.
Verantwortl. Redacteur: Richard Simmer; Druck und Verlag: Ed. Lintz, beide in Düsseldorf, Wehrhahn 28a.

1853   1903

Pierre u. Louise Corty geb. Dejean.

»Von den neuzeitlichen Direktoren der Reisecircusse
wird noch heutigen Tages die Maringotte
(von Pferden gezogener hölzerner Wohnwagen alter Bauart)
hochgeschätzt«, hieß es in »Der Artist« von 1908
über den »gegenwärtigen Circus Corty-Althoff«.

kommen auch die gediegenen Leistungen voll und ganz zur Geltung,
ebenso fühlt sich das Publikum inmitten des Comforts rasch heimisch.«

Besonders eingehend widmet sich der Verfasser der reisenden Zeltstadt: »Da sind Küchen-, Restaurations- und Wohnwagen, Packwagen
verschiedenster Bauart, 2 Lokomobilen, 1 Beleuchtungswagen etc. etc.
Sattler, Schlosser, Stellmacher, Tischler, Schneider, kurz Handwerker
aller Branchen, haben ihre Werkstätten in eigens dazu eingerichteten
Wagen untergebracht, sogar eine eigene Feuerwehr ist organisiert. In
einem Nebenzelt hämmert ein Schmied lustig auf seinem Ambos, zwei
geräumige Zelte verraten durch das internationale Sprachengewirr, das
daraus hervorschallt, die Artistengarderoben... Einige abseits stehende,
mit einem niedlichen Eisengitter umgebene Wagen zeichnen sich durch
besonderen Comfort aus; blumengeschmückte Veranden, sinnig plazierte

Topfpflanzen, sogar ein kleiner Springbrunnen, der Boden mit gelbem
Kies bestreut: so präsentiert sich inmitten eines Parkes en miniatur die
Sommerwohnung der Direktion... Von den neuzeitlichen Direktoren der
Reisecircusse wird noch heutigen Tages die Maringotte hochgeschätzt,
selbstverständlich hat ihre Ausstattung sich modernen Ansprüchen ange-
paßt. Der Wohnwagen des Circusdirektors Pierre Althoff ist höchst
komfortabel eingerichtet mit elektrischer Lichtanlage, mit Badezimmer,
Schlaf- und Wohnräumen, sein Ankleidewagen mit raffiniertester Bequemlichkeit, hier hat der liebenswürdige Direktor auch für seine
Freunde kleine – Reserven aus den Erzeugnissen der veuve Cliquot! ... In
allem sind 42 Wagen, welche wiederum auf 34 Eisenbahnwaggons verladen werden, zum Transport des gesamten Zeltbaues nötig.«

Das junge Direktorenpaar legte vor allem Wert auf gutes Pferdematerial
und war stets bemüht, Neues und Gediegenes auf dem Gebiet der
Freiheitsdressuren zu bringen. Sogar im Circus Busch Berlin waren
»Corty-Althoffs Meisterdressuren« zu sehen. Dort zeigte Pierre Althoff
außerdem in der versenkbaren Wassermanege seine »Tauchpferde«. Immer wieder wurden in den Rezensionen die einzigartigen Pferdedressuren
hervorgehoben. Unvergessen bleibt Pierre Althoffs auf der Piste arbeiten-
der Rapphengst Incroyable. Althoff zeigte auch bereits Polo- und Fußball
spielende Hengste sowie einen Zwölferzug Fuchshengste. Frau Direktor
Adele Althoff war eine ungewöhnliche Reiterin und Dresseuse. Ihre
Freiheiten bildeten den Mittelpunkt des Programms. Wohl als erste Frau
brachte sie zwölf Pferde ohne Geschirre und Zaum in die Manege und
dirigierte sie auf einem ungesattelten Pferd stehend. Ein anderes Meister-
stück waren zwei Steiger, die auf der Hinterhand auf der Piste liefen. Ihr
»Hypologisches Monstre-Tableau mit 50 Pferden« wurde später von ihrer
Tochter Adele vorgeführt.

Als Nachahmung der Schiffsschaukeln auf den Jahrmärkten hatte sich
Pierre Althoff eine besondere Attraktion ausgedacht, die 1893 in seinem
Circus zu sehen war: »Der Rapphengst Osman Pascha als Luftschiffer«.
In einer Gondel, die unter einer Ballonattrappe hing, stand der pferde-
köpfige Passagier und ließ sich geduldig hin- und herschaukeln.

Zwei ungewöhnliche Nummern, die ursprünglich von Albert Schumann erdacht und eindressiert worden waren, sorgten später auch bei
Corty-Althoff für sensationellen Erfolg. Die »Artilleriepferde« trabten,
Kanonen hinter sich herziehend, in die Manege. Auf ihren Rücken saßen
als Soldaten kostümierte Puppen. Selbständig schirrten sich die Pferde ab

und veranstalteten ein Hürdenrennen über die Kanonen. Danach zogen sie an einem Seilende des Verschlusses und feuerten die Geschütze ab. Einen noch größeren Effekt erzielten die »Brauereipferde«: Ein Brauereiwagen mit vier großen Fässern rollte in die Manege. Indem sich die Zugpferde selbständig ausschirrten, zerriß das Papier der Faßböden, vier Pferde steckten ihre Köpfe heraus und sprangen in die Manege. Ein vergnügliches Springturnier durch die offenen Fässer endete damit, daß ein Pferd auf einer Tonne stehend durch die Manege rollte.

Von jeher hatte das »Theater des Volkes«, wie man den Circus damals bezeichnete, auch die Prominenten angelockt. Bei Corty-Althoff sollen sich viele hohe und höchste Herrschaften ein Stelldichein gegeben haben, so die Könige von Württemberg, Sachsen, Bayern, Dänemark, Holland und Griechenland, König Eduard VII. von England, der Prinz von Wales und auch Bismarck. Am 1. Mai 1903 wurde Pierre Althoff der Titel eines »Königlichen Universitätsstallmeisters der Stadt Münster« verliehen.

Für Donnerstag, den 30. April 1908, war in Kiel der Besuch des Bruders von Kaiser Wilhelm II., Prinz Heinrich, angesagt. Als Chef der aktiven Schlachtflotte war der Prinz Großadmiral und Generalinspekteur der Marine. Zu seinen Ehren fand im Circus Corty-Althoff eine außerordentliche Gala-Paradevorstellung statt. »Alle Logen waren bekränzt und mit den Reichsfahnen dekoriert. Hohe und höchste Offiziere der Armee und der Marine waren zu dieser Vorstellung geladen. Zu Ehren des hohen Gastes ließ die Direktion die Vorstellungsprogramme auf weißem Seidentuch drucken. Die linke Oberseite zeigte im Golddruck die Hoheitszeichen des Kaiserhauses mit Krone und Wappen. Als der Prinz in der Loge erschien, intonierte die zwanzig Mann starke Circuskapelle unter Leitung des langjährig bewährten Kapellmeisters W. Kaiser das Deutschlandlied, wobei das überfüllte Haus sich spontan von den Plätzen erhob.« Zu den Höhepunkten des Programms gehörte die dreifache Hohe Schule, von Direktor Althoff ohne Zügel geritten auf drei Pferden aus dem kaiserlich-russischen Gestüt Jeslokow. Danach zeigte er noch weitere meisterliche Dressuren: sechs Füchse, drei Ponys und drei Pudel; einen eleganten Sechzehnerzug, als Dakapo auf Kommando gleichzeitig steigend. Frau Direktor Adele Althoff präsentierte »Die zwölf Monate des Jahres«, eine Quadrille in märchenhaft prunkvoller Ausstattung, die von zwölf Herren und zwölf Damen mit zwölf Pferden dargestellt wurde. Großen Erfolg erzielte auch die aus acht Personen bestehende Max-Gregory-Truppe mit ihren ikarischen Spielen in höchster Vollendung. Unter den Klängen des

*Tochter Adele, die spätere Frau von Harry Williams, »im Wohnwagen-Speise-
zimmer des Circus-Direktors Pierre Althoff«, so die alte Bildunterschrift.*

Marsches »Preußens Gloria« ging die Gala-Vorstellung mit Hochrufen
und anhaltendem Applaus zu Ende.

   Der Ausbruch des Ersten Weltkrieges traf den Lebensnerv des Unternehmens. Die einzigartigen Pferdedressurgruppen wurden durch Beschlagnahme des Militärs dezimiert, das Personal zum Teil eingezogen
und in alle Winde zerstreut. Der Wagenpark, das Chapiteau und die
Abdeckplanen für die Stallungen nahmen im Laufe der Kriegsjahre
schweren Schaden. Um das Maß vollzumachen, brach am 10. November
1915 im Winterquartier in Münster ein Feuer aus und vernichtete mehrere Wagen und eine Lokomobile. Pierre Althoff ließ sich aber nicht so
schnell entmutigen. Der Circus spielte weiter, vielfach in festen Bauten,
wie bei Busch in Berlin und Breslau. Die beginnende Inflation erschwerte

jedoch die notwendigen Neuanschaffungen. Auch die Artisten waren, teilweise infolge von Kriegsverletzungen, in ihrer Arbeit weit zurückgeworfen worden. Pierre Althoff mußte um die Gunst des Publikums werben, wie aus einer Anzeige vom Juli 1922 hervorgeht:

»Seit der Zeit, daß ich Direktor und Eigentümer des Circus Corty-Althoff bin (1895), habe ich darauf hingearbeitet, das Erbe meiner Väter weiter auszubauen, und es ist mir auch trotz der schweren Zeiten – besonders der letzten Jahre – gelungen, den Circus Corty-Althoff auf der Höhe, bedeutend vergrößert und verbessert, zu erhalten. Circus Corty-Althoff ist das letzte und einzige von den alten großen Unternehmen früherer Zeiten. Angesehene Namen wie Renz, Wulff, Carré, A. Schumann, Herzog, Drechsler usw. sind unter den drückenden Verhältnissen eingegangen. Ich werde das Entgegenkommen der Behörden, aber auch das Vertrauen der Einwohner zu würdigen wissen und durchaus erstklassige Spielpläne bieten, die ohne jeden Zweifel einen Massenbesuch bei vollster Zufriedenheit jedes Besuchers zur Folge haben. P. Althoff.«

Einen Monat später wies Althoff vor seiner Premiere auf dem Kieler Wilhelmsplatz in seiner Ankündigung ausdrücklich darauf hin: »Nicht zu verwechseln mit den verschiedenen kleinen Circussen namens Althoff«. Alles Bemühen, das Publikum für sich zu gewinnen, nutzte jedoch nichts. Der Massenbesuch blieb aus, das Vermögen fiel der Inflation zum Opfer. Pierre Althoff konnte den Schlag nicht verwinden. Er starb am 3. April 1924 in Bad Wildungen. In Hannover auf dem Friedhof an der Strangriede, wo seine Urne beigesetzt wurde, erinnert ein Grabmal an den vorbildlichen Circusmann. In Voraussicht der kommenden schweren Zeiten hatte der Verstorbene in seinem Testament verfügt, daß der Circus sechs Wochen nach seinem Hinscheiden aufgelöst werden sollte. Die Erben – seine Frau und die mit Harry Williams verheiratete Tochter Adele – führten den Betrieb jedoch, im guten Glauben an einen Wiederaufstieg, dennoch weiter.

In einer Fachzeitschrift kündigte die »Eigentümerin u. Direktion: Frau Direktor Adele Althoff, Ww.« den Beginn der 74. Sommer-Saison vom Winterquartier in Münster aus für den 16. März 1927 an. Das Programm bot nach Pierre Althoffs Tod zwar immer noch gute circensische Unterhaltung, hatte jedoch nicht mehr das Niveau früherer Jahre. Es gab wohl auch kurze und wohlwollende Rezensionen, insgesamt war der Circus aber, wie es hieß, »auf etwas mäßige Unterhaltung eingestellt«. Nach und nach mußte das Programm immer mehr gekürzt werden, weil die Mittel fehlten. Die Kritiken wurden von Mal zu Mal schlechter.

Am 22. 5. 1927 meldete die Fachzeitschrift *Das Programm* Nr. 1311, daß der Circus Corty-Althoff, Inhaber Wwe. Adele Althoff, am 14. Mai in Neuß finanziell zusammengebrochen sei. »Es sind neben anderen Passiven erhebliche Gagenrückstände zu verzeichnen«, hieß es weiter. »Artisten und Ballettpersonal wurden vom Wohlfahrtsamt nach Berlin zurückbefördert. Das Zelt nebst Einrichtung, sowie das Tiermaterial sind nicht Eigentum der Direktion.«

Tochter Adele, sie wurde allgemein Mulli genannt, und ihr Mann gingen mit ihren Tiergruppen zu anderen Unternehmen ins Engagement. Mulli starb in den dreißiger Jahren in Italien. Harry Williams heiratete in zweiter Ehe Carola Althoff. In Wien, wo der Circus 1853 gegründet worden war, erlag die letzte Prinzipalin, Adele Althoff, am 2. Februar 1930 einer Lungenentzündung. Auf dem Wiener Zentralfriedhof des XI. Bezirks fand sie ihre letzte Ruhe.

Was Willi Erbes-Rösner, langjähriger Geschäftsführer im Circus Corty-Althoff, 1958 rückblickend schrieb, gilt leider auch noch heute: »... Vornehmlich die deutschen Behörden haben auch früher schon für diese Kunststätten des Volkes wenig Verständnis und noch weniger Interesse bewiesen... Was man bis in unsere Zeit den staatlichen und städtischen Kunsttempeln an Subventionen in überreichem Maße zuteilte, hat man von jeher den Kassen des Circusgewerbes entzogen. Daß es heutzutage überhaupt noch Circusse gibt, kann nur auf die Beliebtheit und andauernde Begeisterung des Volkes zu allen circensischen Künsten zurückgeführt werden.«

Irrungen und Wirrungen
um Wilhelm

··

Ein Zwischenkapitel

Was als abenteuerliche Spurensuche begonnen hat, erfordert geradezu kriminalistische Fähigkeiten, je tiefer ich in den Ahnendschungel der Althoffs vordringe. Ich habe nie beabsichtigt, Seiltanz oder gar Raubtierdressur zu erlernen, um ein Buch über Circus schreiben zu können. Mittlerweile fühle ich mich jedoch manchmal wie bei einem Balanceakt über dem Raubtierkäfig, wenn ich versuche, den schmalen Pfad zwischen Dichtung und Wahrheit zu finden. Draußen vor dem Chapiteau wartet schon das Publikum, meine zukünftigen Leser, während unter mir im Gitterrund die Meute der Kritiker versammelt ist, um mich, falls ich straucheln sollte, zu zerreißen. Am Rande der Manege sitzen die Experten, das sind die Circushistoriker, von denen jeder die Wahrheit für sich gepachtet zu haben glaubt, und die letzten Nachkommen der Dynastie Althoff. Abwartend, kritisch beobachten sie mich, eine »Private«, bei der Arbeit. Einer paßt auf, daß ich nicht abstürze. Er hat mich trittsicher gemacht, mir gezeigt, welche »Vorteile« ich nutzen muß. Hilfreich streckt er mir die Hand entgegen und lotst mich über den Abgrund: Bobby Barell. Inzwischen bin ich in der Mitte des Drahtseils angelangt. Ich brauche weiterhin Halt und Hilfe auf meinem luftigen Pfad. Letzte Sicherheit können mir aber nur handfeste Tatsachen geben, Fakten, die die Althoffs wie auch die Historiker besitzen. Aber welche sind die richtigen und halten der Belastung stand? Manchmal fehlen sie gerade an den entscheidenden Punkten.

Im Traum sehe ich die Althoff-Ahnen aus ihren Gräbern mit vergilbten Papieren winken – Dokumente, nach denen ich seit langem fahnde. Ich greife danach, erleichtert, endlich die Beweiskette schließen zu können – doch sowie ich die Urkunden berühre, zerfallen sie zu Staub...

Wilhelm Althoff,
»der Sohn des Gründers des Zirkus Althoff«,
so die Bildunterschrift in »Die Letzten von Freialdenhoven«.

Bisweilen hat auch der Zufall seine Hand im Spiel. Nicht etwa, um
Licht ins Dunkel zu bringen, im Gegenteil, er stiftet zusätzliche Verwirrung. In seinem Büchlein *Die Letzten von Freialdenhoven* präsentiert Ferdi-
nand Althoff auf der ersten Seite ein Foto von Wilhelm Althoff mit der
Unterschrift »der Sohn des Gründers des Zirkus Althoff«. Das Buch ist
1936 als Sonderdruck der *Rur-Blumen*, einer Heimatwochenschrift zum
Jülicher Kreisblatt, erschienen. Bei meinen Recherchen machte ich nun
zufällig eine verblüffende Entdeckung: Ich fand eben dieses Bild in *Meyers
Enzyklopädisches Lexikon*, allerdings mit der Namensangabe Friedrich
Theodor Althoff. Beide Althoffs ähneln sich wie Zwillingsbrüder, doch
Welten trennen sie. Wilhelm (Wilhelm A.) Althoff wurde 1807 als Sohn

Der preußische Staatsbeamte
und Hochschuldozent
Friedrich Theodor Althoff.

des Musikers Jacques bzw. Jakobus Althoff in Neuß geboren. Seine französisch abgefaßte Geburtsurkunde trägt den Vermerk: »Jacques Althoff hat erklärt nicht schreiben zu können«. Bei Friedrich Theodor Althoff, 1839 in Dinslaken geboren, handelt es sich dagegen um den preußischen Staatsbeamten und Hochschuldozenten, der als Reformator des Hochschul- und Bibliothekswesens in Deutschland gilt.

Who is who? Hatte sich der Verfasser des Buches den berühmten Gelehrten kurzerhand aus dem Lexikon »entliehen«, um ihn als Oberhaupt seiner Sippe zu präsentieren? Eine Anfrage beim Bibliographischen Institut in Mannheim müßte ihn überführen – dachte ich. Die Bildvorlage stammte jedoch aus dem Bildarchiv des Süddeutschen Verlages in

München, wie man mir schrieb. »Weder der Süddeutsche Verlag noch wir können Ihnen jetzt sagen, ob Ihre oder unsere Abbildung die Richtige ist«, hieß es abschließend in dem Schreiben.

Mittlerweile interessiert sich aber auch der Sohn des Verfassers, Ferdinand Althoff, für den vertauschten Wilhelm. Er konnte den Beweis erbringen, daß sein Vater mit der Verwechslung nichts zu tun hatte. Bereits im Januar 1929, also sieben Jahre vor Erscheinen des Buches, hatte die Heimatbeilage des *Jülicher Kreisblatt* besagtes Bild veröffentlicht. Auf eine Leserumfrage der Redaktion bestätigte ein Einwohner von Freialdenhoven, daß es sich bei der abgebildeten Person um Wilhelm Althoff handele. Das Foto fand dann nicht nur im Buch, sondern auch für einen Vorabdruck in mehreren Folgen der *Rur-Blumen* Verwendung. Unter dem Abdruck des 7. Kapitels ist folgende Leserzuschrift eingerückt:

Auch ein Althoff?

Aus unserem Leserkreise schreibt man uns:

Das Bild Wilhelm Althoffs in den Rur-Blumen Nr. 14 vom 4. 5. 1936 zeigt eine so überraschende Aehnlichkeit mit einem anderen berühmten Althoff, daß es interessant wäre durch Ahnenforschung einem Zusammenhang nachzuspüren. Es ist dies der Jurist und Staatsmann Friedrich Althoff . . .«

R. M.

Diesem Hinweis ist wohl damals niemand nachgegangen. Das *Jülicher Kreisblatt* existiert nicht mehr, die Originalfotos sind verschollen. Für mich bleibt die Frage nach wie vor: who is who?

Als ein großes Problem beim Recherchieren erwies sich auch der Kinderreichtum bei den Fahrenden früherer Zeiten. Er hatte einen zweifachen Grund. Wenn die Familie das Programm mit eigenen Angehörigen bestreiten konnte, brauchte sie keine Artisten zu engagieren. Zum anderen war ein zahlreicher Nachwuchs die beste Altersversorgung. Zog sich der pater familiae aus dem Geschäft zurück, galt es als ungeschriebenes Gesetz, die Eltern, die bis zum letzten Atemzug mitreisten, zu unterstützen. Der Zusammenhalt der Familien war sehr stark, ein Ausscheren gab es nicht. Jedes Kind hatte die Pflicht, in der Truppe mitzuarbeiten. Diese Großfamilien mit ihrer Kinderschar – fünfzehn oder mehr waren damals keine Seltenheit – sind schon verwirrend genug. Hinzu kommen die zahlreichen sich gleichenden Vornamen, die immer wieder für Verwechslungen sorgen. Noch gravierender aber ist, daß viele Fahrende infolge ihres ständigen Ortswechsels oft selbst nicht wußten, wo und wann sie geboren wurden. Schreiben konnten die meisten von ihnen sowieso nicht. So erklärt es sich, daß selbst amtliche Urkunden unterschiedliche Geburtsdaten und Namensangaben aufweisen.

Und immer wieder das Verwirrspiel mit Wilhelm, einem der beliebtesten Namen der Dynastie, der allein sechsmal vorkommt. Auch das Hinzufügen eines weiteren Vornamens macht das Unterscheiden nicht leichter. Wilhelm Anton, der »Vertauschte«, von dem bereits die Rede war, und Anton Wilhelm, waren sie Brüder oder Vater und Sohn?

Anton Wilhelm Althoff, der Begründer der Pfälzer Linie, hatte im Melderegister der Stadt Darmstadt angegeben, am 15. 10. 1824 in Schildach geboren zu sein. Demnach hätte ihn Wilhelm Anton Althoff, geboren 1807, mit siebzehn Jahren gezeugt. Aber eine zehnjährige Mutter? So alt wäre seine 1814 geborene Frau, Anna Helene Holzmüller, bei der Geburt des Kindes gewesen. Es konnte sich bei den beiden Wilhelms also nur um Brüder handeln – dachten wir. Doch dann tauchte plötzlich eine »Heiraths-Urkunde« auf, in der die neuen Ehegatten Wilhelm Anton und Anna Helene Althoff, geborene Holzmüller, erklärten, bereits vier voreheliche Kinder zu haben. Als ältestes hatten sie Wilhelm aufgeführt, geboren am 19. 10. 1830 »zu Schildach im Großherzogthum Baden«. Ein Schildach gibt es nicht, sondern nur die Stadt Schiltach im Schwarzwald. Dort aber ist weder 1824 noch 1830 die Geburt eines Wilhelm Althoff registriert. Der Ururgroßsohn jenes Pfälzer Wilhelms, Willi Fröchte, seinen Ahnen schon seit langem auf der Spur, machte in Darmstadt endlich das fehlende Glied in der Beweiskette ausfindig:

Darmstadt, den 5. Januar 1892
Von dem Krankenhaus-Director Doctor Wilhelm Jäger wurde am 5. Januar 1892 schriftlich angezeigt, daß Wilhelm Althoff, Kunstreiter, katholischer Religion, 70 Jahre, 2 Monate alt, wohnhaft zu Darmstadt, Bessungerstraße Nr. 105, geboren zu Schildach in Baden, verheirathet gewesen mit der verstorbenen Philippina, geborene Grasmück, *Sohn des Künstlers Wilhelm Althoff und dessen Ehefrau Helena, geborenen Holzmüller,* Beide verstorben,

zuletzt wohnhaft zu Waldüren, zu Darmstadt im städtischen Krankenhause, Grafenstraße Nr. 9 am vierten Januar des Jahres tausend achthundert neunzig und zwei
vormittags um ein Uhr verstorben sei.

Der Standesbeamte
In Vertretung gez. Fink

Nun besitzen wir es schwarz auf weiß: Anton Wilhelm ist der Sohn von
Wilhelm Anton. Die Folgen aber, dieser »falsch aufgehängte Wilhelm«
brach einen Ast des von Bobby Barell so sorgfältig aufgestellten Stamm-
baums, aus vier Althoff-Zweigen wurden drei. Die Pfälzer Linie ist nun
eine Nebenlinie der Rheinischen.

Dies, lieber Leser, sind nur zwei Stolpersteine von vielen auf meinem
schwankenden Pfad, der dreihundert Jahre Circusgeschichte überspannt,
von anno 1691 bis 1991.

Die Aldenhovener Sippe

Zirkusfamilientreffen
in der Pfarrkirche der Urväter
Carola Williams
rief die Althoff-Sippe nach Freialdenhoven
Dr. Pauels predigte
Freialdenhoven (Eig. Bericht), den 6. November 1954.
Oblatenpater Dr. Pauels unterstrich in seiner Predigt in der wiedererrichteten Pfarrkirche zu Freialdenhoven, es sei ein erstmaliges Ereignis, daß eine ganze Zirkus-Sippe zusammengerufen werde in der Kirche des Ortes, von wo die Väter einst auszogen, um der Menschheit Freude zu bringen, gemeinsam das heilige Opfer zu feiern und das Wort Gottes zu hören.

Zu diesem Familientreffen vor dem Altar hatte Frau Carola Williams geb. Althoff, außer den Artisten ihres Zirkus Williams alles das eingeladen, was abstammungsmäßig auf den Ursprung der Althoffs von Freialdenhoven zurückzuführen ist. Das aber ist ein sehr großer Kreis; alle Zirkusleute namens Althoff außer der nicht zu dieser Sippe gehörenden Familie Carl und Rudi Althoff, die weder verwandtschaftlich noch betrieblich etwas mit den am Samstag in Freialdenhoven Versammelten zu tun hat. In den kleinen Ort aber strömten, nachdem die Glocken der Kirche gerufen hatten, die Angehörigen aus dem Zirkus Williams, aus dem zur Zeit in Lüttich gastierenden Zirkus Adolf Althoff, vom Zirkus Wilhelm Hagenbeck, vom Zirkus Barley zusammen. Unter Vorantritt ihrer Sippenältesten, Frau Carola Williams, nahmen sie in der Kirche zwischen den Gläubigen und vor allem den Schulkindern von Freialdenhoven Platz und begingen das heilige Opfer.

Der erfahrene Kanzelredner, P. Dr. Pauels aus Overbach, wußte in seiner Predigt den Beruf des Zirkusmenschen als Freudenspender zu loben und dabei besonders herauszustellen, daß die Glieder dieser Familie, die sich zwischen den Gastspielen nun in Freialdenhoven zusammenfanden, um vor dem Altar sich neue Kraft zu holen, solch echte Freude zu schenken stets bereit seien, daß in ihre Veranstaltungen auch jedes Kind gehen dürfe.

›In Ehrfurcht aber‹, so fuhr Dr. Pauels fort, ›beuge ich mich vor allem vor Eurer Chefin. Sie ist eine mütterliche Herrin, die gebietet und gibt. Sie hat Euch auch hierhin zusammengeführt. Lernet aber hier von der größten aller Frauen, der Königin Maria, Kraft für Eure Arbeit, Eure Dienstbereitschaft und Eure Liebe zu schöpfen.‹

Immer und immer wieder betonte der Prediger die Bedeutung des Freudeschenkens. Aus jedem Spiel sollen die Menschen hinausgehen können mit neuer Kraft, als neue, frohe Menschen.

Als nach dem Gottesdienst die Gruß-Telegramme der Familienangehörigen aus Afrika, Holland und Berlin eintrafen und sich Familienmitglieder, die aus allen Teilen der Bundesrepublik und aus Belgien eingetroffen waren, oft nach langer Trennung in froher Herzlichkeit wieder begrüßten, da spürten die zu Hunderten herbeigekommenen Dorfbewohner, daß es keine Propagandaaktion war, was sich hier abgespielt hatte, sondern ein Ereignis, geboren aus diesem Zusammengehörigkeitsgefühl, ermöglicht durch die Zucht, wie sie in gutgeleiteten Zirkusunternehmen heimisch ist, und gespeist von traditionsbewußtem Christentum.

Dann aber flogen sie alle wieder bald auseinander an ihre Aufgaben: nach Köln und Mannheim, nach Lüttich und auf Vorkommando nach England, nach Jülich und Erkelenz sowie ins Ruhrgebiet. Artistenlos! Daß es aber Menschen sind wie wir, voller Arbeit und auch Leid, doch mit einem großen Kraftreservoir der Freude, um auszuspenden an alle, die erwartungsvoll zu ihnen kommen, das wurde gerade an diesem Tage sichtbar.

Dieses Sippentreffen in der Heimat ihrer Vorfahren sollte ein einmaliges Ereignis bleiben. Carola Williams, die Initiatorin, ist 1984 gestorben. Von ihren sieben Geschwistern leben nur noch Helene, Henriette und Adolf. Er und seine Frau Maria sind für die »letzten Aldenhovener« Mittelpunkt und Motor. Das »Multitalent« Adolf Althoff suchte sich im Alter noch eine neue, für einen ehemaligen Circusdirektor recht ungewöhnliche Aufgabe: Er stellte eine »Ahnentafel der Circus-Dynastie Althoff Freialdenhoven« auf. »Das bin ich meinen Vorfahren schuldig. Welche Familie hat eine so alte Tradition«, erklärt der Senior. »Mein Urgroßvater Wilhelm hatte schon einen Circus. Großvater Adolf führte sein Geschäft vierzig Jahre, bis er es meinem Vater Dominik übergab. Von uns acht Kindern machten fünf einen eigenen Circus auf, und eines Tages sagte der Franzi, mein Sohn, er wolle einen Circus gründen.«

Adolf Althoff ist bei seinem Lieblingsthema. Sein verschmitztes Lächeln verstärkt sich, als er erzählt, wie Dominik als Siebzehnjähriger im Circus seines Vaters auf einem Stier geritten ist. Das Tier ging auf sein Kommando in die Knie und stellte sich sogar auf eine Tonne. »Der erste und bisher einzige dressierte Stier in der Manege«, betont Adolf Althoff. »Das Publikum reiste von weit her an, um diese einmalige Dressur zu sehen. Mein Vater war der Star im Circus Adolf Althoff.« Aus einer seiner zahlreichen Mappen nimmt er ein Inserat:

Circus Althoff giebt Sonntag den 8. Mai
zwei große Vorstellungen
in der höh. Reitkunst, Pferdedressur,
sowie auch Vorführung
eines dressirten spanischen Stiers.

Dieser Stier wird Walzer tanzen, durch die ganze Reitbahn auf den Knieen laufen, und wird derselbe über eine Barriere springen und zum Schluß eine Pistole abfeuern, bis jetzt kein solcher zweiter Stier dagewesen. Das Nähere besagen die Anschlagzettel.

WILHELM ANTON, der 1807 geborene, schon mehrfach zitierte Althoff-Sproß, blieb als einziger von Jakobus und Caroline Althoffs Söhnen seiner Heimat verbunden und ist somit der Stammvater der RHEINISCHEN LINIE. Er reiste anfangs als Seilartist. Später gründete er den Familiencircus W. ALTHOFF. 1842 heiratete er in Jülich die Künstlerin Anna Helene Holzmüller. In der »Heiraths-Urkunde« ist vermerkt: »...Hier erklärten die neuen Ehegatten, daß sie bereits vier Kinder gezeugt hätten«: Wilhelm (ANTON WILHELM, 1830), Catharina (Käthe, 1834), JACOB (1836) und DOMINIKUS (1841). In den folgenden Jahren wurden noch fünf Kinder geboren, von denen aber nur ADOLF für die Dynastie von Bedeutung war. Seine Nachfahren gründeten Circusse von Weltruf. Auch die drei vor der Ehe gezeugten Söhne wurden bekannte Circusdi-

*Circus W. Althoff
auf dem Münchner Oktoberfest 1879.
Originalzeichnung von Heinrich Lang.*

rektoren. Durch sie teilte sich der Rheinische Zweig nochmals in drei Nebenlinien. Die PFÄLZER LINIE des Ältesten ANTON WILHELM, die MÜNSTERANER LINIE, die aus der Verbindung von DOMINIK mit Adele Corty hervorging, und die BADENER LINIE JAKOBS und seiner Kinder, die vorwiegend in Baden reisten.

Das *Jülicher Kreisblatt* brachte in seiner Neujahrsnummer 1929 eine ortsgeschichtliche Plauderei »Silvesterspuk in der Jülicher Turnhalle«. Es hieß darin, der Dachstuhl dieser Turnhalle habe früher die Artillerie-Reitbahn gedeckt, die so manche Reiterspiele und auch die Circuskunst-stücke der bekannten Kunstreiterfamilie Althoff aus Freialdenhoven ge-sehen hätte. Der Verfasser des Artikels konnte sich noch daran erinnern, daß in den siebziger Jahren des 19. Jahrhunderts einmal ein Circus Althoff sein Zelt in Jülich aufgeschlagen hatte. Als der Circusdirektor damals wegen der Reklame beim *Jülicher Kreisblatt* vorsprach, sagte er: »Ich freue mich besonders, gerade in Jülich zu spielen. Denn hier habe ich als kleiner Junge vor dem Offizierskorps in der Artillerie-Reitbahn meine ersten Sprünge und Saltomortales gemacht, als meine Familie noch in Freialden-hoven wohnte.«

Drei Generationen Althoff: Wilhelm A.
(vorn links sitzend), Adolf (rechts hinter seiner Frau Sabine)
und Dominik (in der Mitte stehend).

Ein Leser der Zeitung bestätigte dies: »In den 70er Jahren (ich war damals 12 Jahre) gab Wilhelm Althoff gelegentlich einer Durchreise von Aachen nach Köln mit einem Teil seines Zirkus mit etwa 20 Pferden hier eine Vorstellung. Zu Anfang derselben betonte er noch, wiewohl er Schaden habe, wollte er sich nicht nehmen lassen, seine Heimat mit einer Vorstellung zu beehren. Auch besuchte er noch damals seine alten Bekannten. Von da ab hörte man nur noch seinen Namen weit aus den großen Städten...«

In Mayen wurde Wilhelm und Anna Helene Althoff am 11. August 1852 »in ihrem mit sich führenden Wagen... ein Kind männlichen Geschlechts geboren..., welchem der Vorname Adolph beigelegt wurde«, so heißt es in der Geburtsurkunde. Mit sechsundzwanzig Jahren heiratete dieser jüngste Sohn die Tochter Sabine des Marionettenspielers Leopold Sonnier.

Adolf machte einen eigenen Circus auf und richtete sein Winterquartier in Hülchrath, Kreis Grevenbroich, ein. Der junge Circusdirektor, ein solider und vorsichtiger Geschäftsmann, legte Wert auf gute Leistung und ein anspruchsvolles Programm, das wie üblich mit Superlativen warb:

»Ohne Konkurrenz. Einzig dastehend. Unvergleichlich.« An die Gast-
spielorte pflegte er sich mit folgendem Gesuch zu wenden:

Ew. Wohlgeboren
erlaube ich mir hierdurch die ganz ergebene Anfrage zu
machen, ob es mir gestattet ist, dort eine kurze Dauer
Vorstellungen zu geben. Die Zeit überlasse ich Ew.
Wohlgeboren, ebenfalls die Dauer. Sodann gestatte ich
mir noch anzufragen, ob dort Gemeindeplätze vorhanden sind oder Privateigentum.

In der Hoffnung auf Erfüllung meines Wunsches
zeichnet hochachtungsvol
ADOLF ALTHOFF Zirkusbesitzer

Die sieben Kinder des Ehepaares erhielten alle eine vielseitige Artisten-
ausbildung im elterlichen Geschäft. Tochter KLARA gründete 1921 mit
ihrem Mann Franz Ackermann den HIPPODROM-CIRCUS ACKERMANN.
Jack, der eigentlich AUGUST hieß, machte sich zunächst als Clown einen
Namen und eröffnete später den CIRCUS JACK ALTHOFF. Die Nachkommen des jüngsten Sohnes PETER bewiesen schon in jungen Jahren, daß
Circusblut in ihren Adern fließt. Sohn Albert (Bubi) gründete mit seinen
vier Kindern den CIRCUS ALBERTO. Seine Söhne Alberto und Markus
sind bekannte Dresseure. Alberto wurde für seine außergewöhnlichen
Dressurleistungen mit der Oscar-Carré-Trophäe ausgezeichnet.

Ihr ältester, 1882 geborener Sohn DOMINIK war bei dem anfangs
erwähnten Familientreffen einundsiebzig, ein »junger Mann«, der noch
zwei Jahrzehnte seines Lebens vor sich hatte. Bevor er mit einundneunzig
Jahren starb, ließ ihm Freialdenhoven eine besondere Ehre zuteil werden.
Jene Straße, Lindenend, in der das Haus seiner Vorfahren gestanden
hatte, wurde anläßlich seines 90. Geburtstages in Althoffstraße umbenannt.

Nach der Dressur fehlte ein Finger

Es war 1947 in Mannheim. Dominik Althoff bereitete eine Exotennummer vor, als ein Kamelhengst auf einmal scheute. Althoff versuchte, das Tier zu beruhigen. Vergeblich. Es wurde nun sogar bösartig, biß nach seiner Hand – und hatte plötzlich seinen Mittelfinger zwischen den Zähnen. Dann stand er da, zeigte seine breiten Zahnplatten und stülpte zuckend die Oberlippe um. Es sah aus, als ob er lachen würde. Am Abend war Premiere. Dominik arbeitete in der Manege, als ob nichts geschehen wäre. Es fehlte ihm ja auch nur ein Mittelfinger.

Noch eine andere Episode ist typisch für den »Meister der Manege«, wie Dominik vielfach genannt wurde. 1955 holte er mit seinem Wagen ein Fohlen von der Bahn ab. Das Tier befreite sich und sprang Althoff von hinten ins Genick. Dadurch verlor er die Gewalt über das Steuer, das Fahrzeug prallte gegen einen Baum. Trotz Brustquetschungen und eines Rippenbruchs konnte nichts den Zweiundsiebzigjährigen im Krankenhaus halten. Von Binden und Bandagen eingeengt, führte er abends in der Manege seine Pferde vor. Ein solches Pflichtbewußtsein erfordert eiserne Disziplin. Gepaart mit Kühnheit, Ehrgeiz und Fleiß sind es die Eigenschaften, die den echten Circuskünstler ausmachen. Sie vererben sich von Generation zu Generation. Der Wiener Schriftsteller Hans Liebstöckl schrieb über die Nachkommen der Fahrenden von einst: »... Artisten sind überhaupt ganz unvergleichliche Künstler. Sie haben ihre Nummer, sie leben und sterben für diese Nummer, und ihr Ehrgeiz erschöpft sich darin. Dieses hohe Bewußtsein künstlerischer Arbeit macht mir den Artisten fast wertvoller als den Schauspieler... Der Artist darf nie schlecht sein. Sein Beruf verlangt Pünktlichkeit, Hingabe, Anspannung aller Kräfte und höchste Geistesgegenwart... Verständen wir, die im Alltagsleben stehen, nur ein bißchen von dieser Kunst zu üben, besäßen wir die Fertigkeit, Leib, Seele und Geist zu handhaben, daß sie im entscheidenden Moment nur dem obersten Zweck untertan sind, so wären wir gewissermaßen Lebensartisten, denen um ihr Fortkommen und ihre Erfolge nicht bange zu sein braucht. So steckt im Berufsartisten ein Deuter und Lehrer des Lebens: es hat Inhalt, es erfordert den ganzen Menschen, es bekommt nur Sinn, wenn man lebt, als hätten wir alle eine höchste Leistung zu vollbringen...«

Dominik Althoff hat nach dieser Devise gelebt und erzog auch seine Kinder danach. Circuskinder mußten in der damaligen Zeit eine harte Schule durchmachen, die sie für ihr ganzes Leben prägte. Mit fünf Jahren war Dominik bereits Ponyreiter, mit sechs saß er auf dem Pferderücken. Als er siebzehn war, führte er seine ersten eigenen Dressuren vor. Als Gesellenstück gewissermaßen hatte er eine Schar laut schnatternder Gänse zu bändigen. Mit ihnen in der Manege aufzutreten, mag ihn mehr Nerven gekostet haben als seine Arbeit mit dem oft tückischen Stier. Zwei Jahre später erkrankte sein Vater, Adolf Althoff, und Dominik mußte, erst neunzehnjährig, vorübergehend das Geschäft übernehmen.

In dem Hülchrath benachbarten Ort Kapellen, Erft, hatte der Circus Otto Mark damals sein Winterquartier. Zwischen den beiden Familien entspann sich während der langen Wintermonate ein freundschaftliches Verhältnis. Otto Marks Bruder Adolf, der als »Don Marko« bekannt wurde, hatte ebenfalls einen Circus. Für Dominik sollten diese Kontakte zur »Konkurrenz« schicksalhaft werden. Er verliebte sich in Don Markos Tochter Adele. Mit ihren sechs Geschwistern war sie die Hauptstütze des väterlichen Unternehmens, ein echtes Circuskind, das schon von seinem dritten Lebensjahr an in allen Fächern der circensischen Kunst herangebildet worden war. In ihrem Vater hatten sie und ihre Geschwister einen strengen Lehrmeister. Ihr Bruder Jakob wurde während einer Pantomimenprobe durch unvorsichtiges Hantieren eines Artisten mit einer Pistole tödlich verletzt.

1903 heirateten Dominik und Adele. Ihre Schwester Antoinette, genannt Netty, wurde später die zweite Frau von Dominiks Bruder Franz. Für Dominiks jugendlichen Unternehmungsgeist war sein Vater Adolf zu konservativ, da er nicht genügend Mut zu Neuerungen zeigte. So machten er und seine junge Frau sich bald nach ihrer Heirat selbständig, nahmen aber einen Teilhaber mit ins Geschäft, den bekannten Entfesselungskünstler Kleppini. Der Kompagnon hatte sich einen aufsehenerregenden Trick ausgedacht. In der jeweiligen Gastspielstadt besorgte er sich ein Bierfaß und ließ sich darin fachmännisch einschließen. Nicht mehr als fünf Minuten vergingen, bis er sich befreit hatte, ohne das Faß zu beschädigen. Der CIRCUS ALTHOFF UND KLEPPINI spielte aber nur eine Saison. Danach trennten sich die Partner, und Dominik gründete 1905 einen eigenen Circus. Aber erst, als er nach Adolfs Tod das väterliche Unternehmen integrieren konnte, erlangte der CIRCUS DOMINIK ALTHOFF wirkliche Bedeutung. Er fusionierte auch mit dem Circus Adolf

Mark (Circus Don Marco & Althoff) und dem Geschäft von Jean Leyseck, dem ersten Mann seiner Tochter Helene (Circus D. Althoff & Leyseck).

Adele war ihrem Mann nicht nur eine treue Mitarbeiterin, sie schenkte ihm auch acht Kinder. Strebsamkeit und Pflichtgefühl wurden für ihr Leben bestimmend. Schon von Jugend an hatte jedes Kind seine feste Aufgabe: Carola, die Älteste, war die rechte Hand des Vaters. Ihre Stärke lag in der Pferde- und Hundedressur. Sabine war zuständig für die Kasse und die Kücheneinkäufe. Helene galt als Universalartistin von der Pferde- bis zur Elefantendressur. Franz zeichnete sich vor allem in der Pferde- und Bärendressur aus. Henriette machte die Buchführung und andere kaufmännische Arbeiten. Die Einkäufe für die Werksküche und kleine Ensembleauftritte gehörten zu Minnas Aufgabenbereich. Adolf war schon als Junge ein technischer Tüftler. Die Jüngste, Jeanette, ritt Hohe Schule. Auch sie war eine Universalartistin. Alle Althoff-Kinder blieben dem Circus ihr Leben lang verbunden. Vier von ihnen gründeten Unternehmen, die dem Namen Althoff zu Weltgeltung verhalfen.

Man hielt es früher in den Circusfamilien so, wie es bei russischen Artisten auch heute noch üblich ist, die Kinder bekamen zunächst Ballettunterricht. Sie können sich dadurch ganz anders bewegen und haben ein viel sichereres Auftreten. Adolf Althoff erinnert sich noch gut an die Ballettstunden mit seinen Geschwistern: »1919 bekamen wir eine Ballettmeisterin, die lief immer mit einer Handtasche herum, in der ihre Kaffeekanne steckte. Einmal konnte ich ihre Handtasche erwischen, da habe ich ihr statt der Kaffeekanne einen Maulwurf reingesteckt. Das Gesicht, das sie bei der Entdeckung machte, habe ich leider nicht gesehen, sie nahm die Tasche und ging weg.«

Den Kindern wurden zwar nicht die »Knochen gebrochen«, wie früher oft behauptet wurde. Mit Samthandschuhen faßte man sie aber nicht gerade an. Adolf Althoff hat am eigenen Leibe gespürt, wie weh manche Übungen taten. »Morgens mußten wir immer alle antreten zur Ballettstunde. Wenn mein Vater dann hereinkam, und wir übten gerade Spagat, dann sagte er: ›Geh mal weiter runter‹, faßte meine Schulter und drückte mich kräftig auf den Boden.«

Auch von seinem allerersten Auftritt in der Manege erzählt der Senior: »Ich war damals sieben und mußte zusammen mit meiner jüngeren Schwester Netty in der Nachmittagsvorstellung ein Menuett tanzen. Wir haben das sehr gern gemacht. Damals war es nämlich üblich, den

Kindern, die in der Manege arbeiteten, Bonbons und Schokolade zuzuwerfen.«

Schwerpunkt im Programm von Circus Dominik Althoff waren die Tierdressuren. Da Dominik darauf achtete, daß seine Kinder von klein auf guten Kontakt zu den Tieren bekamen, hatten sich fünf der Geschwister schon früh den unterschiedlichsten Dressuren zugewendet. »Mein Bruder Franz führte die drei Bären vor.« Adolf schmunzelt, obgleich seine Erzählung für Außenstehende gar nicht so lustig klingt. »Eines Tages wurde er während der Vorstellung in den Bauch gebissen und mußte ein halbes Jahr im Krankenhaus liegen. Mein Vater übernahm die Nummer. Beim Aufmachen der Beißkörbe biß ihn derselbe Bär, ich weiß nicht mehr, ob es Asta oder Teddy war, in den Hintern. Das Lachen blieb mir aber im Halse stecken, als er anordnete: ›Adolf, morgen arbeitest du mit den Bären, hast ja deinem Bruder oft genug bei der Probe zugesehen.‹ So eine große Nummer durfte natürlich nicht ausfallen. Bei mir ging auch alles gut. Ich habe die Bären dann ganz übernommen, bin sogar mit ihnen auf Tournee nach Rußland gegangen. Man sollte Bären jedoch nicht unterschätzen. Sie wirken so possierlich harmlos wie Schmustiere, dabei sind sie unberechenbar und gefährlich«. Der Bär hat keine Mimik wie andere Tiere, es ist ihm nicht anzusehen, wenn er etwas im Schilde führt. Sein Angriff erfolgt ohne Vorwarnung und oft überraschend. »Man muß immer etwas früher denken als das Tier«, rät der Senior aus langer Erfahrung.

Als Dominik 1918 aus dem Krieg nach Köln in sein Winterquartier am Kartäuserhof zurückkam, hieß es, den heruntergekommenen Circus wieder aufzubauen. Aus alten Wagenplanen entstand ein neues Chapiteau. Aber erst nach der Revolution konnten von der Militärverwaltung zwölf Pferde gekauft werden, die nun in mühevoller Arbeit dressiert werden mußten. Tag und Nacht probte Dominik in einer gemieteten Halle. Die große Attraktion zur Premiere am Bonntor im Jahre 1919 war aber eine Liliputaner-Nummer. Sie lief eine ganze Saison im »Liliputaner-Circus Althoff«. Der große Erfolg dieser Liliputanerschauen mag sich dadurch erklären lassen, daß man in den Zwergen putzige und niedliche Wesen sah, die die Sehnsucht nach der eigenen Kindheit wachriefen. Selbst im »Dritten Reich«, als die Schaustellung von Abnormitäten verboten war, bildeten Riesen und Zwerge eine Ausnahme, spielten sie doch in der germanischen Mythologie eine bedeutsame Rolle.

Dominiks Sohn Adolf arbeitete gern mit Liliputanern. Von 1951 bis

Zirkus D. Althoff

Ständ. Wohnort: Dominik Althoff, Bonn-Beuel :: Tournee West-Deutschland
Gesch.-Führ.: Pierre Dittrich. Rekl.-Chef: Jasnotvitce. Kapellm.: Winham. Betriebsleit.: F. Wrobello.
Zeltmeister: Franz Althoff. Restaurateurin: B. Dittrich. Schofföre: Karl Walter, Ernst Krause.

2 Mangoll's 2
Meister auf 15 Instrumenten
I. A. L.

2 Power's 2
Glänzende Neuheit auf dem
Gebiet der Equilibristik
I. A. L.   Saison   I. A. L.

? Petersen u. Wrobello ?
Die Alten I. A. L.

Direktor D. Althoff's
Freiheitsdressuren

Lawinenstürze Leny	Karola, Leny Nelli	Frl. Beatrice und Sabine	5 Schwestern Althoff	Frl. Bea Petersen	Bianca Kaiser-Dittrich
	Voltigen	Drahtseilakt	Versch. Tänze	Perche-Akt	Die miese Reiterin I. A. L.

Tottle
Der urkomische Jongleur
I. A. L.

Franz Althoff u. Helene
Reitakt

Alfried Riegelsky
(2 Bersons)
Manège, August und
Lehrmeister

Saison 1921 Saison

Direktor Dominik Althoff
präsentiert sein Programm der Saison 1921.

1954 hatte er zwölf dieser kleinwüchsigen Menschen, die er sehr schätzte, in seinem Programm.

Dominik Althoff ging immer mit der Zeit. So brachte er in seinem Circus auch den »Original American Cake Walk«. Ursprünglich ein Wett-Tanz nordamerikanischer Sklaven, hatte er seinen Namen durch das Umhergehen (walk round) und die Belohnung des besten Tänzers mit einem Stück Kuchen (cake) erhalten. Durch die Weltausstellung kam er 1900 nach Paris und wurde zum Modetanz in Europa. Althoff sah darin eine Chance, das Publikum in das Manegengeschehen einzubeziehen. Artisten mußten sich mit ihren Frauen zwischen die Zuschauer setzen. Wenn dann die zwanzig Tänzerinnen im Rhythmus des Cake Walk in die Manege hüpften, packte die vermeintlichen Besucher das Tanzfieber und sie hüpften mit, erst am Platz, dann in der Manege. Das wirkte ansteckend. Alsbald verwandelte sich der Circus in einen einzigen Cake-Walk-Hexenkessel.

Für viele Großunternehmen jener Zeit gehörten ein, nach Möglichkeit sogar mehrere massive Circusbauten zum Prestige. Ganz anders Dominik Althoff. Für ihn war der Circus ein Reisegeschäft. Dieser Tradition blieb er ein Leben lang treu. Von Moskau bis Madrid knallte seine Peitsche.

»Hagenbeck und Althoff's Groß-Raubtier-Dressurschau«

Am Anfang war die Menagerie, ihrer ursprünglichen Funktion nach »die Tierschau im Garten des Königs«. An den Höfen der Mächtigen galt sie vom späten Mittelalter an als Ausdruck souveräner und feudaler Pracht. Der Beginn der wandernden Menagerien liegt dagegen im dunkeln. Als selbständige Reiseunternehmen existierten sie in Europa neben den Circussen seit Ende des 18. Jahrhunderts. Durch sie wurde die zoologische Vielfalt ferner Kontinente in den Gesichtskreis der Menschen gerückt. Obwohl es in Europa schon seit Anfang des 19. Jahrhunderts Zoologische Gärten gab, waren die Wandermenagerien auf den Jahrmärkten für die meisten Menschen die einzige Möglichkeit, exotische Tiere zu sehen. Im Unterschied zu den Tiergärten zeigten Menagerien auch die Dressur »wilder« Tiere.

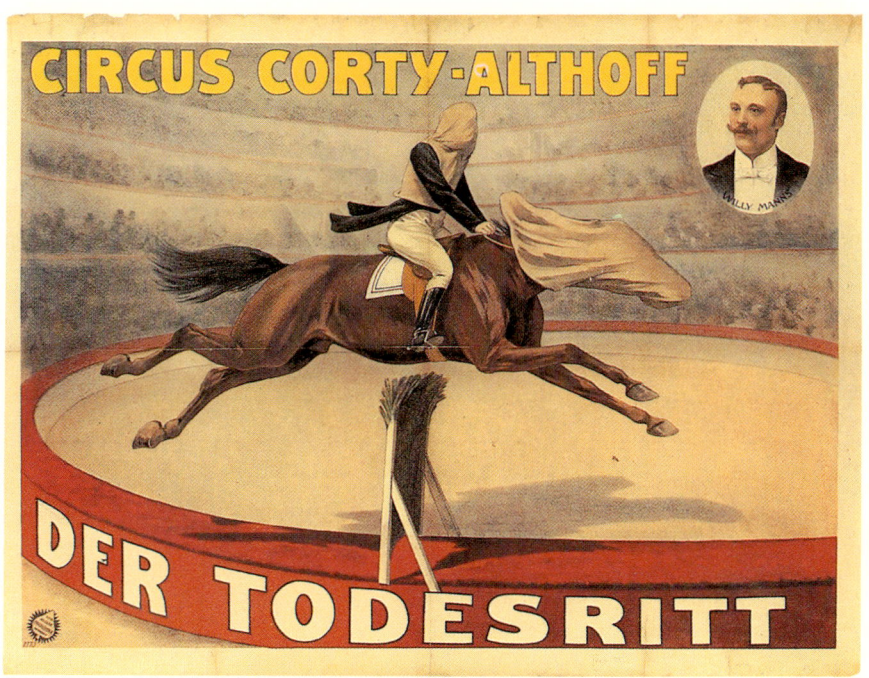

Der Ehemann von Maria Althoff, Willy Manns,
mit seinem berühmten Todesritt auf der Piste,
den er 1904 im Circus Corty-Althoff herausbrachte.
Plakat von Adolph Friedländer.

Herr Direktor Pierre Althoff

Circus Corty-Althoff brachte als Werbung 1912
die ersten Buntpostkarten heraus.

Circus Corty-Althoff
Herr Direktor Pierre Althoff

Die »Artilleriepferde«
trugen als Soldaten kostümierte Puppen
auf dem Rücken und feuerten selbständig
die Kanonen ab.

Circus Corty-Althoff
Frau Direktor
Adele Althoff

O. MERTÉ.

Adele Althoff, geborene Rossi, brachte wohl als erste Frau zwölf Pferde
ohne Geschirre und Zaum in die Manege.

Frau Direktor Adele Althoff

O. MERTÉ

Die Direktorin des Circus Corty-Althoff mit Steiger.
Adele Althoff war eine ungewöhnliche Reiterin und Dresseuse.

Circus Corty-Althoff
Frau Direktor Adele Althoff

*Die Freiheitsdressuren von Frau Direktor Adele Althoff
bildeten den Mittelpunkt des Programms.*

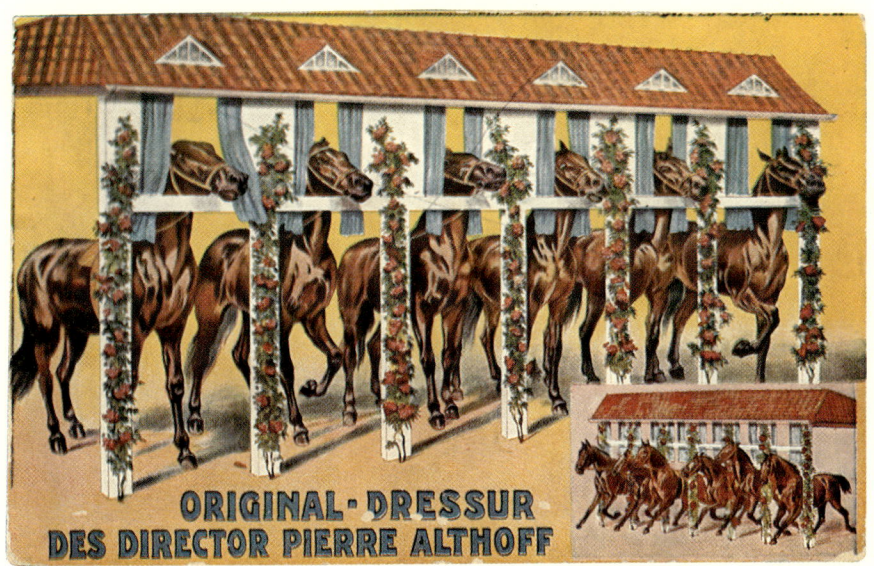

*Die berühmten »Blumenpferde«
von Circus Corty-Althoff.*

Der »Cake Walk«,
ursprünglich ein Wett-Tanz nordamerikanischer Sklaven,
sorgte 1913 auch im Circus Althoff für Stimmung in der Manege.
Plakat von Adolph Friedländer,
zu dessen ständigen Kunden die Althoffs zählten.

Raubtiere zu zähmen, hielt man damals für ausgeschlossen. So war jede »Dressur« nur ein Herumjagen der »wilden Bestien«.

»Hereinspaziert in die Menagerie, Ihr stolzen Herrn, Ihr lebenslustigen Frauen. Mit heißer Wollust und mit kaltem Grauen, die unbeseelte Kreatur zu schauen, gebändigt durch das menschliche Genie«, heißt es in Frank Wedekinds Prolog zum »Erdgeist«.

Als einer der ersten zeigte der Holländer van Aaken in seiner Menagerie eine Raubtierdressur. 1817 erschien eine Anzeige, die diese haarsträubende Vorführung ankündigte. Ein Betreuer würde den Käfig betreten, mit den beiden Löwen spielen, sie auf Kommando liegen und aufstehen, das Maul öffnen und dem Publikum die Zähne zeigen lassen. Als Höhepunkt steckt er seinen Kopf in den Rachen des Löwen, so hieß es weiter, und »läßt in dessen Schlund das Gebrüll eines Löwen nachahmend ertönen«. Wer dieser Dompteur war, ist nicht bekannt. Einer anderen Überlieferung zufolge soll schon 1708 in einer Menagerie in Fontainebleau gezeigt worden sein, wie ein »Thierbändiger« sein Haupt in den Rachen eines Löwen legte. Als Ludwig XIV. von diesem sogenannten »Todeskuß« erfuhr, verbot er die Vorführung. Raubtierdressuren gab es aber bereits zur Zeit des Pharao Ramses II., wie aus alten Berichten hervorgeht. Sein Löwe Antam-Nekht soll als »Leibwächter« in der Schlacht neben dem Kampfwagen seines Herrn gelaufen sein und angeblich sogar Freund und Feind unterschieden haben. Eine altchinesische Bronzestatue aus der Zeit zwischen dem 12. bis 9. Jahrhundert v. Chr., zeigt einen Mann, der den Kopf in den Rachen eines Tigers steckt. Der »Todeskuß« mit einem Tiger ist so gewagt, daß dieser Dressurtrick äußerst selten zu sehen ist.

Die Menagerievorführung bot nicht allzu viele Möglichkeiten. Sie glich vielmehr einer Mutprobe. Der Dompteur stieg zu den »wilden Bestien«, die noch keinerlei Dressur erhalten hatten, in den Vorführwagen, trieb mit Fackel und Eisengabel die verängstigten Tiere durcheinander und versuchte, sie mit mehr oder weniger Gewalt zu einigen einfachen Tricks zu bringen. Im übrigen bestand seine Kunst darin, wieder heil aus dem Käfig herauszukommen. Stöcke, Dreizack und Pistolen spielten bei dieser Abrichtung oft die Hauptrolle. Der Zulauf, den solcherart Vorstellungen hatten, brachte die Circusprinzipale auf die Idee, den Raubtierkäfigwagen in die Manege zu holen. An der Methode änderte sich dadurch nichts, abgesehen davon, daß der Wagenkäfig nun mitten in der Manege stand und die Gewaltdressur, wie sie Thomas Batty noch 1863 im Circus Renz zeigte, vor einem größeren Publikum stattfinden konnte.

Diese sogenannte »wilde« Dressur, wie die meisten Dompteure sie damals zeigten – ganz offensichtliche Tierquälerei – gibt das Stichwort für den Namen Hagenbeck. Fast alle Quellen führen Carl Hagenbeck als den Begründer der »zahmen« Dressur an, die bedeutet, daß die Tiere zunächst handzahm gemacht und dann dressiert werden. Sie schließt Gewalt aus und basiert auf geduldiger einfühlsamer Arbeit. Aber weder er, noch sein Bruder Wilhelm waren ihre Urheber. Es gab schon vor ihnen zahlreiche Avantgardisten dieser humanen Dressurmethode, wie van Amburgh, François Bidel, Upelio Faimali, Pezon und Bostock. Sie alle arbeiteten nach dem Prinzip, zunächst mit den Tieren gut Freund zu werden. Als eigentlicher Begründer der zahmen Methode und Wegbereiter der Hagenbeckschen Dressur gilt Henri Martin, der seinen Tieren bereits Namen gab. Er war der erste, der die Raubtierdressur 1831 auf die Bühne brachte, als er mit seinen Tieren in Franconis Cirque Olympique in der Ausstattungspantomime »Die Löwen von Mysore« auftrat. Das spektakuläre Drama hatte einen so beispiellosen Erfolg, daß es siebenhundert Mal aufgeführt wurde. Martin wäre aber nie der beste Dompteur seiner Zeit geworden, wenn er nicht erkannt hätte, daß Menschen und Raubtiere Freunde werden können. »Ich lasse es mir angelegen sein, den Charakter jedes Tieres zu erraten, seinen Neigungen, seinen Leidenschaften zu schmeicheln … ich werde ihr Freund, weil sie sich fürchten, mich zum Feind zu haben«, äußerte er sich über seine revolutionierende Dressurmethode. Später errichtete er in Amsterdam einen Tierpark mit Freigehege, der Carl Hagenbeck zum Vorbild diente.

Es war das Verdienst von Carl und Wilhelm Hagenbeck, der humanen Methode endgültig zum Durchbruch verholfen zu haben. In enger Zusammenarbeit entwickelten sie die »zahme Raubtierdressur«. Wilhelm setzte die gemeinsame Idee der Dressuranstalt in die Tat um. Es lag jedoch nicht in seiner Natur, öffentlich hervorzutreten, so stand er zeitlebens im Schatten seines älteren Bruders. Wilhelms Grundregel war es, die Raubtiere allmählich an den Menschen zu gewöhnen, sie zutraulich zu machen und erst dann, ihren natürlichen Spieltrieb nutzend, mit der Dressur zu beginnen. Carl, ein guter Geschäftsmann, spezialisierte sich dagegen auf das Tierhandelsgeschäft und wurde der Gründer von »Hagenbecks Tierpark«. 1887 eröffnete er einen eigenen Zeltcircus, verkaufte ihn aber nach zwei Jahren wieder. Für die Weltausstellung in

Chicago stellte er einen »Zoologischen Circus« zusammen, der nur aus Tiernummern bestand. Als Dompteur gewannen die beiden Hagenbeck-Brüder ihren Schwager Heinrich Mehrmann. Er wurde weltberühmt.

Die 1879 von Wilhelm Hagenbeck auf dem Spielbudenplatz in Altona gegründete »Dressur-Anstalt für wilde Tiere« gedieh zu einem lukrativen Geschäft. Er hatte etwa zwanzig der besten Dompteure angestellt, die nach seinen Anweisungen ganze Raubtiergruppen, aber auch alle anderen Tiere, vom Affen bis zum Zebra, dressierten. Jedoch erst, nachdem Wilhelm Hagenbeck 1889 den in mehrere Gitterteile zerlegbaren Zentralkäfig konstruiert hatte, der noch heute im Circus Verwendung findet, war es möglich, große Raubtiernummern mit der notwendigen Sicherheit für die Zuschauer vorzuführen. Samt Dompteur und Zentralkäfig wurden sie an Circusse in der ganzen Welt vermietet. Er erfand auch das Postament, neben dem Rundkäfig das wichtigste Dressurrequisit. Die meisten Kunststücke, die in den Raubtiernummern bis auf den heutigen Tag gezeigt werden, sind Erfindungen von Wilhelm Hagenbeck, dessen Dressuren für die Circusse in aller Welt richtungweisend wurden.

Wilhelms jüngerer Sohn Willy widmete sich »von frühester Jugend an... den Tieren und übernahm die große Aufgabe seines Vaters, dem gefangenen und dressierten Tier Freund und Lehrmeister zu sein«, schreibt Bobby Barell in seinem Buch *Der König der Dompteure* über Wilhelm Hagenbeck. Schon mit achtzehn Jahren arbeitete Willy im Zentralkäfig. Bei der Dressurarbeit war er seines Vaters stärkste Stütze. Besonders aber reizte es ihn, die bis dahin für unzähmbar gehaltenen Eisbären zu dressieren. Nach den ersten Erfolgen war Anfang des Jahrhunderts die größte Raubtiersensation, die jemals gezeigt wurde, perfekt: siebzig Eisbären zusammen in einer Gruppe, präsentiert von dem zwanzigjährigen Willy Hagenbeck. Paul Busch entwickelte daraus das Manegenschaustück »Sibirien«, das in Berlin Premiere hatte. Es gipfelte darin, daß im Schlußakt innerhalb einer Eisberglandschaft siebzig Polarbären aus zwanzig Meter Höhe über eine Schneerutsche in die Wassermanege sausten, in der Eisberge schwammen. Im Alter stellte Willy Hagenbeck einmal resigniert fest: »Als ich zwanzig war, hatte ich siebzig Eisbären. Jetzt bin ich siebzig und führe zwanzig Eisbären vor.«

Der große Erfolg ihrer Eisbärendressur gab Wilhelm Hagenbeck den Anstoß. Alle Circusse der Welt machten mit seinen Tierdressuren ein Bombengeschäft... Er wollte seinen Dompteuren ein neues Arbeitsfeld verschaffen – in der »Größten Raubtierdressurschau der Erde«. Der

WILHELM HAGENBECK'S
RAUBTIER-DRESUR-SCHAU.

Eine Einführung von HUGO HANS KLOPPERT.

Willy Hagenbeck mit seinen dressierten Eisbären.

Anfang des Jahrhunderts sorgte Willy Hagenbeck
für die größte Raubtiersensation,
die jemals gezeigt wurde: Er präsentierte
in einer Gruppe siebzig Eisbären.

Name des Inhabers – Wilhelm Hagenbeck! Seine Idee wurde ein voller
Erfolg. Diese 1908 eröffnete »Wilhelm Hagenbeck's Raubtier-Dressur-
Schau«, in der Tiere als Artisten auftraten, blieb ohne Konkurrenz.

Im Dezember 1910 starb Wilhelm. Seine Söhne Carl und Willy führten
das Unternehmen in seinem Sinne weiter. 1911 gastierte der Circus in

Wilhelm Hagenbecks Eisbärengruppe

Das Manegenschaustück »Sibirien« im Circus Busch,
Berlin. Im Schlußakt sausen siebzig Eisbären
aus zwanzig Meter Höhe
über eine Schneerutsche in die Wassermanege.

Berlin. Zu der Zeit brachte Jean Gilbert gerade seine Operette »Puppchen« heraus. Eine der markantesten Melodien darin war »Gehn wir mal zu Hagenbeck...«. Diesen »Hagenbeck-Marsch«, der Anlaß zu einem Familienstreit wurde, soll Gilbert für den Circus Wilhelm Hagenbeck, speziell aber Willy Hagenbecks Bärennummer, komponiert haben, so versicherten Wilhelms Nachkommen. Die Familie seines Bruders Carl nahm ihn ebenfalls für sich in Anspruch. In Wahrheit hatte Gilbert diesen Marsch dem gesamten Hause Hagenbeck zugedacht, obwohl er Kapellmeister bei Wilhelm Hagenbeck war.

Willy Hagenbeck machte sich später selbständig und gründete in den zwanziger Jahren mit Starthilfe des Tierhändlers Hermann Ruhe, in dessen Ruhr-Zoo in Gelsenkirchen er Raubtiere vorführte, den »Original Circus und Raubtierdressurschau Willy Hagenbeck«. Den Circus Wil-

»Wilhelm Hagenbeck's Raubtier-Dressur-Schau«,
in der Tiere als Artisten auftraten, blieb ohne
Konkurrenz.

helm Hagenbeck führten der älteste Sohn Carl und seine Frau Friederike in eigener Regie weiter.

»Geht zu Hagenbeck und Althoff's Groß-Raubtier-Dressurschau« warben im Jahre 1928 große Plakate um Publikum. Das Programm wandte sich »An die geehrten Besucher!

Mit dem Zusammenschluß der Firmen Wilh. Hagenbeck, Hamburg, und D. Althoff, Köln, haben sich zwei Häuser vereinigt, die auf dem

Circus Wilh. Hagenbeck & Althoff
während der Saison 1928 unterwegs in Ostpreußen.

Gebiete der Dressuren seit Jahrzehnten Weltruf haben. Hagenbeck, der Schöpfer moderner Raubtier-Dressuren, Althoff, der Meister rassiger Freiheitspferde. Was diese beiden im Spielplan 1928 dem Besucher bieten, ist in jeder Beziehung auf der Höhe.

Neben diesen erstrangigen Dressuren von gefährlichen Königstigern, mächtigen Berberlöwen, braunen Kaukasus-Bären, klugen Elefanten, fauchenden Leoparden, drolligen Zwergpferden, rassigen anderen Pferden, Eseln und Mauleseln bringt das Programm eine Fülle anderer Darbietungen. Reiterei, Akrobatik, Luftgymnastik, lustige Spaßmacher u. a. m. tummeln sich in geharktem Sand und so schaffen sie vereint einen Spielplan bester Qualität...«

Die GROSS-RAUBTIERSCHAU WILHELM HAGENBECK UND CIRCUS D. ALTHOFF reiste mit ihrem Viermaster bis zum Jahre 1931. Hier waren Raubtierspezialist und Pferdekenner eine Verbindung eingegangen, die sich sehr günstig auf das gemeinsame Geschäft auswirkte. Die enge Freundschaft zwischen Dominik Althoff und Carl Hagenbeck, dem Inha-

An der Spitze der Pyramide Dominiks ältester Sohn Franz,
links darunter dessen jüngerer Bruder Adolf.

ber des Unternehmens, sorgte noch zusätzlich für ein gutes Betriebsklima. Zwei Jahrzehnte später sollte es zu einer neuen Ära Hagenbeck-Althoff kommen, als Dominiks Sohn Adolf zusammen mit Carls Witwe, die das Geschäft weiterführte, unter dem Namen CIRCUS FRIEDERIKE HAGEN-BECK reiste, da die Firma Wilhelm Hagenbeck mit Carls Tod juristisch erloschen war.

Nachdem Dominik Althoff 1934 seinen Kindern Franz und Carola bereits die Leitung anvertraut hatte, zog er sich 1936 ganz zurück und übergab ihnen das Geschäft, an dem die Geschwister Helene und Adolf beteiligt wurden. Für den »Grandseigneur unter den deutschen Circusdi-rektoren« bedeutete dies aber noch längst nicht den Ruhestand. Er stand seinen Kindern weiterhin mit Rat und Tat zur Seite, arbeitete mit seinen Tieren und war nach wie vor »vom Scheitel bis zur Sohle der Gentleman in der Manege«. Am 8. April 1963, seinem 80. Geburtstag, gab Dominik Althoff in Mainz im »Spanischen Nationalcircus« seiner Tochter Carola seine Abschiedsvorstellung. Er stieg in den Sattel, um gemeinsam mit

Dominik Althoff an seinem 80. Geburtstag
bei seiner Abschiedsvorstellung.

Marianne Kirsch, der Frau seines Enkels Franz-Richard Rokosz, ein letztes Mal die Hohe Schule zu reiten. Von nun an vertauschte er die Peitsche mit dem Löffel und machte das Kochen zu seinem Hobby.

Der Circus lag ihm aber nach wie vor am Herzen. Geradezu ereifern konnte er sich, wenn das Wort »Circussterben« fiel: »Der Circus ist nicht tot, der Circus wird nie sterben, nie! Man darf nur nicht beim ›alten Hut‹ bleiben. Das ist es! Die Zeit hat sich geändert. Es hat keinen Zweck, daß man ein Pferdchen und noch ein Pferdchen in die Manege steckt. Die Aufmachung muß gut sein. Wenn es ein gutes Programm ist, und die Aufmachung damit Schritt hält, dann geht der Circus auch niemals unter!« Er sollte mit seiner Ansicht recht behalten. Seine berühmten Kinder erbrachten den Beweis.

Allseits geachtet, geehrt und beliebt konnte Dominik Althoff auch noch seinen 90. Geburtstag feiern, nunmehr der älteste Circusdirektor der Welt. Als er 1974 mit einundneunzig Jahren starb, hatte er deutsche Circusgeschichte nicht nur gelebt, sondern auch maßgebend mitgestaltet.

Managerin der Manege –
Carola Williams

Die »boxenden Pferde«

»Der Circus formte unsere Herzen, und unsere Herzen formten den Circus«, erwiderte Carola einmal auf die Frage, in welcher Beziehung sie zum Circus stände. Vater Dominik begann mit der Ausbildung seiner Erstgeborenen in einem Alter, in dem andere Kinder gerade laufen können. Mit drei Jahren holte sich die kleine Carola ihre ersten Lorbeeren. Allabendlich saß sie in einem allerliebsten Kostüm, eine große Schleife im Haar, auf dem Pferderücken und zeigte ihre Kunststücke. Man feierte sie als »kleinste Voltigeuse der Welt«. Das war noch im Zweimastzelt von Großvater Adolf.

Die Geschwister Althoff mußten bei ihrem Vater eine harte Schule durchmachen. Seine 1903 geborene Tochter Carola ernannte Dominik zur »Stubenältesten«. Sie hatte immer mit gutem Beispiel voranzugehen. Neben dem Reiten standen Ballettstunden und Parterreakrobatik auf ihrem Stundenplan. Als ihr Vater sein Winterquartier in Köln aufschlug, wurde Carola gerade schulpflichtig. Ein regelmäßiger Schulbesuch war allerdings nur in den Wintermonaten möglich. Während der Reisesaison erteilte ihr ein Hauslehrer Unterricht, der zuweilen gleichzeitig Circuskapellmeister war.

»Die Erfolge unserer Familie wurden durch den Ersten Weltkrieg jäh unterbrochen«, erinnerte sich Carola später. »Zehn Tage nach der Mobilmachung mußte unser Vater zu den Luftschiffern nach Köln-Bickendorf einrücken. Der Circus wurde stillgelegt. Die Militärverwaltung requirierte die Pferde, zum Glück aber nur die Stuten und Wallache. Die Hengste wollten die Allgewaltigen vom Barras nicht. Vom letzten Geld kaufte Mutter Plateauwagen und übernahm Transporte für die Militär-Schirrmeisterei.« Carola war eine aufgeweckte und tüchtige Schülerin. Nachdem sie mit dreizehn Jahren ihr Abgangszeugnis erhalten hatte, half sie ihrer Mutter und leistete mit Pferd und Wagen Kriegshilfsdienst. Jeden Morgen um sieben meldete sie sich mit gestriegelten Pferden und blankgeputztem Zaumzeug beim Schirrmeister in der Kartause, um auf dem Plateauwagen Pulversäcke zum Munitionsdepot an der Bonner Straße zu transportieren. »Besonders stolz war ich, daß sich die beiden als äußerst bockig bekannten Hengste meines Gespannes willig von mir lenken ließen.«

Als Dominik 1918 in die Wohnung am Kartäuserhof zurückkehrte, faßte die Familie neue Hoffnung. Und wirklich, es ging bergauf. Die Kinder trainierten stundenlang, allen voran Carola, die sich ja schon als Voltigeuse bewährt hatte. Die Nachkriegspremiere am Bahnhof Bonntor verlief äußerst erfolgreich. Neben der Attraktion des Programms, einer Liliputanergruppe, erhielten die sechs Althoff-Geschwister großen Beifall. Schon wenige Jahre später konnte Dominik seinem Circus ein Zweigunternehmen angliedern, mit dem Carola 1923 eine Schweden-Tournee unternahm. Sie bestand ihre Bewährungsprobe als jüngste Circusdirektorin der Welt. Von da an konnte sie sich keine schönere Aufgabe vorstellen, als mit Leidenschaft für ihren Circus zu arbeiten und dafür, wenn es sein mußte, auch auf vieles zu verzichten.

Im Circus ihres Vaters arbeitete der Reckartist Harry Barlay, der ursprünglich Reinhold Kwasnik hieß. Den Namen Barlay hatte er sich aufgrund seiner Nummer »Drei Barlays« zugelegt. 1931 heirateten Carola und Harry Barlay. Mit ihm gründete sie ihr erstes eigenes Unternehmen, den CIRCUS BARLAY. Er wurde schnell berühmt. 1935 stellte er mit Tieren und Material die Kulisse für den Hans-Albers-Film »Fahrendes Volk«. Carola war aber inzwischen wieder in das elterliche Unternehmen zurückgekehrt, dessen Leitung sie zusammen mit ihrem Bruder Franz 1936 übernahm. Die Ehe mit Barlay, der ihr Sohn Holdy entstammt, wurde geschieden.

Schon von Kindheit an galt Carolas große Leidenschaft den Pferden. Sie wurden für sie schicksalbestimmend. In den dreißiger Jahren war Carola die einzige Frau, die achtzehn Pantherschecken in einer Freiheitsdressur vorführen konnte. Berühmt wurde sie aber vor allem durch ihre »boxenden Pferde« Monto und Orlow. Die beiden Tiere, die sie selbst großgezogen hatte, waren ihre bevorzugten Lieblinge. 1938 löschte eine Krankheit Orlows Pferdeleben aus. Das ging ihr so nahe, daß sie von dem Tag an keine Dressurpeitsche mehr in die Hand nahm und auch darauf

*Mit drei Jahren erntete Carola Althoff
ihre ersten Lorbeeren
als »kleinste Voltigeuse der Welt«.*

verzichtete, weiterhin Pferde in der Manege vorzuführen. Ein jähes Ende ihrer hoffnungsvollen Reiterkarriere. Auf der Flucht vor den sowjetischen Truppen im Jahre 1944 rettete Carola Monto vor der Beschlagnahme, indem sie ihn in einem Schweinestall versteckte. Keiner sollte ihr ihren Liebling nehmen. Monto überstand alle Gefahren und bekam bis 1951 sein Gnadenbrot. Wenn er morgens von seiner Freundin nicht pünktlich seinen Zucker erhielt, trabte er zu Carolas Wohnwagen und klopfte mit dem Kopf an das Fenster.

Als die bis 1936 am Geschäft beteiligten Geschwister Adolf und Helene sich mit einem Teil des Materials selbständig machten, führten Franz und Carola das Stammgeschäft unter dem Namen CIRCUS FRANZ ALTHOFF weiter. Und wieder verlor Carola ihr Herz in der Manege. Als »August zu Pferd« in seiner berühmten Maske des Meckerers mit Quellnase und unförmigem Bart war er schon im Circus Dominik Althoff aufgetreten: Harry Williams. Der hochbegabte Jockey und Pferdedresseur hatte einen britischen Paß, obwohl er in Berlin geboren war. Sein Vater, Henry Emanuel, ein halber Engländer, war Hausdresseur im Circus Busch.

»Der Mensch und das kluge Pferd sind immer auf das engste verbunden gewesen. Nimmt es daher Wunder, daß seit jeher die Manege der rechte Schauplatz war, um zu zeigen, was Verständnis, Ausdauer und guter Wille aus dieser Lebensgemeinschaft zu machen vermögen«, hieß es in einem Artikel über Harry Williams. Ihre gemeinsame Liebe zum Pferd war es auch, die Carola und Harry zusammenführte und 1941 zu einer Ehegemeinschaft verschmolz. In erster Ehe war Williams mit Adele Althoff verheiratet gewesen. Carolas und Harrys Kinder Alfons und Jeanette wurden während des Krieges geboren.

Trotz seiner britischen Staatszugehörigkeit wurde Harry Williams im Zweiten Weltkrieg nicht interniert. Diese Jahre bedeuteten dennoch für die junge Familie wie auch für den Circus Althoff eine Zeit schwerer Prüfungen und Belastungen, an die sich Carola später ungern erinnerte. Circus war damals nur noch denjenigen wichtig, die mit ihm und für ihn lebten. Mit letzter Kraft mußte gerettet werden, was noch zu retten war.

Am 20. Oktober 1944 wurde Circus Althoff von Posen nach Prag verladen. In Fürstenwalde mußten das Zelt, viele Tiere und nahezu die gesamte Einrichtung zurückgelassen werden. Bis zum 4. Februar 1945 fand man im Prager Winterbau des Circus Apollo von Emil Wacker Unterschlupf. Dann wurde es höchste Zeit, vor den heranrückenden sowjetischen Truppen die Flucht zu ergreifen. Es standen jedoch weder Waggons noch Zugmaschinen zur Verfügung. Zudem waren die streckenweise mit Bombentrichtern übersäten Straßen von Flüchtlingstrecks verstopft. Den Menschen fehlten Lebensmittel, die Tiere hatten kein Futter. Dörfer und Scheunen aber waren leer. Erschöpft stapften die Elefanten über die staubigen Landstraßen. Die Pferde ließen beim Marsch traurig die Köpfe hängen. Wie vor zweihundert Jahren ihre Vorfahren, die Aldenhovener Bankisten, mußten die Althoffs jetzt mit devoter Geste in Amtsstuben und Gehöften um Quartier und Nahrung für Mensch und Tier bitten. Selbst nun armselige Flüchtlinge, waren sie ganz vom Wohlwollen der Mitwelt abhängig. Währenddessen kam der Kanonendonner immer näher.

Auf der Pferderennbahn in Karlsbad geriet der Treck ins Stocken. Deutsche Offiziere erschienen und beschlagnahmten die fünfzig Berberhengste. Sie wurden als Zugtiere nach Bayreuth geschickt. Für die verbliebenen Circustiere gab der Ortsbauernführer erst nach langem Zureden etwas Futter frei. Ende März 1945 trafen Franz und das Ehepaar Williams nach anstrengenden Fußmärschen mit den apathisch gewordenen Tieren in Neustadt an der Orla ein. Im Winterbau des Circus Barlay fanden sie Unterkunft. Als dann in den ersten Maitagen die Amerikaner einrückten, knüpfte Harry Williams als Engländer sofort gute Kontakte zur Besatzungsmacht.

Schon zwölf Tage später hatte Circus Althoff für die amerikanischen Soldaten ein bescheidenes Programm zusammengestellt. Wie in der Anfangszeit des Circus hieß es: Jeder muß mitmachen. Emil Wacker vom Circus Apollo, dessen Zeltgeschäft in Gera stillgelegt worden war, stellte sein Zelt zur Verfügung. Die Amerikaner teilten dem Circus auf seiner Gastspielreise durch die Standorte sogar deutsche Kriegsgefangene als Hilfsarbeiter zu. Viele dieser POW gingen auf der einen Seite in das Chapiteau hinein, um auf der anderen wieder hinauszugehen – in die Freiheit. Diese Aktion hat Carola immer mit großem Stolz erfüllt. Mit der Zeit wurden die amerikanischen Wachsoldaten jedoch mißtrauisch und wollten wegen des häufigen Verschwindens der »Circusarbeiter« Krach schlagen.

Als die Amerikaner von den sowjetischen Truppen abgelöst wurden, blies die Direktion zum Rückzug über die Zonengrenze. Auf nach Hessen! Unter schwierigsten Umständen erreichte Harry Williams bei den Amerikanern, daß ihnen einige Waggons zur Verfügung gestellt wurden. In Meerane erstand Carola noch Zeltplanen aus rosa Nähseide, in der Hoffnung, daß sie irgendwann wieder ein eigenes Zelt haben würden. Jeder Tag brachte neue Aufregungen und Strapazen. Als sie endlich in Friedberg anlangten, atmeten die Circusleute erleichtert auf. Es ging weiter nach Kassel, wo die Flüchtlinge zunächst in Erdlöchern und Ruinen hausten, bis sie in Sanitätszelten der britischen Besatzungsarmee einquartiert wurden. Carola wollte nach Köln, in die Heimat, das war ihr einziges Ziel. Es ging nicht. Die Engländer hatten die nahezu völlig zerstörte Domstadt zum Sperrgebiet erklärt.

Carola Williams ließ sich jedoch nicht unterkriegen. Der Tag kam, an dem der zerschlagene Circus wie ein Phönix aus der Asche wieder auferstand. Die vorsorglich beschafften rosafarbenen Zeltplanen hatten sich in ein Viermastzelt verwandelt. Der Circus spielte wieder.

Römisches Wagenrennen –
wie zu Neros Zeiten

Ein eigener Circus – das war in all den schweren Jahren Harrys und Carolas Wunschtraum gewesen. Nachdem sie den Circus Althoff gemeinsam mit Franz über die Wirren des Zweiten Weltkrieges gerettet hatten, trennten sich 1945 die Wege der Geschwister. Ostern 1946 schlug die Geburtsstunde des CIRCUS WILLIAMS. »The Great Williams Circus Show« startete in Hamburg auf der Moorweide im Zeltbau der Hagenbecks, die damals noch keine Lizenz bekamen. Sicher war Harry Williams als Engländer anderen gegenüber im Vorteil, und er wußte die für ihn günstigen Zeitumstände zu nutzen. Der Aufstieg seines Circusunternehmens ist aber vor allem seiner Schöpferkraft, diesem fanatischen Eifer zu danken, der sich ganz und gar auf das eine große Ziel konzentrierte.

Für das erste Nachkriegsjahr war es wirklich ein Programm der Weltsensationen, das da zweimal täglich ablief. »Ein Sinnbild echter Zirkuskunst zeigt Ihnen Herr Direktor Williams mit seinen auserlesenen Freiheitsdressuren«, wurde eine der zweiundzwanzig Nummern im Programm angekündigt. Es gab sogar einen »sprechenden Elefanten«, Nelly, der von Pepi Holzmüller vorgeführt wurde. Auch Carolas Sohn aus erster Ehe, Holdy Barlay, war mit Freiheitsdressuren zu sehen. Die Circuskassen quollen über, so groß war der Zuspruch des Publikums.

Dieses Gastspiel von Circus Williams in Hamburg sollte für einen ehemaligen Hamburger Kriminalkommissar schicksalhaft werden. Heinz Geier hätte es sich damals nicht träumen lassen, als er vergeblich nach einer neuen Anstellung suchte, daß er einst über einen Doppelcircus mit fast zweihundert Menschen und Dutzenden von Tieren gebieten würde. In diesen dunklen Zeiten der »Zigarettenwährung«, in denen die Lebensmittel-Marken zum Leben zu wenig und zum Sterben zuviel waren, führte ihn der Weg zufällig über die Moorweide. Einer plötzlichen Eingebung folgend, fragte er im Circus Williams nach einem Job. Er wurde eingestellt und fand sich bald darauf im Stall wieder. Carola Williams, die mit ihm sehr zufrieden war, gab ihm die Chance, sich als Regisseur, Ansager und Werbeleiter zu bewähren. Ein Sprichwort sagt: »Wer einmal ein Paar Schuhsohlen beim Circus durchgelaufen hat, kommt nie mehr von ihm

Heinz Geier-Busch begann als Tierpfleger im Circus Williams.
Heute besitzen er und seine Frau Ingrid
den einzigen Doppelcircus Europas: Busch-Roland.

los.« So erging es auch Heinz Geier: einmal von der Circusluft infiziert, blieb er dabei. Nach vielen Stationen in anderen Circusunternehmen übernahm er 1970 mit seiner Frau Ingrid den Doppelcircus Busch-Roland in eigener Regie.

Circus Williams gastierte zweiundsiebzig Tage in Hamburg. Dann begannen die Williams als erste nach dem Kriege mit einer Zelttournee. Carolas kluge Vorsorge zahlte sich nun im wahrsten Sinne des Wortes aus. Aus den rosaseidenen Zeltplanen entstand ein Sommerzelt. Der Circus konnte wieder reisen, aber damit fingen die Schwierigkeiten erst richtig an. Bremsklötze waren vor allem die teilweise unverständlichen Bestimmungen der Besatzungsmächte und einzelner Stadtverwaltungen, die fast an keinem Ort übereinstimmten. Dazu zerbombte Straßen, zerstörte Wasserleitungen, fehlende Quartiere. Die Lebensmittelrationierung machte alles noch schlimmer. Reise-Lebensmittelmarken, Tierfutter-Zuteilungen, für alles und jedes benötigte man einen Bezugschein. Die Bewerkstelligung einer solchen Tournee war eine Sisyphusarbeit.

Am 27. 8. 1946 berichtete die *Kölnische Rundschau:* »Ab Ende August wird zum ersten Mal nach acht Jahren wieder ein Zirkus in Köln gastieren. Der Zirkus Williams wird sein Viermastzelt auf dem Grüngürtel an der Venloer Straße aufschlagen. Wenn wir nun wieder in den Genuß echter Zirkuskunst kommen, dann verdanken wir das Frau Carola Williams-Althoff, die als geborene Kölnerin Angebote aus der französischen und amerikanischen Besatzungszone ausschlug, um als erste wieder mit einem richtigen Großzirkus die rheinische Heimat zu bereichern...« Bevor der Circus jedoch spielen konnte, mußte zunächst ein Platz vorbereitet werden. Auf eigene Kosten ließ Carola Williams den späteren Hubschrauberplatz an der Venloer Straße planieren. Die Elefantin Mary betätigte sich als Bauarbeiterin, stampfte den Boden fest und transportierte mit dem Rüssel Holzbohlen. Wasser zum Tränken der Tiere mußte auf Wagen herbeigeschafft werden.

Endlich war es soweit. Die Kölner strömten in Scharen zur Premiere. Fünfundneunzig Tage lang hatte man ein ausverkauftes Haus. Die *Kölnische Rundschau* krönte ihre lobende Berichterstattung mit der Bemerkung: »Das alles war für die Kölner ein Traum aus dem Märchenland.« Während der Wintermonate spielte der Circus in einem transportablen Rundbau, um ab 20. 3. 1947 in seinem Chapiteau weitere Vorstellungen geben zu können.

Kaum begann sich ihre finanzielle Lage zu verbessern, versuchte Carola auch anderen zu helfen. Mit Wohltätigkeitsveranstaltungen unterstützte sie die Aktion »Rettet das Kind« für bedürftige Kriegswaisen und kinderreiche Mütter. Außerdem organisierte sie Sonderveranstaltungen für den Wiederaufbau des Opernhauses. Sogar für ihre alte Schule, die nach dem Krieg nur noch eine Ruine war, setzte sie sich ein und stellte Geld und Baumaterial für den Neubau zur Verfügung. In Köln rühmte man ihre Großherzigkeit, ihr gutes kölsches Herz.

Das nächste Ziel hatten sich die Williams längst gesetzt: einen festen Circusbau! Der überwältigende Erfolg in der Domstadt gab den letzten Anstoß zu seiner Verwirklichung. Hier in Carolas Heimatstadt, in Köln, sollte er entstehen. Für diejenigen, die diesen Festbau gekannt haben, ist er unvergessen geblieben. Bei einem Spaziergang im Grüngürtel an der Aachener Straße mag sich so mancher Kölner noch an das prächtige marmorne Sternornament der Arena erinnern, das unter der Grasnarbe verborgen als einziges Relikt übriggeblieben ist.

Nach den Plänen von Harry und Carola sollte ihr Kölner Haus ein permanenter Mehrzweckbau werden. Als Grundstock wollten sie das große Circuszelt verwenden. Das war leichter gesagt als getan. Das Zelt mußte in der Mitte durchtrennt werden. Zwischen die beiden Halbkreise wurde ein großes Karree gebaut, so daß ein mächtiger ovaler Bau entstand. Der Kölner Architekt Wilhelm Koep sagte später: »Da gab es riesige Probleme. Wie zum Beispiel sollten die beiden großen Halbzelte gehalten werden? Schließlich fanden wir dafür über zwanzig Meter lange Kanonenrohre, die wirklich bombenfeste Stützpfeiler waren.«

Eine weitere Schwierigkeit bestand in der Beschaffung von Zement. Die Besatzungsmächte genehmigten offiziell ein Tauschgeschäft: Der Circus Williams lieferte »Pääds- und Elefantenköttel« als Dünger für die neu angelegten Champignonzuchten in den alten Ahrtunnels. Als Gegenleistung bekam er aus der gleichen Umgebung den besonders widerstandsfähigen Traßzement. »Aber der Williams-Bau ist nicht nur mit verkauften Päadsköttel finanziert worden«, erklärte Carola gegenüber der Presse bei einer ersten Besichtigung des neuen Holzbaus kurz vor seiner Vollendung. Von den Berg-, Tal- und Seitenwegen, die man damals einschlagen mußte, sprach sie erst sehr viel später. Die Öffentlichkeit erfuhr so gut wie nichts über die Schwierigkeiten während der Bauzeit. So wurde das große Marmormosaik aus Trümmern der zerbombten Patrizierhäuser zusammengesetzt. Für schwergewichtige Artisten, wie die Elefanten, mußte die Bühne besonders verstärkt und unterbaut werden. Ein »festes« Haus war der Holzbau nur insofern, als er ein steinernes Vestibül besaß.

Mit der glanzvollen Aufführung der »Czardasfürstin« fand am 25.7. 1947 die festliche Einweihung des Williams-Baus statt. Köln hatte nun ein Mehrzweckgebäude, das mit seinen nahezu dreitausend Sitzplätzen das größte weit und breit war. Es wurde sogleich zur Kernzelle des wiedererwachenden Gesellschaftslebens. Wer von den Kölnern anerkannt werden will, muß sich mit dem Karneval arrangieren. »Et kölsche Carola«, wie sie sich gern nennen ließ, wußte dies nur allzu gut. Wohl als einziger Circus der Welt brachte Williams einen eigenen, mit possierlichen Tierdarstellungen geschmückten Karnevalsorden heraus. Der Williams-Bau entwickelte sich zu einer Hochburg des Karnevals und vieler anderer Veranstaltungen, während der Circus darin ein Schattendasein führte. Die

Williams hatten auch keineswegs beabsichtigt, dort nur den Circus spielen zu lassen. Wenn sie auf Tournee gingen, wurde das Haus vermietet. So geschah es dann, daß Circus Williams sein Kölner Gastspiel in einem Zelt am Venloer Wall geben mußte, weil der eigene Bau schon langfristig ausgebucht war.

1948 startete Circus Williams am Aachener Weiher zum ersten Mal wieder ein Feuerwerk. Das war zu einer Zeit, als den deutschen Circusclowns vom Alliierten Kontrollrat die Benutzung von Platzpatronen noch verboten war. »Man muß mehr tun, als auf Besucher warten.« Carola Williams sagte es nicht nur, nach diesem Grundsatz handelte sie auch. So ließen die Williams eines Tages in ihrem Circusgebäude eine transportable Kunsteisbahn installieren. Von nah und fern strömten die Leute herbei, um diesen neuen Eiscircus zu bestaunen. Im Laufe der Jahre präsentierten sich im Williams-Bau auch viele große Stars, wie Hans Albers, Marika Rökk, Paul Hörbiger, Hans Moser, Helmut Zacharias, Caterina Valente und viele andere. Eines Tages war die Zeit dieser beliebten Vergnügungsstätte dennoch abgelaufen. 1956 wurde der Bau abgerissen. Noch Jahre später war immer wieder von Veranstaltern und Kölner Bürgern zu hören: »Hätten wir doch noch den Williams-Bau!«

Circusleben bedeutet Wanderschaft. Mit der Zeit bauten Harry und Carola Williams ihren Reisecircus immer weiter aus, Zelte und Tierbestand wurden vergrößert. Entsprechend umfangreich gestalteten sie auch ihre Programme. Im überschlagenen Einsatz mußten die Gastspiele durchgeführt werden, wenn sich der große Aufwand an Menschen, Tieren und Material wirtschaftlich lohnen sollte. Da Circus Williams zwei komplette Zeltstädte besaß, konnte am nächsten Gastspielort schon aufgebaut werden, während der Circus noch spielte. Eine Kolonne von über hundert blau-weiß gestrichenen Circuswagen bewegte sich ständig durch das Land. Der vollmotorisierte Wagenpark legte alljährlich auf der Landstraße mehrere tausend Kilometer zurück. Circus Williams hatte den Ruf, die »gepflegteste Zeltstadt der Gegenwart« zu sein.

Die vorbildliche Sauberkeit des Unternehmens war das Spiegelbild seines Schöpfers. Auch als Circusdirektor hörte Harry Williams nie auf, Artist zu sein. Seine grenzenlose Liebe zu den Tieren war sprichwörtlich. Besonders die Pferde lagen ihm am Herzen. Das Stallpersonal mußte sich zu jeder Tages- und Nachtzeit auf unerwartete Kontrollen gefaßt machen. Einen Kutscher, der ein Pferd zu scharf anfaßte, konnte er auf der Stelle entlassen. Am glücklichsten war er immer, wenn er bei seinen Pferden in der Manege sein konnte. Das berühmte »Kautschukpferd« gehörte zu seinen Meisterleistungen.

Als erster nach dem Krieg ließ Harry Williams eine uralte Circustradition wieder aufleben, den Rennbahn-Circus, in dem Römische Wagenrennen veranstaltet wurden. »Circus-Olympiade« hieß das Saisonprogramm von 1950. In allen Gastspielorten war die Presse des Lobes voll. »Wie zu Neros Zeiten«, lautete die Überschrift der Hamburger Premiere am 1. 4. 1950 auf dem Heiligengeistfeld:

»Die Hamburger sind verwöhnt; sie für einen Zirkus zu begeistern, heißt ein Programm auf die Beine stellen, das nur beste circensische Attraktionen zu bieten hat... Schon die Eröffnungsvorstellung bewies, daß die ›steifen Bewohner von der Wasserkante‹ diesem größten Unternehmen Westdeutschlands ihre Begeisterung nicht versagen werden. Ein dreieinhalbstündiger Wirbel echter Zirkussensationen in der Manege und unter der Kuppel hielt 4000 Zuschauer in Spannung. Wohl selten sahen wir ein Programm von so ausgefeiltem Niveau... Höhepunkt und Abschluß des Programms sind die ›Römischen Wagenrennen‹. Wie im klassischen Altertum kämpfen die Gladiatoren um den Siegeslorbeer. Nicht selten bricht eine Deichsel, schlägt der Wagen in der Kurve um, wenn die angefeuerten Pferde durch die Rennbahn jagen, daß der Sand nur so spritzt. Ein nicht ungefährliches Spiel, aber für das Publikum ein Spaß von atemberaubender Wildheit.«

Harry Williams wollte jedoch mehr als Römische Kampfspiele in der Manege. Die Hamburger Trabrennbahn bedeutete für ihn geradezu eine Herausforderung. So ließ er für Ostermontag in Farmsen einen »Wett-

kampf zwischen den römischen Gladiatoren des Circus Williams u. dem Traber-Champion J. Frömming mit einem seiner Cracks« ankündigen. Auch hierüber berichtete die Presse ausführlich:

»Gestern nachmittag kurz nach 16 Uhr steckten die leidenschaftlichen Wetter auf der Trabrennbahn in Farmsen ihr Rennprogramm, den Bleistift und das Fernglas für 25 Minuten fort. Harry Williams und einige seiner Mannen hatten die Traberfavoriten herausgefordert. Fahrer J. Frömming, ein Begriff für alle, die etwas von Trabrennen verstehen, vertrat seine Kollegen vom Sulky im Kampf gegen die schweren römischen Rennwagen des Zirkus Williams. Die Frauen waren begeistert: ›Das sind noch Männer!‹ Es war auch ein herrliches Bild: Wie in einer Arena des alten Rom kam man sich vor, als die Kämpfer mit wehender Toga und goldenen Schnürschuhen in die Bahn fuhren. Die Glocke läutete: Start. Wie der Wind rasten die Wagen über die Bahn. Meister Frömming ließ seine ›Westfahrt‹ diesmal galoppieren. Doch den ›Römern‹ war er nicht gewachsen. ›Bubi‹ und ›Peppi‹ mit Holdy Barlay machten das Rennen, Zirkusdirektor Williams mußte sich trotz seiner beiden Lieblingspferde mit dem zweiten Platz begnügen. Nach der Ehrenrunde gab es ein großes Hallo: Das Siegesgespann hatte sich selbständig gemacht und raste ohne Fahrer noch einmal durch die Bahn.«

Seine Schöpfung, die atemberaubende Glanznummer, sollte dem Meister der Manege noch im selben Jahr zum Verhängnis werden. An jenem schicksalsschweren Tag, dem 20. Dezember 1950, war in der Harringay-Arena in London Probe für das Römische Wagenrennen. Harry Williams und Carolas Sohn aus erster Ehe, Holdy Barlay, lieferten sich ein Rennen. Keiner wollte nachgeben. In der Kurve kippte Williams Wagen, der an der Spitze war, um. Sein Stiefsohn konnte die Pferde weder stoppen noch korrigieren und raste über den am Boden liegenden Harry Williams hinweg. Er wurde so schwer verletzt, daß er an den Folgen des Unfalls am 10. Januar 1951, erst achtundvierzigjährig, verstarb. Es war wie eine Ironie des Schicksals, daß der Engländer Williams, der nur wenige Male in seinem Leben im Land seiner Väter gewesen war, ausgerechnet dort den Tod finden mußte.

Ein »ausgezeichneter« Circus

»Das sind die Starken der Welt, die unter Tränen lachen, ihr eigenes Leid vergessen und anderen Freude machen.« Dieser Spruch hing über Carola Williams Schreibtisch im Direktionsabteil des Kassenwagens. In ihrem an Glanz und Erfolgen so reichen Leben gab es nur allzu oft Zeiten, in denen sie mit zusammengebissenen Zähnen und mühsam zurückgehaltenen Tränen ihr Geschäft leiten mußte. Nichts blieb ihr erspart. Mittelpunkt ihres Lebens war jedoch immer der Circus.

Nach dem Tode ihres Mannes stand Carola plötzlich mit ihrem großen Unternehmen allein. 1951, in dem Jahr, das für sie mit einem so schweren Schicksalsschlag begonnen hatte, reiste sie nicht. Den größten Teil ihres Materials, wie auch das Chapiteau, verlieh sie an ihren ersten Mann, Harry Barlay, der 1950 von Ost-Berlin nach Westdeutschland gewechselt war und sich hier einen neuen Circus aufbaute. Vater Dominik ging als Dresseur mit. Im Winter 1951/52 hielt es die zielstrebige Frau jedoch schon nicht mehr daheim. Gemeinsam mit den Franzosen Fonson und Leclerque unternahm sie eine Frankreich-Tournee.

Der Name Williams war längst zu einem Begriff geworden. Carola fühlte ihrem verstorbenen Mann gegenüber die Verpflichtung, den Circus in seinem Sinne weiterzuführen. Sie wandte sich an ihren jüngeren Bruder, Adolf Althoff: »Ich möchte gern wieder anfangen. Wir machen das zusammen.« Adolf gastierte zu der Zeit in Italien und war sehr gut im Geschäft. Er lehnte zunächst ab. Schließlich siegte seine Gutmütigkeit aber doch über die eigenen Interessen. Er verpflichtete sich, für ein Jahr die technische Leitung zu übernehmen. Es wurden fünf. Während er Carola zur Seite stand, wurde sein eigener Betrieb von seiner Schwester Wilhelmine weitergeführt. Unter der gemeinsamen Leitung von Carola Williams und Adolf Althoff unternahm Circus Williams in diesen Jahren viele erfolgreiche Gastspielreisen.

Die Gesellschaft der Circusfreunde, GCD, zeichnete beide Geschwister mit der Ernst-Renz-Plakette aus. Carola Williams wurde diese, erst einen Tag zuvor gestiftete, Ehrenplakette in Anerkennung ihrer Verdienste als erster Trägerin am 5.11.1955 im Circus Williams am Halleschen Ufer in Berlin verliehen. Es sollte nicht ihre einzige Auszeichnung bleiben. Im Mittelpunkt des Williams-Programms hatten schon immer die

Circus Carola Williams,
der vielfach ausgezeichnete Circus.

Pferde gestanden. Mit seinen vierundzwanzig Lipizzaner-Hengsten besaß der Circus den größten privaten Lipizzaner-Marstall der Welt. »Andere legen sich luxuriöse Salonwagen zu, wir haben in den Pferdebestand investiert«, betonte die Prinzipalin einmal stolz. Diese Einstellung fand auch bei Reitern und Pferdefreunden Anerkennung, wie die Medaillen beweisen. So verlieh die Arbeitsgemeinschaft für Zucht und Prüfung deutscher Pferde e. V. der Circuschefin 1957 eine goldene Plakette. Außerdem bekam sie vom Deutschen Pferdezuchtverband für den hohen Dressurwert des Marstalls, sowie für hervorragende Zucht und Pflege der wertvollen Tiere das goldene Diplom der Reiterstadt Warendorf.

Einige der Pferdenummern, die später von Adolf Althoff vorgeführt wurden, wie die Dressur-Rarität »Pferd auf Pferd«, hatte Harry Williams noch einstudiert. Zu den von ihm ausgebildeten Nachwuchskräften gehörten unter anderen Charly Baumann, Werner Hädrich und Günther Gebel. Auch Gerd Siemoneit war für kurze Zeit Eleve im Circus Williams. Günther Gebel, 1934 im niederschlesischen Schweidnitz geboren, floh 1947 mit Mutter und Schwester vor der anrückenden Sowjetarmee

Circus Williams Gastspiel in Berlin 1955.
Luftaufnahme vom Funkturm.

bis an den Rhein. Durch seine Mutter, die im Circus Williams als
Schneiderin arbeitete, bekam der Junge dort einen Job als Platzanweiser.
So war Harry Williams auf ihn aufmerksam geworden. Von ihm lernte
Günther neben Springen, Akrobatik und Reiten das Erfolgsgeheimnis
jeglicher Tierdressur: unendliche Geduld. Adolf Althoff weihte ihn dann
in die Elefantendressur ein. Zu der Zeit ahnte noch niemand, daß dieser
blondhaarige Jüngling einer der besten Raubtierlehrer aller Zeiten werden
würde, von der Presse als »Amerikas Circus-Held des 20. Jahrhunderts«
bezeichnet. Nach Abschluß der Reisesaison 1956 trennte sich Adolf
Althoff von seiner Schwester, um sich wieder seinem eigenen Betrieb zu
widmen. Sein Nachfolger wurde Günther Gebel, der neben den Tierdressuren auch die technische Leitung übernahm.

   Das 1947 eröffnete Kölner Heimatquartier war inzwischen baufällig
geworden und mußte den städtebaulichen Plänen der Behörden weichen.
Im Herbst 1957 bezog Circus Williams sein neues Hauptquartier am
Neurather Weg in Köln-Mülheim. Den Einzug eröffneten die Elefanten,
die den rund zweihundert anderen Tieren vorausstampften. Auf einem

zehntausend Quadratmeter großen Areal war hier ein Winterquartier entstanden, wie es nur wenige Unternehmen aufweisen können. Innerhalb der weißen Mauern konnten die hundertvierzig in der blau-weißen Hausfarbe gestrichenen Wagen überwintern, wenn der Circus nicht auch während der kalten Jahreszeit auf Tournee ging. Stallungen, in denen die Elefanten genügend Rüsselfreiheit und die Pferde Einzelboxen hatten, Remisen, Handwerksbetriebe, Büroräume und Wohnungen, sowie eine Probiermanege, nichts fehlte in diesem modernen Circusdomizil. Ein weiterer Wunschtraum war Realität geworden.

Hier in ihrem neuen Winterquartier hatte Carola auch für sich und ihre Kinder ein Heim geschaffen. Alfons und Jeanette erlernten auf Wunsch der Mutter zunächst einen bürgerlichen Beruf. Ihr Sohn wurde im Hotelfach ausgebildet. Ihre Tochter schloß die kaufmännische Lehre mit der Kaufmannsgehilfenprüfung ab. Erst danach kamen beide in den Circus, wo sich Jeanette später zu einer ausgezeichneten Dressurreiterin entwickelte. 1960 gab der zwanzigjährige Alfons mit einer Pferdedressur ein erfolgreiches Circusdebüt. Gerade auf ihn hatte Carola große Hoffnungen gesetzt. Während einer Belgien-Tournee griff das Schicksal erneut in ihr Leben ein. Am 21. Juni 1960 kam Alfons auf der Fahrt von Brüssel nach Ostende bei einem Verkehrsunfall ums Leben. Ein Jahr später mußte Carola von ihrer Mutter Abschied nehmen, die ihr immer ein Vorbild gewesen war. Um Adele Althoff trauerten außer ihren acht Kindern zweiundzwanzig Enkel und neun Urenkel. Fast alle hatten sich dem Circus verschrieben.

In dieser schweren Zeit fand Carola sehr viel Hilfe und Unterstützung bei Günther Gebel, der, nachdem sie ihn adoptiert hatte, nun den Namen Gebel-Williams führte. Durch die Eheschließung mit ihrer Tochter Jeanette im Jahre 1961 wurde ihr Adoptivsohn zugleich auch ihr Schwiegersohn. Diese Ehe währte zwar nur wenige Jahre, aber auch nach der Scheidung blieb Gebel-Williams Juniorchef und hielt dem Circus die Treue.

Anläßlich eines Circus-Festivals in Spanien hatte Carola Williams die Bekanntschaft der spanischen Direktoren Manuel Feijo und Arturo Castilla gemacht. Dieses Zusammentreffen leitete ein neues Circus-Kapitel ein. Von der Spielzeit 1962 an reiste Williams als SPANISCHER NATIONALCIRCUS mit rot-weiß gestrichenen Wagen. Die Premiere dieser Show von südländischem Temperament fand am 28. März in Solingen statt. Für Regie und Aufmachung zeichneten Feijo und Castilla verantwortlich. Die

*Überall zeigte sich das Publikum begeistert
von dem Programm des Spanischen Nationalcircus,
in dem feurige Flamenco-Tänzer
für südliches Temperament sorgten.*

Kooperation zwischen ihnen und der Direktion war vorbildlich. Überall zeigte sich das Publikum begeistert von dem Programm, das neben einer Dressur spanischer Kampfstiere, rassigen Flamenco-Tänzern, Glitzer und Nervenkitzel, hervorragende Leistungen bot. Die »Fédération Internationale du Cirque« zeichnete den »Spanischen Nationalcircus« für das weltbeste Circusprogramm des Jahres mit dem »Circus Oscar 1962« aus. Mehrere Winter reiste Carola Williams außerdem noch mit den Tognis als CIRCO DI BERLINO durch Italien.

Erst ab 1967 leuchtete wieder der Name Williams von der Fassade und eine neuerliche Auszeichnung rückte den Circus in den Blickpunkt der Öffentlichkeit. Am 2. Juni dieses Jahres wurde Direktor Günther Gebel-Williams von dem damaligen GCD-Präsidenten Friedel Zscharschuch in Berlin die Ernst-Renz-Plakette verliehen. In der Begründung hieß es: »Die Gesellschaft der Circusfreunde in Deutschland e. V. verleiht im

Die »Fédération Internationale du Cirque«
zeichnete den Spanischen Nationalcircus
für das weltbeste Circusprogramm des Jahres
mit dem »Circus Oscar 1962« aus.

Jahre 1967 die Ernst-Renz-Plakette an Herrn Günther Gebel-Williams als Anerkennung für seine erfolgreichen Bemühungen um die Erhaltung und den Ausbau des Circus als Kulturstätte und als Würdigung seiner Leistungen auf dem Gebiete der Dressur, insbesondere der modernen und humanen Raubtierdressur, und als Dank für seine vielseitige Arbeit zum Wohle von Mensch und Tier.«

Seit Beginn seiner Laufbahn als Tierlehrer hatte Gebel-Williams die Dressurkombination Tiger und Elefant gereizt. In der freien Wildbahn ist der Tiger, vom Menschen abgesehen, der einzige Feind, der dem Elefanten gefährlich werden kann. Mit viel Geduld gelang es dem Dresseur, das gegenseitige Mißtrauen der Tiere abzubauen. Sein »Tigerritt auf Elefanten« wurde eine Weltsensation und die Glanznummer im Circus Williams: Auf dem Rücken des Elefanten sitzt sein Todfeind, der Tiger; über dem Tiger steht als Sieger der Dompteur, Günther Gebel-Williams.

Ein Grund zum Anstoßen
für Bobby Barell (links), Jeanette Williams,
Günther Gebel-Williams (Mitte) und Carola Williams (2. v. r.)
mit spanischen Circuskollegen.

So geschah es auch bei einer Abendvorstellung Ende September 1965 in München. Der Elefant Kongo bestieg mit seinen beiden Reitern auf dem Rücken das Podest. Als sich der Dompteur auf den Bengaltiger Prinz setzte, kam er mit der linken Hand zu dicht an den Rachen der Raubkatze. Blitzschnell biß Prinz zu. Die blutende Hand unter seiner Jacke versteckt, behielt Gebel-Williams die Kontrolle über die Tiere und führte die Nummer trotz starker Schmerzen zu Ende. Kaum hinter dem Vorhang, brach er zusammen. Während im Zelt noch immer der Beifall prasselte, ertönte draußen schon die Sirene des Unfallwagens, der den Verletzten ins Krankenhaus brachte. Die Hand war glatt durchgebissen, wie die Röntgenaufnahme zeigte.

Zwei Jahre später geriet Günther Gebel-Williams in Bremen in eine noch weitaus gefährlichere Situation. Gerade während die Programmnummer »Tigerritt auf Elefanten« lief, trat das ein, was jeder Artist am

1962, an seinem 28. Geburtstag,
erhielt Günther Gebel-Williams den »Grand Prix«
der »Fédération Internationale du Cirque«.

meisten fürchtet: Es gab einen Kurzschluß und alles lag im Dunkeln. Kurzzeitig stand der Zentralkäfig unter Strom. Ausgerechnet in diesem Moment mußte die indische Elefantenkuh Thaila mit ihrem Rüssel an das Gitter geraten. Der leichte Stromschlag ließ das erschrockene Tier sofort in Angriffsstellung gehen. Ein Tritt genügte, um das halbe Gitter nieder-zudrücken. Günther Gebel-Williams wußte, daß jeden Moment Panik ausbrechen konnte, wenn es ihm nicht gelingen würde, die aufgeregten Tiere zu beruhigen. Mit gleichmäßiger Stimme sprach er auf die beiden Elefanten ein, während er den Tiger an die Leine nahm. Als die Schein-werfer wieder aufflammten, erkannten die Zuschauer wohl erst an dem niedergetretenen Gitter des Zentralkäfigs, welcher Gefahr sie soeben entgangen waren. Gebel-Williams hatte einmal geäußert: »Für das Publi-kum muß alles leicht und einfach aussehen. Selbst wenn ich Angst habe, dürfen die Leute es mir nicht anmerken.« Auch in den brenzligsten Situationen versuchte er, nach dieser Devise zu handeln.

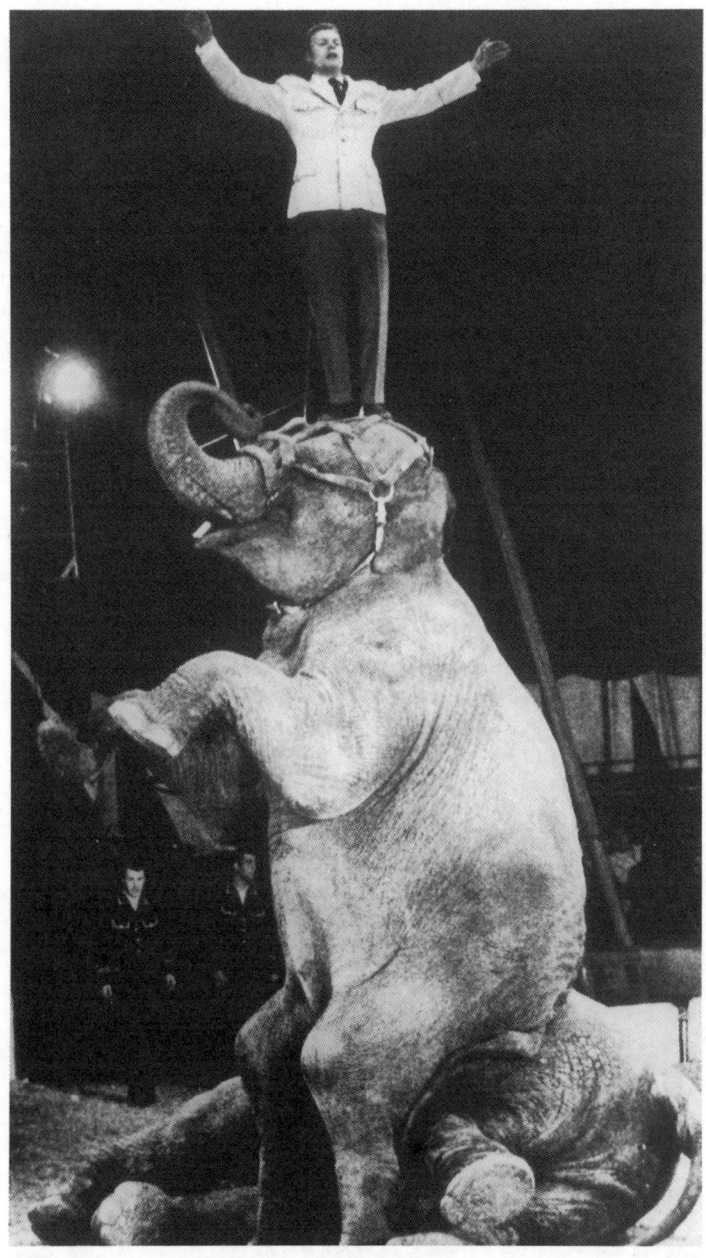

Günther Gebel-Williams
mit einer Elefantendressur.

Carola Williams und Günther Gebel-Williams führten den Circus in diesen beiden Jahren von Erfolg zu Erfolg. Niemand wollte den Gerüchten von einem möglichen Ende seiner Tourneen zunächst glauben. Die resolute Prinzipalin, bei der sich Warmherzigkeit und Witz mit der nötigen Härte einer Managerin paarten, konnte ihren männlichen Kollegen immer wieder Respekt und Bewunderung abringen. Ihre starke Hand war überall zu spüren in diesem Riesenunternehmen, dessen Führung eine Generalstabsarbeit erforderte. Ob es ein krankes Pferd war, eine Besprechung mit dem Hufbeschlagschmied oder die Instruktion der Werbekolonne, mit ihren zehn Wagen gewissermaßen Vorausabteilung, Carola wurde allen Anforderungen gerecht. Wenn ihr die Künstleragenturen Sensationsnummern empfahlen, flog sie, falls es sein mußte, um die halbe Welt, um sich selbst an Ort und Stelle zu überzeugen. Grundsätzlich verpflichtete sie keine Nummer, ohne sie gesehen zu haben. Meist erlosch das Licht in ihrem luxuriösen Wagen erst spät in der Nacht. Auf diesen ständigen Trubel hin angesprochen, erzählte Carola lachend, wie eines Tages im

schlimmsten Getriebe zum wiederholten Mal das Telefon geläutet hatte. »Das reine Irrenhaus!« rief sie genervt und hob den Hörer ab: »Hallo, ja bitte, hier Irrenhaus...«

Mit Abschluß der Saison 1968 war die Hektik plötzlich vorbei. Für immer? Warum – fragten sich viele Circusfreunde. Trotz aller Gerüchte kam das Ende für die meisten doch überraschend, zumal die letzte Vorstellung in Köln am 27. Oktober wiederum ein Riesenerfolg war. In ihrem blumenüberfüllten Salonwagen nahm Carola Williams nach zweiundzwanzig Jahren nun Abschied von dem, was ihr Leben ausgemacht hatte. Schon seit längerem hatten sie und Günther Gebel-Williams mit Irvin Feld vom Ringling Bros. and Barnum & Bailey Circus in den USA verhandelt, der alle Tiere für fünf Jahre engagieren wollte. Die einzige Möglichkeit, Gebel-Williams nach Amerika zu bekommen.

Am 2.11. 1968 schifften sich Günther Gebel-Williams, die Dresseure und Tierpfleger mit siebzehn Elefanten, fünfundzwanzig Pferden und neun Tigern auf dem schwedischen Container-Frachter »Atlantic Saga« ein. Diese moderne Arche Noah, die eigens mit einer Wasseraufbereitungsanlage ausgestattet worden war, benötigte für ihre Fahrt über den großen Teich etwa zehn Tage. Wie das weitere Schicksal des Circus Williams aussehen würde, war derzeit noch ungewiß. Sollte es wirklich ein Abschied für immer sein? Viele hofften damals noch, daß es nach fünf Jahren wieder einen Circus Williams geben würde – vergeblich, wie sich später herausstellte. Günther Gebel-Williams, der »Nurejew des Showbusiness, der inzwischen Mühe hat, seine diversen Circus-Oscars aufzuzählen«, so schrieb die Presse, wurde in der Neuen Welt ein gefeierter Champion. Seinen Abschied von der Manege feierte der »Cäsar des Zirkus« 1990 mit einer Tournee durch achtundachtzig amerikanische Städte.

Wenngleich nun nicht mehr Circusmutter, so blieb Carola Williams doch Mittelpunkt ihrer weit verbreiteten Familie, die sie recht großzügig auslegte und nicht auf die eigene Sippe beschränkte. »Uns Carola«, wie die Kölner sie nannten, hatte überall in der Welt Freunde, ganz besonders aber in der Domstadt. Manchmal fand sie nun sogar Muße für einen Blick zurück. Ihre Gästebücher riefen die Erinnerung an viele prominente Besucher in ihr wach: Österreichs Bundeskanzler Raab, Ministerpräsident Karl Arnold, Prinzessin Wilhelmine von Preußen, Winfried Wagner... Sie und viele andere hatten sich einst vom Williams-Programm bezaubern lassen. Eine wahre Fundgrube an Erinnerungsstücken bot das Familienarchiv. Neben Fotos, Programmheften, Plakaten und Zeitungs-

Der luxuriöse Salonwagen von Carola Williams.

ausschnitten kamen auch alte Filme zum Vorschein. 1958 hatte Circus
Williams den Schauplatz für die Aufnahmen zu dem deutschen Kinostrei-
fen »Rivalen der Manege« gebildet. Carola Williams war jedoch viel zu
vital, um von nun an zu privatisieren und nur noch von der Vergangenheit
zu zehren. Solange es ihre Gesundheit zuließ, blieb sie eine Fahrende. Es
waren nun meist »persönliche Gastspiele«, die sie gab, denn Pläne und
Ziele hatte sie bis zuletzt.

Besonders gut verstand sie es von jeher, Sippentreffen, wie jenes in
Freialdenhoven, und Familienfeste zu arrangieren. 1976, anläßlich des
»Festival Monte Carlo«, veranstaltete sie ein Familientreffen in Monte
Carlo, zu dem Althoffs von drei Kontinenten anreisten. Unter einem
monegassischen Weihnachtsbaum machten fünfzehn Mitglieder der Familie Althoff »Ferien vom Circus«. Der Christbaum gehörte für Carola
unbedingt zum Fest. Für alle Fälle pflegte sie einen kleinen zusammenleg-
baren in ihrem Koffer mitzunehmen. »Unsere Mutter hat uns immer sehr
stimmungsvolle Weihnachten bereitet, ganz gleich, wo wir gerade waren«,
erzählte Tochter Jeanette, die mit ihrem zweiten Ehemann, dem Artisten

Elvin Bale, und Tochter Pinky schon eine Woche vor dem Fest eingetroffen war.

Aus Südafrika reisten Carolas Schwestern Sabine und Henriette an. SABINE und ihr Mann, August Lindner, hatten früher zusammen eine ausgezeichnete Perche-Nummer gezeigt. Während des Krieges waren sie, wie auch Henriette (Jetta) und Konrad Thur, in Südafrika interniert. HENRIETTE, die mit einer Reitnummer berühmt wurde, und ihr Mann gingen dann eine Zeitlang in den Iran ins Engagement. Später lebten sie in Las Vegas. Mit seinem Sohn Jonny arbeitete »Konni« Thur eine Drahtseilnummer, bei der der Vater den komischen Part übernahm. Noch mit achtzig Jahren trat er im »Hansa Theater« in Hamburg auf.

Die jüngste der Geschwister Althoff JEANETTE oder Netty, verheiratet mit Hans Schroer, hatte bereits im Circus Althoff Hohe Schule geritten, als er noch unter der Direktion von Franz Althoff und Carola Barlay stand. Sie zeigte dann jahrelang im Geschäft ihres Bruders Adolf Althoff und ebenso im Circus Williams ihr großes Können als Schulreiterin. Minna, die eigentlich WILHELMINE hieß, hatte als Restaurationschefin dem Organisationsstab von Circus Williams angehört. Ihr Mann, der Ungar Franz Rokosz, war Kapellmeister bei Willy Hagenbeck und Williams. Daneben machte er aber noch den Oberzeltmeister im Circus seiner Schwägerin.

Neben den vielen Erinnerungen, die im Alter noch stärker verbinden, war der Blick bei diesem Familientreffen aber vor allem auf die Zukunft gerichtet. Als im Jahre 1968 Circus Williams in Köln sein letztes Gastspiel gab, hatte Carola der Presse gegenüber geäußert: »Mein Circus wird nur eingemottet. Denn es wird ihn sicher eines Tages wieder geben.« Zwar nicht so, wie sie es wohl gemeint hatte, sollte sie aber gewissermaßen doch recht behalten. Ihr Neffe Franz würde im März 1977 einen neuen Circus eröffnen, den Circus WILLIAMS-ALTHOFF. »Das steckt uns Althoffs im Blut«, sagte Tante Carola, so wurde sie weit über ihre Familie hinaus genannt.

Zehn Jahre lang war es ihr noch vergönnt, die erfolgreiche Entwicklung des neuen Althoff-Unternehmens mitzuerleben. Carola Williams starb am 11. Dezember 1987 in ihrer Heimatstadt Köln. Weit über siebenhundert Trauergäste aus aller Welt begleiteten die »Zirkus-Königin«, wie sie in Presseberichten immer hieß, auf ihrem letzten Weg. Neben ihrem Ehemann Harry Williams und ihrem Sohn Alfons wurde sie auf dem Kölner Melaten-Friedhof beigesetzt.

Franz Althoff – Mister Circus

»Elefant
springt aus der Schwebebahn«

Unter dieser Schlagzeile berichtete der *General-Anzeiger der Stadt Wuppertal* über das »Vorzeitige Ende einer Zirkus-Reklamefahrt«. Es handelte
sich nicht etwa um einen Aprilscherz. Die Zeitung datierte vom 21.7.
1950. Wer das Drama, das beinahe zu einer Katastrophe führte, nicht
miterlebt hatte, wollte dennoch seinen Augen nicht trauen. Allein schon
die Vorstellung: Ein Elefant fährt Schwebebahn!?

Für den erfahrenen Elefantendresseur Franz Althoff gehörten die
Ausflüge mit seinen Rüsseltieren in jeder Gastspielstadt genauso zur
Publicity wie bei seinen Vorfahren das »Paradereiten«. Besonders werbe-
wirksam war es, wenn Prominente dabei mitspielten. So besuchten seine
Urwaldriesen 1961 den damaligen Oberbürgermeister von Berlin, Willy
Brandt, im Schöneberger Rathaus. An diesen Aktionen hatten die Dick-
häuter offensichtlich ihren Spaß, wie Bubi Fröchte, die rechte Hand von
Franz Althoff, aus eigener Erfahrung weiß. In Altötting bekam er Ärger
mit dem Bischof, weil die Elefanten den Weihwasserbrunnen leergesoffen
hatten. Ein anderes Mal vergriffen sie sich am Bier. Bekanntlich hegen
Elefanten eine besondere Vorliebe für alkoholische Getränke.

1950 kaufte Franz Althoff von einer Tierhandelsfirma einen jungen
Elefanten, dem er den Namen Tuffi gab. Das Elefantenmädchen war erst
eineinhalb Meter hoch und wog etwa acht Zentner. Im Rennbahn-Circus
von Franz Althoff wurde es bald zum erklärten Liebling von Circusleuten
und Besuchern. Dabei hatte Tuffi immer Unsinn im Sinn. Kam eine
Dame zu nahe, konnte es passieren, daß der übermütige Elefant ihr den
Hut vom Kopf riß, ihn mit dem Rüssel in sein Maul schob und sich
gutschmecken ließ. Danach kroch der Missetäter unter den Bauch der
Leitelefantenkuh und suchte bei ihr Schutz.

*Franz Althoffs Elefanten
saufen den geweihten Brunnen in Altötting leer.*

Althoffs cleverer Pressechef, Bobby Barell, »entdeckte« Tuffis schau-
spielerisches Talent und machte sie zum Reklame-Star. Mit ihrem Beglei-
ter, Bubi Fröchte, besuchte sie die Kaufhäuser, ließ sich sogar gutwillig
von einem Stockwerk zum anderen »liften«. Es konnte dann wohl auch
passieren, daß sie zum Vergnügen der Kunden vor den Augen der
entsetzten Verkäufer neugierig die Ware berüsselte.

In Köln fuhr Tuffi Straßenbahn. Ohne sich von den sie bestaunenden
Mitfahrern beirren zu lassen, nahm sie auf der hinteren Plattform Platz
und untersuchte alles, was in Reichweite ihres Rüssels lag. Währenddessen »inszenierte« ihre Begleitung einen Streit mit dem Straßenbahn-
schaffner, der nicht einsehen wollte, daß der schwergewichtige Fahrgast
mit dreizehn Monaten noch ein Baby sei und daher nicht bezahlen müsse.
Die Presse griff das Spektakel bereitwillig auf. So geriet Tuffi und mit ihr
der Circus Franz Althoff in die Schlagzeilen. Ihr Ruhm eilte ihr voraus in
die nächste Gastspielstadt und sorgte für überdurchschnittlich guten
Besuch. Die beste Werbung ist die, die nichts kostet. Als der Circus nach
Wuppertal kam, erklärte Franz Althoff: »Jetzt fährt Tuffi Schwebebahn.«

Tuffi, die durch ihren Wupper-Sprung berühmt wurde,
trifft im Circus Franz Althoff ein.

Ein Journalist, der die Reklamefahrt am 21. Juli mitmachte, berichtete
darüber: »10.30 Uhr an der Rathausbrücke. Ein Riesenauflauf, als Tuffi –
so hieß der unglückselige Schwebebahnfahrgast – mit den übrigen Elefanten des Zirkus, einem Lautsprecherwagen, Zirkusleuten, Presse und
Photographen ankommt. Zunächst geht alles programmäßig. Tuffi löst wie
jeder andere Fahrgast seine Fahrkarte – zweiter Klasse sogar. Dann bahnt
er sich einen Weg durch die Zuschauermenge, die lächelnd Platz macht.
Mit einem Dutzend Reportern, Photographen, Schwebebahnern und
Zirkusleuten steigt er in das reservierte Abteil im zweiten Wagen. Kaum
ist die Schwebebahn angefahren, da wird Tuffi bereits unruhig. Er reißt
an seiner Leine, fängt gellend an zu trompeten, bäumt sich auf bis an die
Decke und rast durch das Abteil.

Unter den Mitfahrenden bricht eine Panik aus. Mehrere werden
verletzt, zum Glück nur unerheblich. Jeder sucht bis auf ein paar geistes-
gegenwärtige Photographen, die auf den Sitzbänken stehend Aufnahmen
machten, in das Abteil 3. Klasse zu entkommen. Tuffis Wut steigert sich.
Das Schaukeln macht ihn noch unruhiger und wilder. Mit dem Rüssel

zertrümmert er mehrere Scheiben und zertritt einige Sitzbänke. Dann kracht und splittert es noch stärker. Tuffi hat einen Fensterrahmen herausgedrückt und jetzt – so schnell kann man kaum mit den Augen folgen – setzt er mit einem Sprung aus der fahrenden Schwebebahn in die Wupper – rund zweihundert Meter vor der Adlerbrücke. Der Zug fährt – anscheinend hat der Fahrer die Katastrophe im zweiten Wagen gar nicht bemerkt – in die Station Adlerbrücke ein. Alles verläßt alarmartig das übel zugerichtete Abteil.

Die Gewandtesten klettern an einem Fernheizungsrohr in die Wupper hinunter und rennen dann den Uferstreifen aufwärts. Unter wildem Trompeten galoppiert Tuffi, allem Anschein nach unverletzt, durch das Wupperbett in Richtung Rathausbrücke. In der Nähe des Stadttheaters wird er von den Zirkusleuten gestellt. Direktor Althoff, im eleganten Sommeranzug, springt ins Wasser und geht auf den Elefanten zu. Ein Zuruf – Tuffi hat sich anscheinend beruhigt und kommt wie ein gehorsamer Hund auf seinen Herrn zu. Willig folgt er ihm wupperaufwärts bis zu den Anlagen gegenüber der Geschäftsstelle des *General-Anzeigers*. Auf der geneigten Böschung kann er wieder das Flußbett verlassen. Tuffis Schwebebahnabenteuer, aus dem er wie alle Beteiligten noch mit einem blauen Auge davongekommen ist, ist zu Ende.«

Kaum war der erste Schock überwunden, hieß es: Wer trägt die Schuld? Dieser Vorfall stand in der fünfzigjährigen Geschichte der Schwebebahn einzigartig da. Wie die Circusdirektion glaubhaft versicherte, hatte es auf den bisherigen Reklamefahrten mit dem Elefanten nie Probleme gegeben. Eine Straßenbahn war aber keine Schwebebahn. Allein schon das Fahrgeräusch, vor allem aber das Schwanken des Wagens mußten ein Tier unruhig machen. Die Verantwortlichen der Schwebebahn hätten dies wissen und die Genehmigung verweigern müssen. Es hatte niemand ernstliche Verletzungen davongetragen, nicht auszudenken aber, wenn der wildgewordene Elefant in das dichtbesetzte Nebenabteil 3. Klasse vorgestoßen wäre.

Für den »Circus Tuffi-Franz-Althoff«, wie er nun in Wuppertal hieß, wurde dieser Werbegag zwar ein teures Vergnügen, selten aber hat es eine dauerhaftere Reklame gegeben – auch für die Stadt Wuppertal. Ein findiger Verlag brachte sogleich eine Ansichtskarte von Tuffis Wuppersprung mit rekonstruierten Bildern heraus: »Gruß aus Wuppertal – Es war einmal...«. Der Pressechef der Stadt Wuppertal schrieb über Tuffis Abenteuer ein Kinderbuch: »Tuffi und die Schwebebahn«. Nach wie vor wirbt eine große Molkerei mit dem Namen Tuffi für ihre Produkte. Als Franz Althoff 1968 sein Geschäft aufgab, kam Tuffi zum Cirque Alexis Gruss. Inzwischen war aus dem berühmten Baby-Elefanten eine gesetzte Elefantendame geworden, die viele Tricks beherrschte und fast jedes Jahr in einer neuen Nummer auftrat. Auch fast vierzig Jahre später war Tuffi noch nicht vergessen. 1989 informierte eine Notiz in der *Circus*-Zeitung, dem Fachorgan der Gesellschaft der Circusfreunde, über Tuffis Tod im Winterquartier von Cirque Alexis Gruss in Bresle.

Der größte Rennbahn-Circus Europas

Wenn sich Zwerge in Riesen verwandeln, geschieht dies gewöhnlich nur im Märchen. Aber auch beim Circus sind solche »Wunder« möglich, wo sich Leistung, Erfolg und Glück die Waage halten. Als kleinster Zwerg gab Franz Althoff in einer »Schneewittchen«-Vorstellung sein Debüt in der Manege, wie er später gern erzählte. Dieser dreijährige Knirps sollte einst als Circus-Riese unter den europäischen Unternehmen Furore machen. In diesem, hier nur im Zeitraffer skizzierten Leben, spielte neben dem Circus auch der Film eine tragende Rolle.

Als viertältestes von Dominik und Adele Althoffs Kindern wurde Franz schon frühzeitig von der harten Schule seines Vaters geprägt. Mit sieben Jahren bekam er Reitunterricht. Die ersten Tierdressuren erforderten den ganzen Mut des Zehnjährigen, denn nicht nur Pferde und Elefanten, mit denen er längst vertraut war, sondern auch Bären und Löwen gehörten zu seinen Zöglingen. Seine besondere Liebe aber galt von Anfang an Pferden und Elefanten. Ihrer Dressur widmete er sich später ausschließlich, zumal er eines Tages von einem Bären übel zugerichtet worden war.

Nachdem Franz und Carola den väterlichen Circus bereits seit 1934 geleitet hatten, übernahmen sie ihn 1936 in eigener Regie. Ab 1937 firmierte Dominik Althoffs Circus unter dem Namen CIRCUS FRANZ ALTHOFF. Ein Jahr später heiratete Franz die Artistin Olga Mathissen. Ihre drei Kinder Harry, Marianne und Franziska führten die Familientradition erfolgreich fort. Auch für sie wurden Elefanten und Pferde zum Mittelpunkt ihrer artistischen Laufbahn.

Als 1939 der Krieg ausbrach, gehörten die Geschwister Althoff zu den wenigen Unternehmen, die trotz großer Mühen und Gefahren auch

Älteste erhaltene Postkarte von Franz Althoff, etwa 1932/33.
Frau und Schwestern assistieren.
Auf dem Elefantenrüssel Schwester Carola.

weiterhin reisten. Gerade in dieser tristen, gefahrvollen Zeit wollte Franz Althoff den Menschen einige glückliche, unbeschwerte Stunden bescheren, die sie die Sorgen des Alltags vergessen ließen.

Viel war es nicht, was den Althoffs nach Ende des Krieges blieb. Den größten Teil ihres wertvollen Materials hatten sie einbüßen müssen. Nach der Trennung von seiner Schwester Carola, die mit ihrem Mann, Harry Williams, einen eigenen Circus gründete, machte sich Franz Althoff gemeinsam mit seiner Frau Olly an den Wiederaufbau. Zu dem wenigen, das sie gerettet hatten, gehörte neben zehn Wagen, fünf Elefanten und fast hundert Pferden das Chapiteau. Althoff war einer der ersten, die wieder reisten. Bald darauf nahm er sogar das Wagnis einer Auslandstournee auf sich.

Die erste Friedenssaison eröffnete Franz Althoff 1946 mit einem Nachkriegsprogramm, das er »Wunder der Circuswelt« nannte. Ein Wunder

Franz Althoffs berühmter
akrobatischer und tanzender Elefant.

war es zum einen, daß nach diesen Schreckensjahren überhaupt wieder ein Circus spielte. Zum anderen konnte das, was sich aus den primitiven Anfängen innerhalb weniger Jahre entwickelte, ohne Übertreibung als Wunder bezeichnet werden.

Schon von Jugend an verfolgte Althoff den ehrgeizigen Plan, den größten Circus zu schaffen, den es in Deutschland je gegeben hatte. An diesem Ziel hielt er beharrlich fest.

Darüber vergaß er jedoch nicht seine Mitmenschen. Franz Althoff war stets ein strenger und gerechter Chef, zu dem jeder mit seinen Sorgen und Nöten kommen konnte. Das galt nicht nur für seine Mitarbeiter. Seine Hilfsbereitschaft bewies er auch nach dem Kriege in einer für Frieda Sembach-Krone äußerst schwierigen Situation. Aus ihrem von der Besatzungsmacht beschlagnahmten Besitz hatte sie nach zahlreichen Anträgen drei Schulpferde freibekommen. Damit ging sie für fast ein Jahr zu Franz Althoff ins Engagement. »Frieda Krone, die Tochter des Circuskönigs, tritt als Gast auf!« lautete die Ankündigung auf den Plakaten. Für eine Direktorin ohne Circus eine etwas zwiespältige Rolle, da die mitengagierten Artisten sie nicht als eine der ihren anerkannten. Die Althoffs ließen Frieda jedoch nicht merken, daß sie und ihre Familie außer zwei Wohnwagen und drei Pferden nichts mehr besaßen. So dachten die Sembach-Krones später dennoch gern an diese schwere Zeit zurück.

Nach dem neuen Winterquartier in Kassel 1946 entstanden 1947 in Stuttgart und 1948 in Frankfurt Holzbauten, in denen allerdings nie Circusprogramme gelaufen sind. Die Gebäude wurden für die unterschiedlichsten Veranstaltungen genutzt. Den Winterbau im Frankfurter Zoo gab Franz Althoff nach zehn Jahren wieder auf. Der Stuttgarter Bau wurde 1958 demontiert, per Bahn nach Leipzig verfrachtet und auf dem Trümmergelände des ehemaligen Kristall-Palastes aufgebaut. Er beherbergte noch lange Jahre den VEB-Circus Aeros. Auch das Kasseler Winterquartier hatte ausgedient, nachdem Althoff 1957 seinen Winterhof in Dörnigheim am Main einweihen konnte.

Sein Ziel hatte Franz Althoff zu dieser Zeit längst erreicht, neben Krone und Williams galt er als einer der »großen Drei« des bundesdeutschen Circus. Mehr noch, das traditionsreiche Familienunternehmen seines Vaters hatte er zu einem der bedeutendsten des Kontinents ausgebaut – es nannte sich jetzt GRÖSSTER RENNBAHN-CIRCUS EUROPAS FRANZ ALTHOFF. Diesen Namen führte Althoff mit Fug und Recht. Trotz der überdimensionalen Ovalmanege, in der er das Drei-Manegen und -Rennbahnsystem praktizierte, bot er kein amerikanisches Spektakel, sondern blieb dem traditionellen circensischen Genre treu. Seine Devise hieß: klasssischer Circus à la Franconi, Renz und Busch. An den sich ständig wandelnden Publikumsgeschmack machte Franz Althoff, wenn überhaupt, nur geringfügige Konzessionen. Bei aller Begeisterung für das Gigantische, ging es ihm doch nicht um Aufmachungsbluff sondern um echte Leistung. Er lehnte es ebenso ab, mit irgendwelchen billigen

Superlativen die Werbetrommel für sein Unternehmen zu rühren. Sein Circus war seine persönliche Visitenkarte, die er jederzeit vorzeigen konnte.

Zu den bittersten Erfahrungen in seinem Leben gehörte es, daß andere, diese, seine Visitenkarte, nicht nur benutzten, sondern auch beschmutzten und dem guten Namen seiner Familie Schaden zufügten. Mehr als einmal sah er sich, auch im Interesse seiner Geschwister, gezwungen, den Namen Althoff vor Verunglimpfung durch die Konkurrenz zu schützen. Sowohl Franz wie auch Adolf Althoff reisten deswegen zeitweise unter anderem Namen. So tat sich Franz Althoff in den Jahren 1951 und 1952 mit dem größten französischen Circus zusammen und firmierte als Cirque des Frères Bouglione.

Circus und Aberglaube gehören eng zusammen. Besonders die Zahl »13« hat es in sich. Im Programmheft von Circus Williams ist neben der

13 vermerkt: »Da unter dieser Nummer kein Künstler arbeiten möchte, achten Sie bitte ganz besonders auf die 14...«. In anderen Unternehmen wird die Zahl dezent übergangen. Ganz anders im Circus Franz Althoff. Hier traten sowohl Luftakrobaten als auch andere Artisten und Dresseure unter der Programmnummer 13 auf. Aber nicht nur das. Eine Pressenotiz, die das Gastspiel von Circus Bouglione, »Europas größtem Circus«, im Juli 1951 in Hamburg ankündigte, lautete:

> Zirkus nicht abergläubisch
> Mit einem Doppelprogramm, das sich in einem 10 000 Personen umfassenden Viermastenzelt mit drei Manegen abwickeln soll, will Zirkusdirektor Franz Althoff in Gemeinschaft mit dem französischen Zirkusunternehmen Gebrüder Bouglione aus Paris am 13. Juli auf dem Heiligengeistfeld in Hamburg starten. Daß der Dreizehnte ausgerechnet auch ein Freitag ist, stört die Vertreter der zirzensischen Kunst nicht. Im Rahmen des Programms soll das spanische Geschwisterpaar »Les Raluy« vierzig Meter weit aus einer Kanone abgeschossen werden. Das Hamburger Gastspiel wird mit einer kostenlosen Vorstellung für Kriegsbeschädigte eröffnet.

Seine blau-weiß diagonal gestrichenen Circuswagen rollten quer durch Europa. Franz Althoffs Tanz-Elefanten prangten auf riesigen bunten Plakaten sowohl an den Boulevards von Paris und Brüssel als auch am Piccadilly in London. Mit großem Erfolg gastierte sein Circus mehrmals in Österreich, Spanien, in den Niederlanden und in der Schweiz. Zusammen mit Circus Scott unternahm er 1961 eine Skandinavien-Tournee. Seit 1963 bestritt er im Sportpalast von Antwerpen das »Wereldfestival van het Circus«.

Direktor Althoff ließ sich keine Gelegenheit entgehen, für seinen Circus Reklame zu machen. Während seines Hamburger Gastspiels 1958 inszenierte er eine »Artistenhochzeit wie noch nie. 13 000 Zaungäste am Michel«, so die Überschrift. »Zehntausende säumten heute vormittag die Straßen vom Heiligengeistfeld zum Altonaer Rathaus, wo allein 6000 Zuschauer Beifall klatschten, als das Artisten-Hochzeitspaar Vera Rogge und Francis Capooter der weißen Hochzeitskutsche des Hamburger Abendblattes entstieg. Dann marschierte der Zug zur kirchlichen Trau-

1961 schlug Franz Althoff sein Zelt
an der Gedächtniskirche in Berlin auf.

ung nach St. Michaelis. An der Spitze Peterwagen, dann folgte die Hochzeitskutsche eskortiert von einer bunten Kavalkade, Indianer und Cowboys. Dahinter wuchteten trompetend die 13 Elefanten des Zirkus Althoff, begleitet von Bannerträgern mit den Flaggen von einem Dutzend Nationen. Das ›Fahrende Volk‹ ist international. Die ganze Zirkusfamilie nahm Anteil und gab dem Festzug ein exotisches Gepräge, als führe die ›Königin von Saba‹ zum Traualtar. Aus der Kutsche lächelte im Schleier und hellblauem Cocktailkleid die Braut. Die Tränen über den Verlust des Hochzeitskleides mit der vier Meter langen Schleppe waren längst getrocknet. Ihr Campingwagen war aufgebrochen worden. Das Kleid war verschwunden. Ein Racheakt, ein übler Scherz? Das wird die Polizei klären. Rund um den ›Michel‹ warteten schon nach polizeilicher Schätzung 11 000 Menschen. Die Polizei hatte alle Hände voll zu tun, um sie innerhalb der eiligst aufgestellten Absperrzäune zu halten. Unter dem Geläut der Glocken nahte der Zug der überfüllten Kirche... Trauzeugen waren Direktor Franz Althoff und der Schlagerkomponist Michael Jary. Die Hochzeitsfeier findet erst ab Mitternacht ... statt. Vorher haben die Jungvermählten ihre Arbeit unter der Zirkuskuppel zu verrichten.«

Bei aller persönlichen Bescheidenheit und Genügsamkeit hatte Franz Althoff jedoch einen Hang zum Kolossalen, wenn es um seinen Circus ging. »Der größte und modernste Rennbahn-Circus Europas« verfügte laut Werbeschrift über den »ersten und einzigen Membran-Hallen-Zelt-Bau der Erde«. Die nach seiner Idee ausgeführte Konstruktion, die als technische Sensation galt, hatte sich Althoff patentieren lassen. Das Chapiteau war so konstruiert, daß es mit einfachsten Handgriffen innerhalb von zwei Stunden spielfertig stehen und in einer Stunde abgebaut werden konnte. Lediglich acht zwanzig Meter hohe Leichtmetallmasten trugen das riesige Ovalzelt von sechsundsiebzig Meter Länge und achtundvierzig Meter Breite. Die sonst üblichen Sturmstangen, Quarterpoles genannt, die eine stete Sichtbehinderung der Zuschauer bedeuten, fehlten völlig. So war von jedem der sechstausend Sitzplätze vom Rang bis zur Loge freie Sicht gewährleistet. Es bedurfte während der Vorstellung nur eines kurzen Umbaus, um die drei Manegen in eine Riesenrennbahn zu verwandeln. Doch gab es auch kritische Stimmen. So hieß es, die kleineren Darbietungen gingen in der riesigen Zelthalle fast unter. Pointen würden verpuffen und »Pumas optisch zur Größe von Hauskatern zusammenschrumpfen«. Die Wirkung von Pantomimen wurde ebenfalls bemängelt, da sie in ihrem artistischen Kern besser in einer Rundmanege zur Geltung kämen.

Franz Althoff sann ständig darauf, seinen Circus zu verbessern und attraktiver zu machen. Dabei verfiel er auch auf ungewöhnliche Zugnummern. Mit seinem rollenden Tierpark verwirklichte er eine Lieblingsidee: »Ein Platz für wilde Tiere«. Dies war keine gewöhnliche Tierschau, in der zumeist die im Programm arbeitenden dressierten Tiere zu besichtigen sind. Das Exotenzelt beherbergte unter anderen eine Herde von achtzehn sibirischen Trampeltieren, Guanacos, Watussi-Rinder und ein Bison, der einzige in einem europäischen Circus. Einen eigenen Bassinwagen bewohnte das Flußpferd Herkules. Als einzigartig wurde auch das größte reisende Troparium bezeichnet, das vierundzwanzig Reptilien, wie Krokodile und Riesenschlangen, in einem Spezialglaswagen mit sich führte.

Eine zoologische Sensation und der besondere Stolz des Direktors war die »größte und einzige Menschenaffenstation mit allen 3 Menschenaffenarten auf Reisen«, wie es in der Werbung hieß. Die zehn Schimpansen sorgten ständig für Aufregung und Gelächter. Als derzeit einmalig galten die Orang Utan-Riesendame Kelly und das Gorilla-Männchen Jäcky, dessen Käfig Stangen von sechs Zentimeter Durchmesser hatte. Die Haltung der empfindlichen Menschenaffen bedeutete ein großes Risiko. Dafür lockte die Sonderschau der »Urwaldmenschen« aber auch stets viele Neugierige an.

Was kein anderer bisher fertiggebracht hatte, Franz Althoff schaffte es. Nicht nur, daß er den unvergeßlichen Lou van Burg mit seiner Quizshow für zwei Saisons in seine Manege holte. Er zeigte auch als erster deutscher Circus eine Delphinschau. Man hielt Delphine bis dahin für schwer transportfähig, da sie keine fünf Minuten ohne Wasser sein können. Zoologen hatten darum von einem Lufttransport dringend abgeraten. Das

Althoff zeigte als erster deutscher
Circus eine Delphinschau.

Rezept des Trainers James Thiebor, Wasserberieselung und ständiges Abwaschen mit Salzwasser, erwies sich jedoch als äußerst erfolgreich. Am 21.2.1966 kamen die fünf Delphine aus Florida wohlbehalten auf dem Frankfurter Rhein-Main-Flughafen an. Von der Transportmaschine wurden sie mitsamt ihren Gestellen, in denen sie in Leinwandgurten hingen, in einen Kühlwagen verladen und ins Winterquartier nach Dörnigheim gebracht. Während der ganzen Zeit mußten sie mit Salzwasser übergossen und abgewaschen werden, bis sie in einem Salzwasserbassin endlich wieder in ihrem Element waren. Keines der Tiere kam zu Schaden. Im März gaben die intelligenten Meeressäuger vor einem großen Publikum ihr Debüt. In Althoffs Delphinarium konnte man sehen, was bis dahin noch kein Circus gezeigt hatte, Delphine, die auf dem Wasser zur Musik einen Cha-Cha-Cha tanzten.

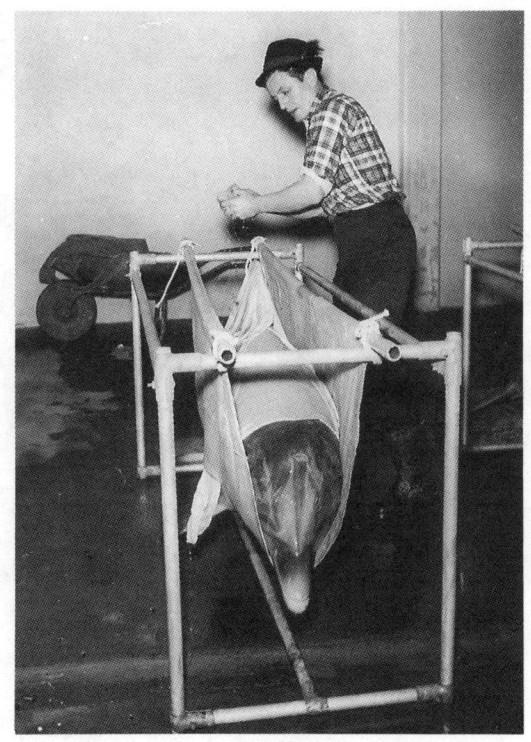

Berieselung mit Salzwasser
hatte den Lufttransport der Delphine möglich gemacht.

Im Grunde genommen bedeuteten all diese Attraktionen aber nur Beiwerk. Was Franz Althoff am meisten am Herzen lag, waren seine Pferde und Elefanten. Treffender als Carl Heinz Dömken kann man es kaum formulieren, der über den »Pferdemann« Franz Althoff schrieb: »Seine Pferde... sind seine Mitarbeiter... Denn: was ist ein Zirkusprogramm ohne Pferde? Nichts. Und was wäre Franz Althoff ohne Pferde? Undenkbar! Und was wären die hundert Hengste ohne ihn? Nun, eine Hengstherde ohne Leithengst; denn Franz Althoff ist unter seinen hundert Hengsten der erste...« Kommt es im Stallzelt wirklich einmal zu einer Keilerei, »dann wird der Störenfried kehlig beim Namen gerufen, knapp, klar, bestimmt. Denn Franz Althoff hört alles und ist immer zur Stelle. Der Ordnungsruf hat bei allen Vier- (und Zwei)beinern prompten Erfolg.«

Als bis dahin einziger deutscher Circusmann
wurde Franz Althoff 1965 von Papst Paul VI.
in Privataudienz empfangen.

Viele Ehrungen bis hin zum Bundesverdienstkreuz wurden Franz Althoff zuteil. Die Gesellschaft der Circusfreunde zeichnete ihn mit der Ernst-Renz-Plakette aus. Vom Oberbürgermeister der Stadt Amsterdam erhielt er die Ehrennadel der Stadt und das Ehrendiplom. 1957 wurde ihm beim ersten europäischen »Circus Festival« in Madrid der »Grand Prix« zuerkannt. 1964 verlieh ihm der deutsche Tierschutzverband in Augsburg die »Goldene Plakette für gute und vorbildliche Tierhaltung«. Als bis dahin einziger deutscher Circusmann wurde Franz Althoff 1965 von Papst Paul VI. in Privataudienz empfangen.

Der »Magier der Manege« präsentierte persönlich seine vierzehn Tanz-Elefanten und »die größte Freiheitsdressur der Erde« mit sechzig Hengsten. Über vierzig Darbietungen zeigte er in seinem Zweihundert-Minuten-Programm, in dem auch das römische Wagenrennen nicht fehlte. Werfen wir einen Blick zurück und lassen die Vergangenheit noch einmal lebendig werden in einem Querschnitt durch die Programme der sechziger Jahre. Manege frei für Franz Althoff…

»Tempo, Tiere und Trapeze«

Das riesige Chapiteau ist fast bis auf den letzten Platz besetzt. In gespannter Erwartung richten sich die Blicke auf die Gardine, während Werner Weiland und seine Mannen die Besucher musikalisch einstimmen. Das Althoff-Orchester zaubert einen bunten Melodienstrauß *Rund um die Manege.*

Die Aristokraten der Manege eröffnen das Programm. Dreimal acht Lipizzaner ziehen die Aufmerksamkeit des Publikums in drei Manegen auf sich. Zweifellos konzentriert sich aber das Hauptinteresse auf die Mittelmanege mit Harry Althoff. Banda Vidane und Horst Brumbach in den beiden Seitenmanegen werden dadurch leider mehr oder weniger zur Kulisse, obgleich alle simultan arbeiten und gleichermaßen mit ihren Dressurleistungen und den ausgesuchten Pferden bestechen.

Wer immer noch die Existenz von »fliegenden Untertassen« bezweifelt, der Meister der Geschicklichkeit Jean Lemoine belehrt ihn eines Besseren. Mit Schwung und Humor präsentieren er und sein Partner den staunenden Zuschauern *Fliegende Untertassen mit Hindernissen* – Porzellanteller, die auf lotrechten Stäben rotieren, ohne abzustürzen.

Doch jetzt gehört die Manege den Lieblingen des Publikums. Ein »Affentheater« im wahrsten Sinne des Wortes bieten *Al de Jonghes* drollige *Jockey-Schimpansen.* Sie voltigieren und reiten stehend auf galoppierenden Ponys. Einer der behaarten Artisten zeigt eine einmalige Höchstleistung mit seinem Salto mortale von einem galoppierenden Pony zum anderen. Da jauchzen vor allem die Kinder, wenn die ganze lustige Bande mit Maulesel Bimbo ausreitet. Und die »Schauspieler« selbst haben offensichtlich auch Freude an ihren Kunststücken. Kaum sind sie hinter der roten Gardine verschwunden, zieht *Die kleine Katharina* die Blicke auf sich. Eine Ballerina auf dem Drahtseil, die nicht nur Spitzentanz, sondern auch riskante Kapriolen auf dem Rad zeigt. Nach diesen Minuten der Spannung reiten *Die Brumbachs, Jongleure von Pferd zu Pferd,* wie ein Wirbelwind in die Manege. Ilona, Horst und Karl-Otto Brumbach, die Nachkommen einer alten Circusdynastie, stellen ihr großartiges Können unter Beweis, wenn sie mit seltener Eleganz und Verve Keulen, Hüte und Fackeln durch die Luft wirbeln, ohne dabei das Tempo ihrer Tiere zu zügeln.

»Die Aristokraten der Manege«
eröffnen das Programm.

Mit Tempo geht es weiter im Progamm, das pausenlos abrollt und immer wieder fesselt. *Das gibts nur einmal – Elefanten und Tigerschecken im ¾ Takt,* vorgeführt von Direktor Franz Althoff, dem Schöpfer dieser originellen Dressur. Eine wahre Augenweide ist es, wie sich die indischen Elefanten und die dänischen Tigerscheckpferde gemeinsam im Walzertakt durch die Manege drehen. Die grauen Riesendamen halten mit dem Rüssel die Zügel ihrer equestrischen Tanzpartner, um sie nicht zu verlieren. Der Beifall will nicht enden, bis ein Mann das riesige Oval für sich beansprucht. *»The Black Hercules«,* einen wehenden Federbusch am Römerhelm, rast mit einer römischen Quadriga in die Manege, springt ab und läßt seine schwarzen Muskelpakete spielen. Für *Arthur Robin,* der in den USA zum Mr. Universum gekürt wurde, scheint es kinderleicht zu sein, eine Stahlspirale von vierhundert Kilogramm Zuggewicht auseinanderzustemmen. Während die Zuschauer noch über den Muskelmann staunen, belebt sich der Circushimmel über ihren Köpfen mit waghalsigen Trapezkünstlern. *2 Du Carrois* zeigen einen Luftakt mit Aldonwirbel. *Miss Jeanet* arbeitet am schwingenden Trapez und *Miss Barina* ist ebenfalls in

Mit Schwung und Humor präsentiert:
»Fliegende Untertassen mit Hindernissen«.

einem Schwungtrapezakt zu sehen, in dem sie nur mit den Zehenspitzen an der Trapezstange hängt. In diesem vierfachen *Wirbel in der Luft* sorgen *Les Elmontes* noch für zusätzliches Tempo mit ihren eleganten Zahnwirbel-Kapriolen. Licht und Beifall und Musik, die in eine orientalisch getragene Melodie übergeht. *Fata Morgana oder Wirklichkeit?* Eine in mystisches Licht getauchte Exoten-Karawane zieht durch die Manege wie ein Traumbild aus 1001 Nacht. Sie stimmt die Zuschauer ein auf eine sensationelle und mysteriöse Schau: *Koringa.* Diese ungewöhnliche Frau wagt sich mitten unter Krokodile und Riesenschlangen. Sie spielt und schmust mit ihnen, als wären sie Schoßhündchen. Die Verzauberung der Zuschauer schlägt jäh in Gelächter um, denn *Humor ist Trumpf* bei den *Paolos.* Die Meisterclowns aus dem Lande der Comedia dell Arte erzielen mit ihrem Entree immer wieder Lachsalven, die den riesigen Zeltbau erbeben lassen.

Nun folgt ein circensischer »Paukenschlag«: *Franz Althoffs Parade der grauen Giganten.* Vierzehn Riesen-Tanz-Elefanten trotten einer nach dem anderen in den Roten Ring, gekrönt von charmanten jungen Damen. Die

*Das gibt's nur einmal – Elefanten und Tigerschecken im ¾ Takt«,
eine außergewöhnliche Dressur von Franz Althoff.*

Urwaldriesen reagieren auf den leisesten Wink. Zu den Klängen des
Circusorchesters wiegen sie sich im Walzer- und Polkaschritt, so leicht
und anmutig, wie man es auch bei rundlichen Menschen beobachten
kann. Beim Samba und Cha-Cha-Cha kommen die plumpen Elefanten-
leiber richtig in Schwung. Das Elefanten-Ballett hat aber auch eine
Solistin: *Sara, die singende Urwaldriesin.* Sie setzt sich auf ihr dickes
Hinterteil, hebt den Rüssel und schmettert ihre Elefantenarie ins Publikum. Im prasselnden Applaus geht die Ankündigung der nächsten Nummer fast unter: *The Burtons!* Diese Fußperche-Sensation ist wiederum ein
Höhepunkt im Programm. Der »Handstandkönig« Alfred Burton, der
schon öfter mit seiner atemberaubenden Artistik auf der dreizehn Meter
hohen freistehenden Leiter bei Franz Althoff zu sehen war, arbeitet nun
als Obermann mit Bob Fröchte als Untermann, der die hohe Leiter auf
den Fußsohlen balanciert. Vom freien Kopfstand mit Fußarbeit bis zum
Einarmer mit Jongleurarbeit servieren die beiden nur Leckerbissen. Sie

*Ein circensischer Paukenschlag: »Franz Althoffs Parade der grauen Giganten«,
präsentiert von Bob Fröchte.*

machen ihr Kompliment, da wird schon die nächste Nummer angekündigt: *The Flying Marilee,* die fliegende Sensation unter der Circuskuppel!
Höhepunkt dieser Trapeznummer ist der dreifache Salto einer Frau. Die
Musik setzt aus. In der plötzlich eingetretenen Stille explodiert ein Schrei
des Schreckens, als die Artistin abstürzt, aber das Netz fängt sie auf. Auch
der zweite Versuch endet im Netz, dann – beim dritten Mal gelingt der
dreifache Salto. Tusch! Musik! Die Spannung macht sich in einem
orkanartigen Applaus Luft.

Nach der Pause geht es weiter in dieser bunten Mischung von *»Spannung, Spaß und Spitzenkönnen«.* Manege frei zum zweiten Teil. Der
Rundkäfig ist bereits aufgebaut. Während das Blech des Orchesters
aussetzt und der weiche Klang der Saxophone hervortritt, tauchen still
und geschmeidig die großen Raubkatzen aus dem Laufgang auf: Königstiger, Leoparden, abessinische Löwen, Mandschu-Tiger, schwarze Panther
und – in ihrer Mitte verneigt sich eine charmante blonde Frau. *Yvonne*

Doris Arndt mit der größten Eisbärengruppe Europas.

heißt die wagemutige Dompteuse, die *Franz Althoffs Raubtiergruppe der Gegensätze* ohne Assistenz elegant und spielerisch präsentiert. Wer in das Programmheft blickt, liest, daß die Holländerin Yvonne Berman eigentlich von Beruf Goldschmiedin ist und staunt wohl um so mehr über ihren Mut.

Den beweisen auch zwei andere *Frauen von Format,* die beiden *Goldinis.* Kopf-auf-Kopf und im Handstand-auf-Kopf tragen sich die bezaubernden Teenager durch das Leben und die Manegen der größten Circusse der Welt. Indem sie hinter der Gardine verschwinden, taucht aus dem Laufgang lautlos ein Braunbär auf, dem ein zweiter dicht auf den Fersen folgt. Die beiden Kragenbären lassen sich etwas Zeit. Zuletzt halten acht Eisbären ihren Einzug in den Rundkäfig. Damit ist die *Gemischte Bärengruppe* komplett. Was *Barbara und Eugen Poludniak* in dieser Riesendressur zeigen, versetzt Jung und Alt in Begeisterung und läßt fast vergessen, wie gefährlich die putzigen Gesellen sind. Das Lachen über solchen »Bärenhumor« setzt sich fort beim *Fußballtoto in der Manege.* In diesem turbulenten Match zwischen zwei Hundemannschaften steht es bald 1:0 für *Dogsi's* temperamentgeladene Schnauzballhunde.

Verladung der »Stars« für Bronston's »Circusworld«.

Nach diesen lockeren Tierdressuren bekommt das Programm in der *4fachen Hohen Schule* eine klassisch-ruhige Note. Sie wird von Marianne und Harry Althoff, Jeanette und Carly Bremer in unnachahmlicher Eleganz geritten.

Werner Weiland paßt sich mit seinem Orchester dem schnellen Wechsel der Darbietungen einfühlsam an, führt »Regie«, wo der Beifall nicht enden will, unterstreicht die Schwierigkeitsgrade und zaubert jeweils die passende »Geräuschkulisse«. Wenn es heißt *Fässer, Flammen, flinke Füße,* müssen die Musiker schnellere Rhythmen spielen. Bob Fröchte, ein Fußjongleur der Sonderklasse, setzt auf Tempo – genauso wie die *Spitzenkönner der Sprungakrobatik,* die *5 Folcos.* Diese imponierenden Meister des Trampolins beginnen damit, womit andere aufhören.

Wer glaubt, eine Steigerung sei nun nicht mehr möglich, wird seine Meinung bei dieser »Demonstration der Masse« wohl ändern müssen. *Franz Althoff präsentiert 60 Hengste in einer Dressurgruppe.* Es ist ein überwältigendes Bild, wenn mehr als ein halbes Hundert Pferde in die Manege hereingebraust kommen, sich in Gruppen aufgliedern und in mannigfachen Anordnungen formieren, um schließlich in einer langen

Manegenregisseur Franz Althoff und Regisseur Hathaway
während der Dreharbeiten.

Reihe Aufstellung zu nehmen. Herrliche Lipizzaner, edle Araber, Friesen, Pinzgauer und Oldenburger zeigen im weiten Oval unter der straffen, gleichzeitig aber gelöst wirkenden Leitung eines genialen Dresseurs in einer vollendeten »Choreographie« ihr Können. Das ist nicht nur eine Augenweide, sondern auch eine gewaltige Dressurleistung. Absoluter Höhepunkt des »Pferdetheaters«, wenn alle sechzig Hengste in voller Karriere aus der Manege preschen. Das ist Circus total – das macht Franz Althoff keiner nach!

Es geht weiter im Programm mit *Buffalo Bill's Show: Aus dem goldenen Westen*. Ein bunter Bilderbogen in Wildwest-Manier: Die Postkutsche kommt mit Ramon Prieto als Buffalo Bill – der einzige dressierte Bison – Los Prietos – The Troupe Dakotas unter ihrem Häupting »Schwarzer Büffel« – Kunstschießen, Lassowerfen und Bullpeitschenarbeit – Wildwest-Voltigen – Fackelwerfen und Messerwerfen auf Drehscheibe – verwegene Indianer-Reiterei. Soviel Action reizt zum Nacheifern.

Reiten Sie mit? heißt es beim *Rodeo für die Zuschauer*. Bei diesem lustigen Amateurreiten bleibt kein Auge trocken, wie auch schon während des

Claudia Cardinale und John Smith mit ihren Doubles Marianne und Harry Althoff.

Programms *Die Spaßmacher des Circus Althoff* Filax und die Zwergauguste Gerd und Ivan dafür sorgten, daß die Freunde des Humors voll und ganz auf ihre Kosten kamen.

Die Artisten des dreistündigen Monstreprogramms aus sechzehn Nationen und vier Kontinenten versammeln sich noch einmal zu einer glanzvollen Abschiedsparade in der Rennbahn-Manege – *Farben, Flaggen und Finale!* Das letzte Wort hat das Circusorchester unter Werner Weiland.

John Wayne und Franz Althoff.

Mit dem Franz-Althoff-Marsch *So ein Circus* entläßt es die Besucher aus der Welt der Faszination in die Realität des Alltags.

»Tempo, Tiere und Trapeze«, wie Franz Althoffs Motto 1967 und 1968 hieß, wurde in dieser fiktiven Vorstellung aus Glanzpunkten mehrerer Programme der Sechziger Jahre frei zusammengestellt. Beifall und Besuch bewiesen in dieser Zeit immer wieder, wie beliebt der »Größte Rennbahn-Circus Europas« war, bis 1968 eine alarmierende Nachricht durch die Medien ging: »Deutschlands ältester Circus beendet seine traditionsreiche Laufbahn.«

Der verregnete graue Herbsttag entspricht ganz der gedrückten Stimmung bei Artisten, Mitarbeitern und Circusfreunden. 3. November 1968, letzter Gastspieltag in Stuttgart. In der Abendvorstellung läuft alles im gewohnten atemberaubenden Tempo. Die meisten Zuschauer nehmen den Hauch Wehmut wohl nicht wahr, der sich hinter der zur Schau gestellten Fröhlichkeit verbirgt. Die wenigen Lücken sind in der geschickten Mischung des Programms für den Laien kaum zu merken. Wie unzählige Male zuvor bietet es einen harmonischen Zusammenklang von

Die Hauptrolle spielte der Circus.

Farben, Tönen und Leistungen. Beim Finale umkreisen alle Mitwirken-
den lachend und winkend die Manege. »Es geht im Kreis herum – immer
im Kreis herum«, spielt das Circusorchester. Harry Althoff verschwindet
als letzter hinter der Gardine. Abrupt bricht die Musik ab. Die Lampen
verlöschen – für immer!?

Keiner wollte die Hiobsbotschaft so recht glauben, daß dies das
endgültige Aus bedeuten sollte. Eine »Kapitulation vor dem wirtschaftlichen Risiko«, wie es hieß, war kaum einzusehen, nachdem Franz Althoff
schon ganz andere Probleme gemeistert hatte. Die Erklärung war wohl
eher in seiner Einstellung zu suchen, die er einmal so formulierte:
»Größer kann ich nicht mehr werden und kleiner werden, da denke ich
nicht dran. Dann mache ich lieber meinen Laden zu. Ich gehe doch nicht
von drei Manegen auf eine.« Seine Kinder und Verwandten gingen mit
einigen seiner Tiere ins Engagement. Die übrigen Tiere wurden verkauft.

Anders wie sein Bruder Adolf Althoff hatte Franz nicht das Glück,
durch seinen Sohn das Entstehen eines neuen Circus Althoff zu erleben.
Nach langer Krankheit verstarb Franz Althoff am Morgen des 31. März

*Franz Althoff, Claudia Cardinale und Filmlöwe Claudia
bei Radio Luxembourg.*

1987. Eine große Trauergemeinde gab ihm das letzte Geleit, als er auf dem neuen Friedhof von Dörnigheim beigesetzt wurde.

Franz Althoffs Rennbahn-Circus hat dennoch die Jahrzehnte überdauert – auf Celluloid konserviert. Tiere, Dressurgruppen und große Teile seines Programms waren in mehr als vierzig Fernsehproduktionen und Circusfilmen zu sehen. So enstand der Film »Hinter den Sternen«, für den Peter von Zahn 1966 den Grimme-Preis der Volkshochschule Marl erhielt, vorwiegend im Circus Franz Althoff.

1963/64 drehte der amerikanische Filmproduzent Samuel Bronston in Spanien den monumentalsten Circusfilm aller Zeiten »Circusworld«. Dazu hatte er den gesamten Althoff-Circus mit allen Tieren und Menschen verpflichtet. Von der Katastrophe eines kenternden Circus-Schiffes bis zum Brand des Zeltes, sah er sich aber vor anscheinend unlösbare Aufgaben gestellt.

Der begabte Manegenregisseur Franz Althoff vermochte dank seiner Erfahrungen auch diese Schwierigkeiten mit seinen Tieren zu bewältigen.

In dem dreistündigen Cinemascopfilm mußte die Starbesetzung in vielen Szenen gedoubelt werden, Claudia Cardinale und John Smith von Marianne und Harry Althoff, Rita Hayworth von Maryse Begary, der »Königin der Luft«. John Wayne doubelte sich wie immer selbst. Die Hauptrolle spielte jedoch der Circus Franz Althoff als Matt Master Circus. Nach der erfolgreichen Premiere ging Franz Althoff mit dem gesamten Programm, wie es in dem Film gezeigt wurde, als MATT MASTERS FILM CIRCUS auf Tournee. In USA hatte »Circusworld« einen solchen Erfolg, daß das größte Magazin *Life* ein Bild von Franz Althoff brachte mit der Unterschrift MISTER CIRCUS, die wohl höchste Anerkennung, die man in Amerika erfahren kann.

Schon kurze Zeit später trat John Huston mit einem Angebot an Franz Althoff heran, das alle anderen Unternehmen abgelehnt hatten. Huston drehte in Rom einen Film über die biblische Geschichte, »Die Bibel«. Franz Althoff sollte den Einzug der Tiere in die Arche Noah und ihr Leben darin gestalten, dazu alle übrigen Tierszenen der biblischen Geschichte, wie Daniel in der Löwengrube und andere. Diese schwierige Aufgabe löste er ebenso wie die in dem Film »Die 10 Gebote«. Dank dieser Filme wird ein großer Circusmann, der drei Jahrzehnte Circusgeschichte mitgestaltet hat, hoffentlich von Zeit zu Zeit wenigstens ein Comeback auf dem Bildschirm feiern können und vielleicht doch unsterblich werden, wie er es in der Fachwelt längst ist.

Adolf Althoff –
Der Grandseigneur des deutschen Circus

»Bandit« im Bett

Die großen Hallen neben dem weißen Bungalow wirken verlassen. Keiner der bunt bemalten Container ist zu sehen, kein farbiger Plakatklecks, nichts, was auf einen Circus hindeuten könnte. Die Anschrift stimmt: Stockemer Straße 17–19 in Stolberg bei Aachen. Circus Williams-Franz Althoff befindet sich zwar auf Schwedentournee, aber das Winterquartier eines so großen Unternehmens müßte doch auch im Sommer als solches zu erkennen sein? – Eine von vielen falschen Vorstellungen, die ich im Lauf der Zeit zu revidieren hatte. – Nirgendwo ein menschliches Wesen, das ich fragen kann, alles ist wie ausgestorben. Doch da, die Tür der vorderen Halle ist nur angelehnt. Vorsichtig vergrößere ich den Spalt und riskiere einen Blick. Eine Katze streicht mir miauend um die Beine.

»Bandit!«

Ich zucke unwillkürlich zusammen. Langsam gewöhnen sich meine Augen an das diffuse Licht, und ich entdecke in einer Probenmanege am Ende der Halle einen Mann im grauen Arbeitskittel, ein schneeweißes Pony und ein braunes Bettgestell. Das kleine Pferd horcht aufmerksam auf die Kommandos und – schüttelt den Kopf wie ein bockiges Kind. »Bandit!« Sein Lehrer weist erneut mit der Peitsche auf das Bett, zieht eine große Weckuhr auf und stellt sie daneben. Langsam trottet das Pony heran, legt sich ins Bett – ja, sehe ich richtig? – deckt sich gehorsam mit der gelben Decke zu. Erst als der Wecker losrattert, ist Bandit mit einem Satz wieder auf seinen vier Beinen. »Brav, Schatzi«, lobt der drahtige Herr mit den fast weißen Haaren und dem kecken Oberlippenbart. Im Näherkommen erkenne ich in ihm den Senior der Althoff-Dynastie, Adolf Althoff. Aus seiner ausgebeulten Kitteltasche holt er ein Stück Brot hervor, um seinen Liebling zu belohnen.

Winterquartier von Circus Williams – Franz Althoff
in Stolberg.

»Geben Sie mir doch mal die Tücher.« Gilt das mir? Auf einem Schrank sehe ich drei verschiedenfarbige Lappen. Bereitwillig übernehme ich die Funktion des Requisiteurs. Der »Chef« verteilt sie in der Manege. »Welches soll er zuerst bringen, das rote, das weiße oder das schwarze Tuch?« »Das schwarze.« Der kleine Hengst trabt los und apportiert nacheinander alle von mir genannten Farben. Als ich klatsche, kommt es mir vor, als ob sich die beiden mit dem gleichen schelmischen Augenzwinkern anblicken.

»Mohammed!« Ein Araber taucht auf und bringt Bandit in seinen Stall. »So ein Lausewanst«, sagt Adolf Althoff, während er dem Zwergpony liebevoll nachblickt, »aber heute hat er seine Sache gut gemacht.«

Erst jetzt scheint er mich richtig wahrzunehmen. »Waren wir verabredet? – Ach ja, Sie sind . . .?« Ich nicke. »Ja, die bin ich.« Auf dem Weg zum Haus erzählt er mir von seiner Vorliebe für Ponys. Seit er mit vierundzwanzig Jahren als damals jüngster Circusdirektor begann, hatte er immer Ponys in seinem Programm. Bandit dressiert er jedoch nicht für den Circus. »Das ist mein Hobby, man muß ja was tun«, sagt der Senior.

*Adolf Althoff mit seinem Zwergpony Bandit
in der Probenmanege.*

Vor meinem Camping bleiben wir stehen. Eine charmante braungebrannte Dame kommt auf uns zu, begrüßt mich mit einem gewinnenden Lächeln – Maria Althoff. Fast ein wenig enttäuscht muß ich auch meine romantische Vorstellung von einem Circusdirektorenpaar korrigieren. Die sogenannten »Fahrenden Leute« wirken wie ganz normale, gut situierte Bürger. Das Ehepaar begutachtet gerade fachmännisch meinen Mini-Caravan, der hinter dem riesigen Althoffschen Wohnmobil parkt. »Was meinst du, Adolf, den könnten wir doch gut als Garderobenwagen anhängen«, überlegt Maria Althoff. Von Zeit zu Zeit sind die beiden auch jetzt noch Fahrende. In wenigen Tagen brechen sie nach Schweden auf, um Sohn Franz, den Direktor des Circus Williams-Franz Althoff, auf seiner gemeinsamen Tournee mit dem schwedischen Circus Scott eine Strecke zu begleiten. In solch einem luxuriösen Mobilheim eine verlockende Aussicht.

»Früher, als wir noch mit unserem Circus reisten, bestand unsere rollende Wohnung aus vier Salonwagen. Das Eßzimmer hatte Bleiverglasung. In unserem Schlafzimmer gab es ein Marmorbad mit Toilettenspülung. Die meisten Häuser hatten so was zu der Zeit noch nicht. Wir mußten immer hart arbeiten, dafür haben wir aber auch schön gewohnt«, erzählt Adolf Althoff, während wir ins Haus gehen. Der letzte Althoffsche Salonwagen ist jetzt im Besitz von Bernhard Paul, Direktor des Circus Roncalli, der auch das Kölner Winterquartier von Carola Williams übernommen hat.

Haus? Ich korrigiere: Villa! Die mit Stilmöbeln und Perserteppichen ausgestattete Wohnhalle, Hausbar, Speisezimmer, Wintergarten, von den anderen Nebengemächern ganz abgesehen, das alles verrät Geschmack und strahlt Behaglichkeit aus. Ein hart erarbeitetes Domizil. Bevor ich mit meinem Interview beginne, muß ich erst noch die zahlreichen Schmiede-arbeiten im und am Haus bewundern. Fenstergitter, Leuchter in allen Größen und sogar der Gartenzaun, alles handgeschmiedet von dem Mann mit den vielen Talenten, Adolf Althoff.

»Der Franzi hat Sie also zu mir geschickt«, kommt der Seniorchef endlich auf mein Anliegen zu sprechen und wünscht, Genaueres über mein Buchprojekt zu erfahren. »Mein Vater kann Ihnen ganze Romane erzählen«, hatte Franz Althoff mir prophezeit. Ich werde nicht enttäuscht. Im Wintergarten hat mein Gastgeber schon alles bereitgelegt: Fotoalben, Aktenordner, Dokumente, Zeitungsausschnitte und die von ihm erstellte Ahnentafel der Rheinischen Althoffs.

Der ehemalige Circusdirektor zeigt mir ein Stück vergilbtes Elfenbein. »Das ist ein abgebrochener Zahn von meinem Lieblingselefanten Dicki, der mich umbringen wollte.« Vergessen sind alle Akten und Fakten, wenn der Senior erzählt.

Dicki war der erste Elefant, den Vater Dominik für seinen Circus anschaffte. Adolf wurde mit ihm groß und bekam ihn später als Erbteil. So blieben die beiden unzertrennliche Freunde. Gemeinsam durchquerten sie per Bahn ganz Osteuropa und Italien. Auf einer Tournee nach Sizilien zusammen mit seiner Schwester Helene schlief der siebzehnjährige Adolf wie üblich bei seinem Freund Dicki im Elefantenabteil. Am nächsten Morgen suchte er vergeblich seinen Koffer mit Reiseproviant. Dicki kratzte sich derweil hingebungsvoll mit einem blinkenden Gegenstand an einem seiner Säulenbeine. »Ich dachte, was hat er denn da bloß? – Und sehe mein Messer! Besser gesagt, die Klinge, den Holzgriff hatte dieser Hundsknochen bereits abgekaut. Schließlich fand ich auch meinen platt-gedrückten Koffer – leer. Dicki hatte sich den Inhalt schmecken lassen.«

Während des Krieges mußte Dicki immer den Extrazug ein- und

Franzi im Salonwagen seiner Eltern, 1946.

ausladen. Mit einem dick gepolsterten Lederkissen vor dem Kopf schob er die Wagen auf den Millimeter genau auf die Waggons. Zum Abladen trug er ein schweres Geschirr, mit dem er sie wieder herunterzog. Wenn der Küchenwagen auf die Rampe kam und Dicki sich unbeobachtet fühlte, drehte er mit seinem Rüsselfinger so lange am Schlüssel, bis die Tür aufsprang. Danach war es für ihn eine Kleinigkeit, die Riegel vom Brotfach zu öffnen und sich selbst zu bedienen. Genauso wußte er sich auch sein Wasser zu beschaffen, sowie er einen Kran entdeckte.

»Dicki mochte noch so weit entfernt sein, wenn ich seinen Namen rief, konnte ihn niemand aufhalten. Dann kam er angerannt, hat gebrummt und meine Hand mit dem Rüssel festgehalten«, erzählt Adolf Althoff, und es klingt fast etwas wehmütig. Nur wer sich so wie er von Kindheit an mit den Urwaldriesen beschäftigt hat, versteht die verschiedenartigen Töne, mit denen sie »Gefühle« wie Angst, Freude und Zufriedenheit ausdrük-ken. »Wenn sie quietschen, fühlen sie sich wohl. Manchmal habe ich richtig mit ihnen poussiert.« Er zwinkert mir verschmitzt zu. Die »Dick-häuter« haben in Wirklichkeit eine sehr dünne Haut, sie sind äußerst sensibel, schreckhaft und nachtragend.

Unter den Elefantenkutschern gab es einen, der mochte Dicki nicht. Er ließ keine Gelegenheit aus, ihn anzurempeln oder zu treten. 1956 bei einem Gastspiel in der Sporthalle in Lüttich passierte es dann. Dicki rächte sich. Adolf Althoff stand bereits in der Manege, während die Elefanten noch hinter dem Vorhang auf ihr Signal warteten. Plötzlich flog der Elefantenkutscher in hohem Bogen mindestens zwanzig Meter weit in die Arena. Dicki, der ihm den Tritt versetzt hatte, raste hinter seinem Peiniger her und trampelte ihn tot. Das alles ereignete sich innerhalb von Sekunden. Als Adolf Althoff versuchte, den Schwerverletzten vor dem wütenden Tier in Sicherheit zu bringen, wurde er selbst angegriffen und mußte um sein Leben rennen. Buchstäblich in letzter Sekunde erreichte er ein Gebäude, dessen Mauern dick genug waren, um dem rasenden Elefanten standzuhalten. So endete eine über vierzigjährige Freundschaft. Obgleich sich Dicki kurz darauf beruhigte, war er für den Circus nicht mehr tragbar. Er kam in einen Moskauer Zoo.

»Hast du denn auch erzählt, wie Dicki mir das Leben gerettet hat?« Maria Althoff hat sich zu uns gesetzt. »Es war 1937 in Koblenz...« »Nein, du irrst, im ›Hansa Theater‹ in Hamburg ist es gewesen«, unterbricht ihr Mann. Beide meinen, sich genau erinnern zu können. »Wo es auch gewesen sein mag«, fährt Maria Althoff schließlich fort, »Dicki stand mit

Direktor Adolf Althoff und seine Frau Maria.

den Hinterbeinen auf einem Postament, und ich balancierte im Gewand einer indischen Tempelbajadere auf seinem Kopf. In diesem Moment machte ein Reporter eine Blitzlichtaufnahme. Dicki zuckte erschreckt zusammen, ich verlor das Gleichgewicht und stürzte aus acht Meter Höhe kopfüber in die Tiefe. Doch noch im Fall bekam Dicki mein Bein zu fassen und setzte mich behutsam auf den Boden.« »Und die Leute haben

Adolf Althoff mit seinem 1943 geborenen Sohn Franz.

wie wild geklatscht, weil sie das für einen besonders gelungenen Trick hielten«, fügt Adolf Althoff hinzu.

»Er muß immer das letzte Wort behalten.« Maria lächelt. Sie stammt aus der Seiltänzer-Familie von der Gathen. Schon als Kind arbeitete sie an den Ringen und auf dem Hochseil. Nach einem unglücklichen Sturz wandte sie sich unter Anleitung ihres Mannes der Pferde- und Elefanten-dressur zu und hatte damit viel Erfolg. Besonderen Beifall fand immer wieder ihre »Pony-Kinderstube«. Aber auch sonst sprang sie überall ein. Sie war die Seele des Geschäfts. »Ich muß auch jetzt immer mal wie-der beim Franzi Circusluft schnuppern. Das brauche ich trotz meiner 81 Jahre.« Und als ich sie ungläubig ansehe: »Doch, es stimmt. Ich bin vier Jahre älter als mein Mann.« »Daß du so jung aussiehst, liegt doch nur an meiner guten Pflege«, ergänzt er prompt. »Dafür habe ich früher auf dich aufgepaßt«, kontert Maria. »Womit du bis heute nicht aufgehört hast. – Habe ich Ihnen das eigentlich schon erzählt?« wendet sich Althoff wieder an mich. Ich werfe einen bedeutungsvollen Blick auf das Arbeits-material, aber bevor ich Einwand erheben kann, gibt er schon die nächste Geschichte zum besten.

»Das war 1930. Der Circus meines Vaters stand irgendwo in Ostpreußen. Eines Tages bekam meine Schwester Jetta Besuch von ihrer Freundin, ein Fräulein Maria von der Gathen. Ich stellte mich vor, wie es sich so gehört. Darauf meinte sie lachend: ›Du brauchst dich nicht vorzustellen. Ich habe dir früher oft genug die Hosen stramm gezogen und den Hintern versohlt.‹ Das hatte ich längst vergessen. Damals war ich fünf...« Maria wirft ein: »Unsere Mütter waren befreundet, und wenn deine einkaufen ging, hat sie gesagt: ›Maria, paß vor allem auf den Adolf auf.‹«

»Meine Aufpasserin wurde das Mädchen, bei dem ich das Küssen lernte, und schließlich meine Braut. Am 25. Juni 1939 haben wir geheiratet. Alles, was in meinem Leben wichtig war, passierte an einem 25. 6. An dem Tag wurde ich geboren, es war unser Verlobungs- und unser Hochzeitstag. Nur unsere Kinder haben sich nicht danach gerichtet. Franzi kam mitten im Krieg auf die Welt, im Juli 1943, und Helene im August 1946.« Adolf Althoff streicht nachdenklich über seinen kleinen Schnurrbart: »Erzählte ich Ihnen eigentlich schon, daß ich Dicki zweimal das Leben gerettet habe?« »Nein, aber...« Diesmal deutet er meinen Blick richtig. »Sie haben recht, jetzt müssen wir arbeiten. Also, ich bin am 25. 6. 1913 im Wohnwagen meiner Eltern mit Musik auf die Welt gekommen, während die Nachmittagsvorstellung lief. Im Alter von fünf Tagen ging ich schon mit dem Circus auf Reisen...«

Geschwister Althoff

Die Fachzeitung *Die Deutsche Artistik* veröffentlichte am 24. 1. 1937 eine Anzeige, derzufolge sich Helene und Adolf Althoff im gegenseitigen Einvernehmen von ihren Geschwistern Carola und Franz getrennt hatten. Als Geschäftsführer des neu gegründeten CIRCUS GESCHWISTER ALTHOFF wurde Oskar Hoppe genannt. Viel war es nicht, was die Geschwister aus dem Unternehmen, das Vater Dominik 1936 seinen Kinder übergeben hatte, als Grundstock für ihren neuen Circus mitnehmen konnten: Elefant Dicki, vier Rappen, acht Ponys sowie einige Wagen und Uniformen. Dies und eine gehörige Portion Mut und Selbstvertrauen reichten jedoch aus, dem Namen Althoff mit ihrer Neugründung alle Ehre zu machen.

Helene und ihr sechs Jahre jüngerer Bruder Adolf bildeten ein gutes Team. Früher hatte die große Schwester meist auf ihn aufpassen müssen, was sie aber nicht daran hinderte, so manchen Streich mit ihm zusammen auszuhecken. »Die Schulzeit war für uns Kinder ein einziger großer Spaß«, erzählt Adolf schmunzelnd. »Wir mußten immer die Schule in dem Ort besuchen, wo unser Circus gerade gastierte. Zur Kontrolle hatten wir ein Schulbuch zu führen. Darin stand dann beispielsweise: ›Der Schüler Adolf Althoff hat vom 1. bis 3. Juli die hiesige Volksschule besucht.‹ Kamen wir in einer neuen Stadt an, haben meine Geschwister und ich uns erstmal alles angesehen. So gegen 11 Uhr trudelten wir dann in der Schule ein. Wenn die Mitschüler hörten, wir kämen vom Circus, verging die verbleibende Unterrichtszeit meist mit Erzählen, oder wir mußten Kunststücke zeigen. Am zweiten Tag schickten wir uns dann in das Unvermeidliche. Am dritten Tag kamen wir zwar morgens pünktlich, verabschiedeten uns aber um zehn schon wieder, weil wir angeblich beim Abbau helfen mußten. Uns ging es nur um die Eintragung ins Schulbuch. Die Behörde war zufriedengestellt, unsere Eltern auch, nur – gelernt haben wir nichts. Unseren beiden Kindern sollte es nicht so ergehen, darum steckten wir sie in ein Internat.«

Später mußten sich die Althoff-Geschwister mühsam aneignen, was sie in ihrer Kindheit versäumt hatten. Um so mehr leisteten sie bereits im Kindesalter in der Manege. So führte Helene mit zwölf Jahren Ponys vor und zeigte mit siebzehn Freiheitsdressuren. Danach arbeitete sie mit Elefanten. Adolf mußte schon als Zweijähriger reiten lernen, aber ein großer Reiter, wie sein Vater gehofft hatte, wurde aus ihm nicht. Er war siebzehn, als er zum ersten Mal ein römisches Wagenrennen mitmachte.

Allen Prophezeiungen von Vater Dominik zum Trotz, daß sie doch wieder in den Familienbetrieb zurückkehren würden, schafften Adolf und Helene den Sprung in die Selbständigkeit. Schon ihr Programm der Eröffnungssaison 1937 konnte sich sehen lassen. Die Plakate versprachen eine Weltsensation: »Ein Tiger reitet auf einem Pferd!«

In einer ausführlichen Besprechung des *Osnabrücker Tageblatt* heißt es über den Circus Geschwister Althoff: »Der Zirkusfreund sieht in der Manege wieder Qualität. ...weil hier jener Idealismus der Tat vorherrscht, um den es dem deutschen Circus geht, der sich mit schönstem Erfolge für Tradition und wirkliche Qualität einsetzt... Wie hier die Schönheit der Pferdedressur, Kühnheit und Waghalsigkeit der artistischen Darbietungen, Buntheit der exotischen Spiele, die Heiterkeit der Clowniaden gegeneinander ausgespielt wurden, verriet die Hand des erfahrenen Zirkusregisseurs. Alles war ohne Ausnahme Qualität... Zu

*Adolf Althoff im Circus Stanjewsky
in Warschau, 1932.*

den großen sehenswerten Schaunummern gehört die Freiheitsdressur Adolf Althoffs mit vier Trakehnern und acht Pinzgauern... ›Das blonde Mysterium‹, ein Illusionsakt, bei dem das Rätsel ungelöst bleibt, wie ein blondes Mädchen in eine verschlossene Flasche bzw. in ein Faß hinein- oder wieder herauskommt, sorgte für Spannung und Heiterkeit.«

Als unbestrittene Glanznummer des Programms galt aber der auf dem Pferd reitende Tiger. Das Programmheft vermerkte dazu: »Herrn Carl Cossmy gelang es nach vierjähriger, mühevoller Arbeit, diese Nummer zusammenzustellen, welche als einzige in der Welt existiert.« Publikum und Presse zeigten sich begeistert: »...es ist selten spannend anzusehen, wie der Tiger auf das Pferd springt, auf ihm reitet und – sich mit seinem Reittier bestens verträgt.«

Nach zweijähriger erfolgreicher Zusammenarbeit trennten sich die Wege der Geschwister Althoff. Helene gab bereits über Weihnachten und Neujahr 1938/39 unter ihrer neuen Firma CIRCUS HELENE ALTHOFF ein Gastspiel im Magdeburger Circusbau. Unter den vielen attraktiven Nummern beeindruckte besonders das Debut der jüngsten Dompteuse Europas. Ohne daß ihr Vater, der Tierlehrer J. A. Petersen, eingreifen mußte, folgten die beiden Elefanten jedem Kommando der sechsjährigen Magdalene Petersen. Das kleine Mädchen zwischen den grauen Riesen wurde die Sensation des Wintergastspiels.

Nachdem Helenes erster Mann, Jean Leyseck, schon im ersten Kriegsjahr ums Leben gekommen war, heiratete sie 1940 ihren Geschäftsführer Oskar Hoppe. Das Geschäft firmierte von nun an als CIRCUS HELENE HOPPE. Nach dem Kriege schlug der Circus sein Zelt auf dem Frankfurter Zoogelände auf und spielte dort mit monatlich wechselndem Programm bis November 1947. Als diese Ehe 1948 geschieden wurde, löste sich auch der Circus auf. Mit dem, was ihr nach der Vermögensauseinandersetzung geblieben war, ging Helene für eine Saison als CIRCUS HELENA auf Tournee.

Ihr dritter Ehemann war der bekannte Elefanten-Dresseur Hans Kossmayer. Dieser hatte die väterliche Tradition der Elefantendressur fortgesetzt, obgleich sein Vater, Willy Kossmayer, durch einen Elefantenbullen ums Leben gekommen war. Unterstützt von seiner Frau Helene bildete er drei indische Baby-Elefanten zu Musikern aus. Ihre Instrumente entwarf er selbst, darunter ein Spezialpiano für Rüsselfinger, für das er Patentschutz beantragte. Die »Konzertreisen« mit ihrem Elefantentrio kreuz und quer durch Europa wurden für das Ehepaar Kossmayer zu einem großen Erfolg. Zwei Jahre lang ertönte das »knochenerweichende Konzert« ihrer Dickhäuter auch in Adolf Althoffs CIRCUS FRIEDERIKE HAGENBECK.

Unter einem weniger guten Stern stand ihr erneuter Einstieg ins eigene Circusgeschäft. 1956 übernahmen die Kossmayers die Direktion des im Jahr zuvor zusammengebrochenen CIRCUS APOLLO. Obgleich sie ein gutes Programm boten, mußte der Circus Ende 1957 wegen der ständig steigenden Kosten seine Pforten schließen.

Das kleinste Elefantenbaby der Welt sorgte 1959 noch einmal für ein Comeback der Kossmayers. Die kaum ein Jahr alte Berolina spielte mit dem Rüssel auf einer extra für sie angefertigten Mundharmonika, tanzte und balancierte mit Gummibällen. Helene führte den kleinen Star vor, der bald überall zum Liebling des Publikums wurde. Es sollte Helene und Hans Kossmayers letzte Tournee werden. Das Elefantenkind begann infolge des ungesunden Lebens zu kränkeln und starb.

Helene Kossmayer verlor 1990 auch ihren dritten Ehemann. Sie und Henriette Thur sind als einzige von Adolf Althoffs sieben Geschwistern noch am Leben. Wenngleich sich die Althoffs, wie schon ihre Vorfahren, oft gegenseitig Konkurrenz machten, in Zeiten der Not haben sich die Familienbande immer bewährt. So ist auch jetzt im Alter einer für den anderen da.

Der größte »Regenschirm« der Welt

»Mein Urgroßvater Wilhelm hatte einen sogenannten ›Galgencircus‹, der noch keine Masten besaß«, sagt Adolf Althoff und skizziert mit wenigen Strichen, wie dieses erste primitive Circuszelt ausgesehen hat. »Ein Circus ohne Masten, von jedem Platz aus freie Sicht in die Manege, genau das war es, was mir immer vorschwebte.« In zweijähriger Arbeit am Zeichenbrett brachte er seine revolutionierende Erfindung zu Papier, ein Parasolzelt von vierzig Meter Durchmesser, nach dem Parapluie-System konstruiert – den größten »Regenschirm« der Welt.

Den Mann, der als »Universal-Genie und Erfinder unter den Circus-direktoren« bezeichnet wird, zog es bereits in jungen Jahren mehr in die Werkstatt als in die Manege – sehr zum Leidwesen seines Vaters. Statt zur Probe zu gehen, lag der Sechzehnjährige oft schon am frühen Morgen mit schwarzem Gesicht und ölverschmierten Händen unter den Maschinen. Stundenlang konnte er sich damit beschäftigen, Neuerungen für das väterliche Unternehmen auszutüfteln. Mit Hilfe von heimlich stibitzten Stäben aus dem Korsett seiner Mutter und eines kleinen Motors, den er gegen Freikarten eingetauscht hatte, konstruierte er die elektrische Laufschrift »Circus Althoff«. Als er seinem Vater voll Stolz die neue Fassadenschrift vorführte, sagte Dominik zu seiner Frau Adele: »Der wird bestimmt kein Artist, der ist mehr für Technik.« Von den technischen Fähigkeiten seines Sohnes schließlich überzeugt, übertrug er ihm sämtliche Reparaturarbeiten. Mit siebzehn Jahren war Adolf Fahrmeister, Schlosser und Elektriker in einer Person und hatte die gesamte Werkstatt unter sich.

Bei aller Liebe zur Technik, das Circusblut seiner Vorfahren rebellierte eines Tages doch. Es zog Adolf an den einzigen Platz, der einem Althoff angemessen ist – in die Manege. Neben seiner praktischen Begabung und seinen Qualitäten als Dresseur erfüllte er noch eine dritte wichtige Voraussetzung für einen Circusdirektor: er besaß großes Organisationstalent. Wer nicht organisieren kann, der kann Adolf Althoffs Meinung nach auch keinen Circus führen. Daß er das verstand, hat er schon früh bewiesen.

Nach der Trennung von seiner Schwester Helene ging er im Frühjahr 1939 mit seinem neu gegründeten CIRCUS ADOLF ALTHOFF zum ersten Mal selbständig auf Reisen. Einen Tag vor der Premiere in Trier hatte er siebzig Angestellte, aber nur noch fünfzig Mark als »Notgroschen« in der Tasche. Fünf Tage später in Prüm in der Eifel war der Aufbau gerade beendet, als ein Gewittersturm losbrach und das neue Chapiteau fortriß. Da der Circus bereits für drei Tage ausverkauft war, blieb Direktor Althoff keine andere Wahl, als unter freiem Himmel zu spielen, bis das Zelt repariert war. Die Luftnummer mußte jedoch wegen des gebrochenen Mastes ausfallen. Auch die Perche-Nummer konnte nicht arbeiten, da sie unter den ziehenden Wolken keinen Anhaltspunkt für die Balance fand. Das Podium für die Radfahrer war naß und nicht zu benutzen. Um das Maß vollzumachen, begann es während der Vorstellung auch noch zu regnen. Dennoch harrte das Publikum bis zum Schluß aus.

Wie in dieser schwierigen Anfangsphase, so hat Adolf Althoff auch später nie vor Rückschlägen kapituliert. »Dem Circusdirektor sein Hab und Gut ist mal Ebbe und ist mal Flut«, zitiert er ein altes Sprichwort. Mochte geschehen, was wollte, »The show must go on«, der Circus muß spielen. Und sein Programm konnte sich sehen lassen. Der Althoff-Tradition entsprechend legte er das Schwergewicht auf die Tierdressuren, wozu vor allem die Freiheitsdressuren und die Ponys gehörten. Seine ihm damals gerade frisch angetraute Ehefrau Maria präsentierte in dieser ersten Saison unter anderem das seilspringende Pferd Kalif. Das vierzehnköpfige Orchester wurde von Franz Rokosz geleitet, dem Mann seiner Schwester Wilhelmine.

Schon in der folgenden Saison und auch noch in den ersten Kriegsjahren konnte Althoff das Programm wesentlich erweitern. Die »3 Edwards« zeigten Akrobatik am fahrenden Wagen. Bruno Edwards Frau Philippina war eine geborene Althoff aus der Pfälzer Linie. Fred Löttel präsentierte eine gemischte Raubtiergruppe. Die »4 Mellvils« gehörten damals zur Weltspitze am fliegenden Trapez.

Besonders stolz war Adolf Althoff auf seinen vierjährigen Ziehsohn Adi Enders, der 1940 als »Klein Adolf, der jüngste Nachwuchs des Circus Althoff« sein Debüt in der Manege gab. Er sprang Salto mortale und drehte bis zu fünfzehn Flic-Flac hintereinander. Die Althoffs hatten den dreijährigen Adolf Enders, einen Sohn von Marias Schwester, nach dem Tod seiner Mutter zu sich genommen. Im Alter von sieben Jahren kam auch sein jüngerer Bruder Jakob zu ihnen. Der »Althoff-Nachwuchs« stand bald im Mittelpunkt des Programms. Wenn die beiden jungen Reiter in die Manege galoppierten und Salto mortale von Pferd zu Pferd sprangen, brach regelmäßig ein Beifallssturm los.

Der Zweite Weltkrieg machte viele Hoffnungen und Pläne des jungen Direktorenpaares zunichte. Die Einschränkungen wurden von Jahr zu Jahr spürbarer. Oft konnte nur geschicktes Improvisieren den Circusbetrieb aufrechterhalten. Adolf Althoff ist diese Zeit als besonders schwer, aber auch schön in Erinnerung: »Das Publikum war wohl das dankbarste, das es je gegeben hat.« Genau wie die Geschwister zogen auch Adolf und Maria weiterhin von Stadt zu Stadt. Sie alle setzten mehr als einmal ihr Leben aufs Spiel, da die Luftangriffe ständig zunahmen. Die Programmzettel trugen den Hinweis: »Bei Fliegeralarm vor allem Ruhe bewahren und den Anweisungen des geschulten Personals Folge leisten. Den Circus ruhig und langsam verlassen.« Immer häufiger beendete nun das Heulen der Luftschutzsirenen vorzeitig die Vorstellung. Das Publikum verhielt sich in der Regel diszipliniert. Dagegen schienen die Tiere die Gefahr zu spüren. Die Elefanten wackelten mit ihren großen Ohren, wiegten sich nervös hin und her und trompeteten ihre Angst hinaus.

1942 in Mainz geschah es dann. Schon kurz, nachdem Fliegeralarm ausgelöst worden war, brach das Inferno los. Anglo-amerikanische Verbände legten einen Bombenteppich über die Stadt. Die ersten Brandbomben, die den Circus trafen, hatte Adolf Althoff noch mit Sand ersticken können. Dann schlug in unmittelbarer Nähe eine Sprengbombe ein. Die Druckwelle riß das Elefantenzelt und einen Wagen fort. Angstvoll trompetend suchten die Dickhäuter das Weite. Althoff gelang es trotz des Bombenhagels, alle unverletzt zurückzubringen. Kaum hatte es Entwarnung gegeben, ließ er das Chapiteau abbauen, da die Gefahr bestand, daß der Funkenregen und umherfliegende brennende Holzstücke das Baumwollgewebe entzünden könnten. Der nächste Angriff ließ nicht lange auf sich warten. Inzwischen waren alle Wagen auf Eisenbahnwaggons verladen. Einige befanden sich schon außerhalb des Bahngeländes auf freier Strecke. Diesmal war ausgerechnet der Bahnhof Ziel des Angriffs. Wie durch ein Wunder kamen aber weder Menschen noch Tiere des Circus zu Schaden. Maria und Adolf Althoff verloren jedoch Schlaf- und Salonwagen und damit ihren gesamten persönlichen Besitz.

Gegen Ende des Krieges spielte Circus Althoff wieder einmal in Österreich. Hier verfügte die Reichs-Theaterkammer eine Zusammenlegung mit dem österreichischen Circus Konrad – aus »kriegswirtschaftlichen Gründen«, wie es hieß. Diese »Zwangs-Ehe« währte von Juli bis Oktober 1944. Da Althoff auch nach Kriegsende noch nicht nach Deutschland zurückkehren konnte, überließ er seinen Viermaster dem Circus Konrad und ging mit seinem kompletten Programm zu ihm ins Engagement.

Im Jahre 1946 wagte Circus Adolf Althoff in Stuttgart einen neuen Start. Das bedeutete jedoch, ganz von vorn zu beginnen in einer Zeit, in der das Sattwerden vor dem Vergnügen kam. In dieser ersten Saison nach dem Kriege gastierte Althoff in Pforzheim, Mannheim und Karlsruhe. Das Viermasten-Chapiteau und der grün-weiße Wagenpark erschienen den Menschen in diesem Hungerjahr wie der erste Hoffnungsschimmer einer besseren Zeit. Der Circus spielte Tag für Tag vor ausverkauftem Haus. Die Presse fand lobende Worte für dieses erste Nachkriegsprogramm, das allerdings in Mannheim von einem Unglücksfall überschattet wurde. Die Partnerin der Luftnummer »Zwei Novas« stürzte ab und wurde schwer verletzt. Der bekannte Luftartist Danner sprang für sie ein. In der letzten September-Woche in Karlsruhe brach kurz vor Ende der Abendvorstellung ein schweres Unwetter los. Kaum hatten die Besucher den Circus verlassen, riß der Sturm die Fassade und das Vorzelt ein und verursachte auch großen Schaden am Chapiteau. Adolf und Maria Althoff schafften das nahezu Unmögliche. Schon am nächsten Tag stand eine neue Fassade und im ausgebesserten Zelt hieß es wieder »Manege frei!«. In der Schloßkaserne in Bruchsal wurde 1946/47 das Winterquartier aufgeschlagen. Bis 1951 überwinterte der Circus dann in der Telegraphenkaserne in Karlsruhe.

Die Währungsreform erschwerte den weiteren Ausbau des Unternehmens. Kleine Einnahmen und große Probleme lautete nun die Devise. Aber nicht umsonst hatte Adolf Althoff in der Branche den Spitznamen »der Schotte«. Er verstand es, auf den Pfennig zu achten. So ging es stetig bergauf. Die Presse brachte glänzende Besprechungen. Unter der Überschrift »Menschen, Tiere, Sensationen im Zirkus Althoff« berichtete eine Osnabrücker Zeitung vom Juli 1949:

»Im Nu sind drei Stunden verflogen. Die zwanzig Nummern, eine besser als die andere, jagen an uns kleinen und großen Kindern vorüber. Ein atemberaubendes Tempo. Nur zögernd und bedauernd verläßt man am Ende den gepflegten Bau. Gepflegt. Ja, das ist die richtige Bezeichnung für das Zelt, die Kostüme, die beschäftigten Menschen, die Darbietungen und das ganze Drum und Dran. Vom Direktor Adolf Althoff geht eine vornehme Ruhe aus. Er ist der Typus des modernen Zirkusmenschen, elegant, ohne jene übertriebene Aufmachung ... Die blonde Frau Althoff steht der Pony-Kinderstube vor, und die nicht leicht zu lenkenden Shetländer folgen ihr bestimmt besser als uns der eigene Nachkriegsnachwuchs. Ein kleines Wunder ist der zwölfjährige Adi, ein Althoffneffe. Er vollführt auf einem galoppierenden Pferde artistische Höchstleistungen, die ihre Krönung in einem halsbrecherischen Salto finden. Es bleibt einem dabei fast das Herz stehen ...« Sämtliche Darbietungen wurden mit Lob bedacht. »Solche Artisten sah man einst nur an den ersten Häusern der Metropolen«, hieß es abschließend. Der Ansturm der Zuschauer war so groß, daß das Gastspiel in Osnabrück verlängert werden mußte.

In der nächsten Saison reiste Circus Adolf Althoff vorwiegend in Süddeutschland. Auch hier nahmen die Blätter ausführlich Notiz. Besondere Erwähnung fanden dabei immer wieder die Freiheitsdressuren von Herrn und Frau Direktor Althoff, wie auch Margot Edwards als Jongleuse auf galoppierendem Pferd. »Ihre einzig dastehenden Künste lassen sich nicht beschreiben, man muß sie gesehen haben«, schrieb die *Rhein-Neckar-Zeitung,* Heidelberg, über die Jongliernummer. Im *Trierischer Volks-*

freund hieß es: »Man muß schon weit in die Vorkriegszeit zurückgehen, um einen Vergleich dieses Programms im Zirkus Althoff mit ähnlich guten Vorstellungen zu finden. Und dabei wird man vermutlich wieder auf den ruhmreichen Zirkus Althoff stoßen, der auch bei früheren Gastspielen an der Mosel den besten Eindruck hinterließ . . .«

Trotz der angespannten finanziellen Lage hatte Althoff nur erstklassige Artisten verpflichtet: die Zahnhang-Nummer der »2 Robertos«, den bekannten Dompteur Carl Reindl mit seinen Berberlöwen, das »Jongleur-Wunder« Toni Störzenbach, Jonnys Bärengruppe, das Lange-Trio mit seinen Antipodenspielen und die Schleuderbrett-Nummer »9 Asgards«. Lag es an den zwerchfellerschütternden Späßen der Turcós oder an der humoristischen Szene im »Geisterschloß«? Die folgende Notiz in der *Rhein-Zeitung*, Koblenz, spricht für sich: »Was uns auffiel. – Wahrscheinlich ist gestern während der Zirkusvorstellung bei Althoff jemandem der Mund – vor Staunen oder Lachen – zu lange offen geblieben, denn es wurde – ein Gebiß gefunden, das fraglos jener Öffnung entfallen war, in der ansonsten Schnitzel, Koteletts und ähnliche Dinge zu verschwinden pflegen. Selbstverständlich hat sich niemand gemeldet, sondern der Verlierer wird sich am Schluß der Vorstellung sein Kauwerkzeug für das heutige Frühstück zwar schamrot, aber dankbaren Herzens abgeholt haben.«

Dieses Jahr 1950, das für alle Althoff-Geschwister so erfolgreich verlaufen war, nahm durch den tragischen Unfall von Harry Williams ein trauriges Ende. Adolf Althoff erklärte sich auf Bitten seiner Schwester Carola bereit, die technische Leitung von Circus Williams zu übernehmen. Sein eigenes Unternehmen wurde in dieser Zeit von seiner Schwester Wilhelmine geführt, während er nur zuweilen nach dem Rechten sah.

Eines Tages verschwand der Name Adolf Althoff von der Fassade und leuchtete erst 1964 wieder auf. »Ich bin zwölf Jahre unter dem Namen Hagenbeck gereist. Ich habe Friederike Hagenbeck engagiert und bezahlt, um ihren Namen führen zu können. Wir echten Althoffs mußten Platz machen. Wir haben den Namen groß gemacht, die anderen haben die Ernte gehabt«, sagt Adolf Althoff verbittert. »Da«, er weist auf eine fettgedruckte Überschrift: ›Zirkus-König verhaftet‹. »Rudolf Althoff war das. Er soll das Land Bremen und einige Bremer Banken 1950 und 51 um größere Beträge geschädigt und sich durch falsche Vermögensangaben einen großen Kredit verschafft haben, so steht es hier. Mein Bruder Franz hat daraufhin alle Stadtverwaltungen angeschrieben, damit unser guter

Adolf Althoff und Friederike Hagenbeck vor dem ersten
Mannschafts-Küchenwagen, 1955.

Name nicht länger in Verruf gebracht wurde. Da können Sie es lesen«:
›…Folgende, wegen unlauterer Geschäftsführung aus unserem Direkto-
renverband ausgeschlossenen Personen… machen sich insofern der be-
wußten und vorsätzlichen Täuschung schuldig, als sie die Stadtverwaltungen, sowie sämtliche amtliche Dienststellen und die Bevölkerung glauben
lassen, es handle sich bei ihnen um die, die rheinische Circusdynastie
vertretenden und auf rein kaufmännischer Grundlage geführten Großunternehmen: Circus Franz Althoff, Circus Adolf Althoff, Circus Carola
Williams geb. Althoff.‹ »Reden wir nicht mehr davon.« Althoff macht eine
Bewegung, als möchte er etwas wegwischen, was er nicht vergessen kann.

Seit 1955 firmierte sein Geschäft als CIRCUS FRIEDERIKE HAGEN-
BECK. Unter welchem Namen er aber auch reisen mochte, Geist und
Hand von Adolf Althoff waren immer unverkennbar. Mit der traditionellen Verpflichtung nahm er es sehr ernst: Leistung in jeder Hinsicht,
kaufmännischer Anstand und Sauberkeit in der Betriebsführung. »Nur
das Gute bricht sich Bahn«, war sein Leitsatz. Auf Augenblickserfolge

*Hans Moser im Gespräch mit Franz (rechts) und Adolf Althoff in Althoffs
Elefantenzelt in Wien.*

legte er nie Wert. Stets bemühte er sich, dem Circus neue Impulse zu geben. Er wußte, daß dazu auch die äußere Aufmachung, das ganze Drum und Dran gehören. »Ich wollte nie den größten Circus haben, dafür jedoch immer den schönsten und gepflegtesten. Und mir kam es auch nie darauf an, wie gigantisch eine Nummer oder ein Circus aufgezogen war, sondern wie gut«, war Althoffs Einstellung. Darüber hinaus bemühte er sich aber auch stets, das Programm trotz technischer Raffinessen so zu gestalten, daß die alte Circusromantik erhalten blieb.

Althoffs besonderes Interesse galt nach wie vor der Technik. Ständig war er auf der Suche nach Verbesserungen für seinen Betrieb und entwickelte neue Ideen. So erfand er einen neuartigen Einlaßwagen, von dem aus das Publikum durch das Restaurationszelt ins Chapiteau gelangte. Er war auch der erste, der seine Wagen mit Kunststoff verkleiden ließ. In seinem Büro hatte er eine Mithöranlage installiert, über die er verfolgen konnte, was die Besucher an den Kassenschaltern sagten. Falls nötig, schaltete er sich dann über die Sprechanlage selbst ein. Auch seine zehn Meter lange rollende Circusmusterküche wurde bewundert. In der Fachwelt war sein Unternehmen bekannt als »Circus mit der großen Technik«.

Die Krönung seiner technischen Schöpfungen aber war das Parasolzelt, das in Gemeinschaftsarbeit mit der bekannten Firma Strohmeyer, Konstanz, nach seinen Entwürfen entstand. Verschwunden war der Wald von Masten und Stangen – in einem Viermaster zweiunddreißig Stück –, der die Sicht behinderte. Auch außerhalb des Zeltes, das dreitausend Zuschauern Platz bot, fehlten die lästigen Abspannungen.

Seinen 49. Geburtstag feierte Adolf Althoff in Wien. Nach der Abendvorstellung versammelte sich die Belegschaft unter der neuen himmelblauen Kuppel. Weiß gedeckte, mit Blumen geschmückte Tische waren innerhalb der Manege um eine Tanzfläche gruppiert. Von der Direktion bis zum Zeltarbeiter saß man in bunter Reihe beieinander. Alle waren stolz auf ihren Chef, der diese modernste Zeltanlage der Welt erdacht hatte. Nach der musikalischen Einleitung des Circusorchesters unter der Leitung von Otto Kolmsee trug Hauptgeschäftsführer Baumgarten ein selbst verfaßtes Gedicht vor. Der letzte Vers lautete:

> ... denn alle sind wir uns darüber klar,
> daß *Parasol* noch nicht das letzte war,
> drum haben wir als Geschenk erdacht,

> was sicher unsrem Adolf große Freude macht,
> ein Zeichenbrett, an dem man sitzt
> und weiterhin Ideen schwitzt.
> Indem wir alle nun erhoffen,
> wir haben das Richtige getroffen,
> laß Adolf Neues mehr entstehn,
> dann wird Dein Circus niemals untergehn!

Das Tischzeichenbrett mit allem Zubehör, ein Geschenk der gesamten Belegschaft, wurde vom Jubilar sofort ausprobiert. Allgemein hatte man den Eindruck, als würde »der Alte« jetzt viel lieber mit neuen Entwürfen beginnen, als den Tanz zu eröffnen.

Tiger zu Pferd

»Aachen: Zirkuskönig Althoff von Tiger angefallen«, brachte *Bild* am 1. Juli 1983 in Riesenlettern auf der Titelseite. Auf Seite vier erfuhr der Leser Näheres: »Bengal-Tiger stürzte sich auf Zirkuskönig…« »Typisch«, sagt Adolf Althoff sichtlich amüsiert, »alle sind sie Circuskönige oder Circusprinzessinnen, und um diese kleine Narbe machen die solche Schlagzeilen.«

Es war in der Probenmanege in Stolberg passiert, wo Althoff drei junge Tiger für die Raubtiergruppe seiner Schwiegertochter Evy abrichtete. Als er der achtzehn Monate alten Tigerdame Ruby an einem Stock einen Fleischbrocken reichte, schlug sie mit der Pranke zu. Ihre Krallen gruben sich tief in seine rechte Hand. »Sie hat mir richtig das Fell runtergerissen, aber ich war selbst schuld. Ich bin zu nah rangegangen.«

Der Senior versteht sich auf die Psyche der Raubtiere. Ihre Dressur ist nach seiner Erfahrung immer mit einem Risiko verbunden, selbst wenn man durch jahrelange Arbeit mit ihnen geradezu verwachsen ist. »Raubtiere und Frauen sind unberechenbar«, sagt er und streicht über seinen kecken Schnurrbart. Er weiß, wovon er spricht, zumindest was die Raubkatzen betrifft. Seine Dressurnummer »Sibirischer Riesen-Tiger hoch zu Roß«, mit der der CIRCUS ADOLF ALTHOFF sein Comeback feierte, wurde die Krönung seiner Arbeit. Sie hätte ihn aber auch fast das Leben gekostet, als der Tiger ihn eines Tages angriff. Das war während der Amerika-Tournee. Einen »reitenden Tiger« hatte es schon 1937 im Circus Geschwister Althoff gegeben. Seitdem war es sein Wunschtraum, diese schwierige Dressur selbst herauszubringen. Er hat es geschafft. Althoffs »Tiger zu Pferd« wurde eine Weltsensation. King, der Tiger, sprang auf Kommando auf den galoppierenden Pinzgauer namens Tiger, machte Männchen und ... »lief zum Schluß unter dem Bauch des Pferdes durch«, ergänzt Althoff, »das hat bisher noch keiner gemacht.«

Mit dem sensationellen Tigerritt, mit dem Circus Adolf Althoff wieder eröffnet worden war, sollte er 1965 auch seine Pforten endgültig schließen. In dem vielseitigen Programm, das er in diesen beiden Jahren zeigte, gab es aber noch weitere Höhepunkte. So bot der heutige Direktor von Circus Barum, Gerd Siemoneit, damals als Dompteur bei Althoff, mit seiner berühmten gemischten Raubtiergruppe den Zuschauern »zweimal täglich Nervenkitzel«, wie es in einer Ankündigung hieß. In Wien wurde jedoch aus Reklame blutiger Ernst:

»Tragödie im Raubtierkäfig – Nur durch den mutigen Einsatz des Raubtierpflegers und eines Bärendompteurs gelang es, einen der waghalsigsten Dompteure der Zirkuswelt, Gerd Siemoneit, vor dem Zerrissenwerden, vor den entfesselten Bestien zu retten. Mit furchtbaren Wunden wurde Siemoneit aus dem Zentralkäfig des Circus Adolf Althoff gezogen. Die durch ein Gewitter erschreckten Raubtiere griffen unerwartet ihren Dompteur an, der sich gegen den gemeinsamen Angriff von drei Berberlöwen nicht wehren konnte ...«

Die Gebrüder Enders, das beste Reiter-Terzett Europas, begeisterten die Zuschauer mit ihren schwindelerregenden Salto-mortale-Sprüngen von Pferd zu Pferd. Besonders Jakobs, alias Jacomo, Sulky-Sprung auf das galoppierende Pferd galt als sensationell. Die Enders wurden für ihre Leistung mit dem Circus-Oscar ausgezeichnet. Zeitweise waren die Rivels, Charly Rivels Brüder und sein Sohn Juanito, bei Althoff im Engagement. Insgesamt wies das Programm dieser Jahre sechsundzwanzig Nummern mit internationalen Künstlern auf. 1965, die beste Saison überhaupt, sollte dennoch das Jahr des Abschieds werden.

Die Meldung »Zirkus Althoff verkauft seine Tiere – vorerst keine Gastspiele mehr geplant«, die am 14. 1. 1966 durch die Presse verbreitet wurde, löste allgemein Verwunderung, ja Unverständnis aus. Warum gerade jetzt, in einem Moment des wirtschaftlichen und künstlerisch-circensischen Erfolges? Als Grund nannte Programmdirektor Schroer »die große Steuerlast, fehlende staatliche Subventionen und die hohen

Dreifache Hohe Schule: Franz, Jeanette und Evy Althoff
im Blackpool Tower Circus, 1966.

Kosten für das technische Personal«. Für Adolf Althoff war jedoch ein
leichter Herzinfarkt der eigentliche Anlaß, das Zepter aus der Hand zu
legen. So schlossen in den sechziger Jahren drei Althoff-Unternehmen
ihre Pforten, und es sah so aus, als ob es nie wieder einen Circus Althoff
geben würde.

Die vom Arzt verordnete Ruhe? – Nichts für einen so aktiven Men-
schen wie Adolf Althoff, der ohne Circusluft nicht leben konnte. Er ging
mit seinem reitenden Tiger ins Engagement zum Ringling Bros. and
Barnum & Bailey Circus. Maria, die ihm in guten und in schlechten
Zeiten zur Seite gestanden hatte, begleitete ihn auf seiner Tournee 40 000
Kilometer durch die Vereinigten Staaten. Die amerikanischen Zeitungen
berichteten ausführlich über »Adolf Althoff and his riding Tiger«. »Great
New Circus Act« überschrieb das Magazin *Life* eine mehrseitige Bild-
Reportage über Althoffs Gastspiel in New York's Madison Square Gar-
den, wo er als »Highlight of Ringling Bros. Circus« gefeiert wurde. Nach
einem Jahr übergab er seinem Sohn Franz und Schwiegertochter Evy die
Nummer und kehrte mit seiner Frau nach Deutschland zurück.

Adolf Althoff mit seiner Dressurnummer »Tiger zu Pferd«
auf Tournee in den USA, 1966.

Ein Leben ohne Tiere war jedoch für Adolf Althoff nicht denkbar. Zu dieser Zeit hörte er zum ersten Mal von Tüddern nahe der niederländischen Grenze. Das Projekt, das der Dompteur Hans Rosenberg dort plante, steckte noch in den Kinderschuhen, für einen Mann mit Unternehmungsgeist genau das richtige. Zusammen mit Rosenberg bauten Adolf Althoff und sein Sohn Franz das erste Raubtierfreigehege Deutschlands auf, den »Löwen-Großwild-Auto-Safaripark Tüddern«, der 1968 eröffnet werden konnte.

Ein Jahr zuvor war Althoff drei Monate lang mit der »Delphinen-Schau« seines Bruders Franz gereist. Ausgerechnet am 25.6. 1967, seinem Geburtstag, riß ihm in Ostende ein Sturm das Zelt buchstäblich über dem Kopf weg. Zum Feiern war ihm an diesem Tag wohl kaum zumute.

Feste zu geben, darauf versteht sich Adolf Althoff, wie er oft genug bewiesen hat. Bei der Tripel-Hochzeit seiner Kinder führte er Regie, sonst hätte er die drei Paare nie unter einen Hut bekommen. Sein Wunschtermin, der 25.6., wurde es dennoch nicht. Sohn Franz und Evy

*Adolf Althoff vor den Resten des Chapiteaus der Delphinen Show
nach einem Sturm im Juni 1967 in Ostende.*

Bartsch, Tochter Helene und Horst Leimbach, Pflegesohn Adi Enders
und Renate Fritsche gaben sich am 20. Dezember 1966 im Aachener
Dom das Jawort. »Das war meine schönste Premiere«, versicherte der
dreifache »Brautvater« nach der Trauung. Vier weiße Hochzeitskutschen
sorgten dafür, daß auch die vielen Zaungäste auf ihre Kosten kamen. Wer
allerdings Pferde, Elefanten und Kamele als Geleit erwartet hatte, sah sich
enttäuscht. Adolf Althoff legte Wert auf gediegene Bürgerlichkeit. »Die
Hochzeit soll kein Circus werden...« Sie wurde aber Anlaß zu einem
Familientreffen, in dessen Mittelpunkt der 84jährige Dominik Althoff
stand. Angehörige der Familien Althoff, Williams, Enders und Schroer
waren aus allen Himmelsrichtungen angereist. Carola Williams, die im
rosa Mercedes aus Italien kam, ließ es sich schmunzelnd gefallen, zum
»Familienfeldwebel« ernannt zu werden. Unter den zahlreichen Hoch-
zeitsgästen, die den Brautpaaren »Hals- und Beinbruch« wünschten,
befand sich auch viel Circusprominenz.

Einen besonderen Gag hatte sich Althoff für den 25.6.1983 ausgedacht. »Adolf Althoff wird 70: Party im Tiger-Käfig«, hieß es zwei Tage
vorher in einer Pressemeldung. »Gefeiert wird standesgemäß im Käfig des
zweijährigen sibirischen Tigers King im Winterquartier in Stolberg-
Breinig... und alle Breiniger, die im Juni ebenfalls 70 werden, können mit
einem Glas Sekt anstoßen... Ganz Mutige dürfen natürlich auch den
Tiger streicheln.« Der Umtrunk soll dann allerdings doch nicht im Tiger-
Käfig, sondern in der Manege stattgefunden haben. Vielleicht hätte der
Jubilar sonst allein feiern müssen?

So gern er ein Jubiläum beging, um so weniger liebte er es, wenn andere
bei dieser Gelegenheit seine Verdienste aufzählten, wie das Bundesverdienstkreuz, das ihm Bundespräsident Scheel verliehen hatte. Bereits
1955, als technischer Direktor des Circus Williams, erhielt er für seine
Verdienste um die Erhaltung des guten Circus die Ernst-Renz-Plakette.
Der deutsche Pferdezuchtverband Warendorf zeichnete ihn für den hohen
Dressurwert seines Marstalles sowie für die eigene Zucht und gute Pflege
der Tiere mit dem großen Diplom der Reiterstadt aus. Als eine besondere
Ehre empfand der Senior seine Berufung in die Jury des 14. Circusfesti-
vals in Monte Carlo 1989 durch Fürst Rainier III. von Monaco. Zusammen mit dem Fürsten, Prinzessin Stephanie und vier weiteren Circus-
direktoren entschied er über die Vergabe der begehrten Goldenen und
Silbernen Clowns. Im Jahr zuvor war sein Sohn Franz von Fürst Rainier
in die Jury berufen worden.

Über seine Zivilcourage, die ihn fast ins Konzentrationslager gebracht
hätte, will sich Adolf Althoff zunächst nicht äußern. Während der Nazi-
Zeit hatte er mehreren Juden in seinem Unternehmen Schutz geboten.
Erst Mitte der achtziger Jahre war seine mutige Tat durch einen Zeitungs-
artikel bekannt geworden: »Wie Zirkuskönig Althoff uns vor der Gestapo
rettete«. Nach einigem Zögern erzählt er schließlich doch von den Bentos.
Als »4 ½ Bentos, die urkomischen musicalischen Spaßmacher« standen
sie 1940 im Programm des Circus Adolf Althoff. Irene, die Verlobte des
gebürtigen Belgiers Peter Bento, und ihre Schwester Gerda waren Halb-
jüdinnen, ihre Mutter eine geborene Lorch. Viele Mitglieder jener einst
so berühmten Ikarier-Familie haben den Nazi-Terror nicht überlebt.
Irene bekam Auftrittsverbot. »Ich verbiete Ihnen, daß Sie mit ihrem
jüdischen Körper länger unsere deutschen Männer reizen«, so die Worte
eines Gauleiters. Althoff hatte Bentos Verlobte, ihre Eltern und Schwester
bei sich aufgenommen.

August 1942 in Plauen. Die Artisten bereiten sich auf die Premiere vor. Plötzlich raunt ein Stallbursche dem Direktor zu: »Chef, die Gestapo ist im Anmarsch.« Althoff klopft an einen kleinen Campingwagen: »Ihr müßt mal wieder angeln gehn.« Mit ihren Fahrrädern und dem Angelgerät als Tarnung macht sich die Familie auf die Flucht, während der Circusdirektor in seinem Wohnwagen zwei Männern gegenübersteht. »Hier sollen Juden versteckt sein. Wir müssen alles kontrollieren.« Althoff entgegnet ruhig: »Wie Sie wollen, meine Herren, aber bei uns gibt es keine Juden. Wir sind ein deutscher Familienbetrieb.« Das angebotene Schnäpschen, das die »Herren« ablehnen, hat er später selbst nötig, nachdem sie weg sind.

In der »Allee der Gerechten« der nationalen Gedenkstätte Yad Vashem in Jerusalem wurde für Adolf Althoff ein Bäumchen gepflanzt. Vor jedem dieser Bäume ist ein Schild angebracht mit dem Namen des Menschen, der während des Krieges einem oder mehreren Juden das Leben gerettet hat. Mehr noch als diese besondere Ehrung bedeutet Adolf Althoff aber die Freundschaft, die ihn mit der Familie Bento verbindet. Die »kleine Irene«, wie er die ehemalige Drahtseil-Artistin immer noch nennt, ist inzwischen Ende sechzig und Mutter von fünf erwachsenen Kindern. Sie sagt nach wie vor »Chef« zu ihm. Die Söhne Pierre und Johann treten zusammen mit ihrem Vater als Clown-Trio auf. Das Wiedersehen ist immer ein Anlaß zum Feiern. Dann werden Erinnerungen aus gemeinsamen Circustagen wieder wach. Nur von dem, was er damals für die Bentos getan hat, will Althoff nichts hören und schon gar keinen Dank.

Ein erfülltes Leben, das so bunt war wie die Manege. Mit fünfundsechzig wäre es an der Zeit gewesen, an den Ruhestand zu denken. Nicht für Adolf Althoff. Er ging lieber in seine Probenmanege und brachte den Tieren, die Sohn Franz gekauft hatte, die Grundbegriffe der Dressur bei. Es würde wieder einen Circus Althoff geben. Der letzte Vorhang war noch nicht gefallen.

Circus der Zukunft

....

Manegen-Märchen

Es war einmal ein Pferd mit dem Namen Tiger, das hatte seinem Herrn viele Jahre treu gedient. Tag für Tag war es, seinen gefährlichsten Feind auf dem Rücken tragend, rund um die Manege getrabt. Die halbe Welt hatten die ungleichen Partner mit ihrem Tierlehrer bereist und Menschen aller Nationalitäten und Hautfarben begeistert. Das Pferd kannte nichts Schöneres als das Beifallsgeprassel von vielen tausend Händen. Es hob dann stolz den Kopf, spürte kaum noch das Gewicht des Tigers und vergaß sogar die Angst, die ihm ständig im Nacken hockte.

Der Tierlehrer meinte es gut mit seinem Pferd. Nun, da es alt geworden war, sollte es sich von seiner Last ausruhen und seinen Lebensabend frei und ungebunden in einem Tierparadies beschließen. Doch das Pferd wurde immer stiller, es ließ traurig den Kopf hängen und fraß nicht mehr. Es wurde krank. Da nutzte auch die beste Pflege nichts. Alle sahen es, das Pferd würde sterben. Nur sein Tierlehrer, inzwischen Prinzipal, der überzeugt war, daß auch Tiere eine Seele haben, erkannte, was ihm fehlte. Er nahm den treuen Gefährten zu sich in den Circus – und ein Wunder geschah. Kaum hörte das Pferd die Musik, spitzte es auch schon die Ohren, wieherte und war nicht mehr zu halten. Man ließ es mit den anderen mitlaufen im Scheinwerferlicht, rund um die Manege.

Von Stund an fraß es und erholte sich zusehends. Der alte Gaul wurde wieder jung. Fast war alles so wie früher, Lichter, Musik, Publikum. Wenn auch der Applaus nun nicht mehr seiner großen Nummer galt, er hörte das Prasseln der Hände...

Doch eines Tages konnte Tiger nur noch mit Hilfe der Tierpfleger auf die Beine kommen. Dennoch mochte ihn keiner daran hindern, hinter den anderen her in die Manege zu laufen. Mühsam paßte er sich ihrem

Tempo an, doch plötzlich wurde er temperamentvoll wie in seinen besten Tagen. Er war kaum zu bremsen. Applaus! Unter den Klängen der Musik verließen die Pferde die Manege. Der Vorhang fiel. Im Sattelgang brach das alte Pferd zusammen. Als ein Tusch die nächste Nummer ankündigte, tat Tiger seinen letzten Atemzug.

Der Prinzipal nahm Abschied von seinem treuen Gefährten. Mit diesem Pferdeleben endete das letzte Kapitel seines Kindheitstraums. Schon als kleiner Junge hatte er sich intensiv gewünscht, einmal einen eigenen Circus zu besitzen wie sein Vater. Er wollte mit Tieren arbeiten, und sie sollten es gut bei ihm haben. Aber statt in die Manege, mußte er in die Schule gehen, und schließlich schickten ihn seine Eltern weit fort in ein Internat, denn er sollte »etwas Vernünftiges« lernen. Der kleine Junge hatte großes Heimweh und riß immer wieder aus. Doch jedes Mal, wenn er glücklich im Circus angekommen war, schickte man ihn wieder zurück ins »Zuchthaus«. Ein Vater, der so etwas tut, kann nur ein »Rabenvater« sein, dachte der kleine Junge traurig. Als er größer wurde, war er seinem Vater jedoch dankbar, denn auch ein Circusdirektor braucht eine gute Schulbildung, und einen Circus wollte er nach wie vor haben.

Zunächst aber wurde er Tierlehrer, denn er liebte die Tiere, und die Tiere liebten ihn. Eines Tages wurde er abgelenkt, als er gerade seine Raubtiere vorführte. So eine kleine Unaufmerksamkeit kann einen Dompteur das Leben kosten, ihn kostete sie die Freiheit. Denn der Blick des blonden Mädchens ließ ihn von nun an nicht mehr los. Verglichen mit ihr waren seine Tiger verhältnismäßig zahm, denn sie zeigte ihm die Krallen und ließ sich absolut nicht bändigen. Dies war eine ganz neue Erfahrung für den jungen Mann. Der »blonde Traum« brachte sein Leben völlig durcheinander. Doch als guter Dresseur verfügte er über unendliche Geduld und die führte schließlich zum Ziel. Es sah ganz so aus, als ob die Romanze ein Happy End finden würde – doch da stellten sich die Elternpaare dem Glück der beiden jungen Leute in den Weg. Wie kann ein bürgerlicher Vater zulassen, daß seine Tochter einen Fahrenden heiratet. Andererseits, welche Circusdynastie möchte eine »Private«, die nicht mit Sägemehl getauft ist, in ihre traditionsreichen Reihen aufnehmen.

In einem richtigen Märchen lenkt meist eine gute Fee die Geschicke der Menschen. Die Fee in unserem Manegen-Märchen verfügte über besondere seherische Gaben. Sie berührte das blonde Mädchen mit ihrem Zauberstab und verwandelte es in eine Dompteuse. Die Tiger

»Küß mich, Tiger!« Evy Althoff und Tiger Radja.

wurden so zutraulich, daß sie mit ihnen schmusen konnte, als wären sie
Kätzchen. Wenn Radja sie küßte, hielten die Menschen den Atem an.
Auch das allmächtige Direktorenpaar konnte sich dem Charme der
jungen Frau nicht länger widersetzen. So wurde schließlich Hochzeit
gefeiert, eine richtige Märchenhochzeit. Und wenn sie nicht gestorben
sind ...

So endet dieses Märchen nicht, denn die Erfüllung eines Wunsches war
die Fee unserem Helden noch schuldig geblieben. Den Traum vom
eigenen Circus träumte das junge Paar nun gemeinsam, aber er erschien
ihnen immer unerfüllbarer, wie das Träume so an sich haben. Den Circus,
den der junge Mann eines Tages von seinem Vater zu übernehmen gehofft
hatte, gab es nicht mehr, er war verkauft worden. Hatte die Fee ihre
Zauberkraft eingebüßt? Die beiden beschlossen, das Glück in ihre eigenen Hände zu nehmen. Sie waren jung, sie hatten sich und ihre Liebe und
ein gemeinsames Ziel.

So überquerten sie mit ihren Tieren das große Wasser und erreichten
einen Kontinent, von dem es hieß, den Möglichkeiten seien dort keine
Grenzen gesetzt. Im größten Circus der Welt trat das Traumpaar auf. Ein
wahrer Beifallssturm brach los, wenn der Tiger hoch zu Roß durch die
Manege ritt. So reisten sie viele Jahre über den großen Kontinent, bis sie
ihren Traum verwirklichen konnten. Sie kehrten in die Heimat zurück
und gründeten einen eigenen Circus. Aber wie es so ist, wenn Träume
Realität werden, verlieren sie ihren Zauber. Die vielen kleinen Probleme
des Alltags türmen sich zu Mauern, die die Sicht einengen. Sie passen
nicht zu dem Märchen des kleinen Jungen, der vom eigenen Circus
träumte ...

Circus aus dem Baukasten

War es der Märchenglaube des kleinen Jungen, der auch den Träumen
des Erwachsenen noch Wunschkraft verlieh? War es der Reiz des Risikos?
In einer Zeit des allgemeinen Circussterbens, in der der Grabgesang für
das von Astley begründete Manegen-Spektakel immer lauter ertönte, trug
sich Franz Althoff, jüngster Sproß der ältesten deutschen Circusdynastie,
mit kühnen Plänen. Seit Ende der sechziger Jahre hatte es keinen
»echten« Althoff-Circus mehr gegeben. Er, Vertreter der 9. Generation,
würde eine neues Kapitel Circusgeschichte schreiben. Nach der Devise,

Erfolg stellt sich nur dann ein, wenn man von sich selbst überzeugt ist, gingen er und seine Frau Evy das Wagnis ein. Auch wenn sie anfangs belächelt wurden, die Schwierigkeiten teilweise unüberwindlich schienen, der Erfolg gab ihnen recht. Mit vierunddreißig Jahren hatte Franz es geschafft. Er war am Ziel seiner Träume. Die würde er von nun an allerdings nur noch für sein Publikum produzieren, denn ein Circusdirektor kann es sich nicht leisten zu träumen.

Die Jahre in Amerika, in denen Franz und Evy Althoff mit ihrer Supernummer »Tiger zu Pferd« Traumgagen kassierten, ermöglichten nicht nur den finanziellen Start, sie hatten Franz auch geprägt. Das neuartige Containersystem der Amerikaner war es vor allem, was ihn faszinierte. Ein Gedanke nahm schon damals immer mehr Gestalt an: Sollte es nicht möglich sein, auf der Basis dieses modernen Transportsystems einen Circus aufzubauen?

Seit seinen circensischen Anfängen hat das fahrende Manegenvolk in allen Epochen über die fortschrittlichsten Beförderungsmöglichkeiten verfügt. Da die Circuskünstler nicht seßhaft waren, mußten sie in kürzester Zeit mit ihrem gesamten Material von einem Ort zum anderen gelangen. Es war für sie gewissermaßen eine Frage des Überlebens, in ihrem Transportsystem der Zeit immer ein Stück voraus zu sein. Genauso verhielt es sich mit dem Auf- und Abbau. Die Technik, mit deren Hilfe es möglich war, innerhalb weniger Stunden auf einem kahlen Platz eine ganze Zauberwelt entstehen zu lassen, versetzte die Bevölkerung stets in Erstaunen.

Nach dem Zweiten Weltkrieg vermochte der Circus mit der raschen technischen Entwicklung nicht mehr Schritt zu halten. Vieles war plötzlich nicht mehr zeitgemäß. Die rollende Stadt bekam einen nostalgischen Touch. »Dagegen habe ich mich gewehrt«, sagt Franz Althoff, »und mir vorgenommen, Circus wieder up to date zu machen.« Für ihn bedeutete das, den Circus dem heutigen Transportwesen anzupassen, damit er wieder weltweit reisen konnte. Diese Modernisierung durfte jedoch keinesfalls auf Kosten der traditionellen Circusatmosphäre geschehen, die der Besucher im Inneren des Chapiteaus erwartet. Ihn interessiert weniger das technische Know-how als das, was ihm für sein Geld geboten wird.

Daß der Franzi wieder Circus machen wollte, ließ die Herzen aller Althoffs höher schlagen. In die Freude über die »Auferstehung des Circus Althoff« mischten sich jedoch Sorgen und Zweifel, ob die jungen Leute es schaffen würden. Wer hätte die Schwierigkeiten besser gekannt als der Senior, Adolf Althoff, sein Bruder Franz, die Schwestern Carola und Helene. Seiner von ihm sehr geschätzten Tante Carola kaufte Franz den Namen Williams ab. So rettete er nicht nur den traditionsreichen Namen seiner Vorfahren, sondern auch den zu großem Ansehen gelangten Namen Williams davor, in Vergessenheit zu geraten. Es gab für ihn aber noch eine weitere Überlegung, seine Neugründung CIRCUS WILLIAMS-ALTHOFF zu nennen. Er wollte sich von den anderen Unternehmen unterscheiden, die unter dem Namen »Althoff« reisen. Da der Name Williams-Althoff jedoch oft zu Verwechslungen und Irrtümern führte, benannte Franz Althoff seinen Circus in ALTHOFF-WILLIAMS um. Aber auch diese Bezeichnung erwies sich als nicht geeignet. So kam es schließlich zu der neuesten Namensgebung: CIRCUS WILLIAMS – FRANZ ALTHOFF.

Franz Althoff »verpackte seine Circus-Träume in Container« und zauberte einen Circus aus dem Baukasten. Mit Hilfe schwerer Gabelstapler konnte seine Container-Stadt innerhalb weniger Stunden verladen werden. Schon bald stellte sich allerdings heraus, daß die Hebegeräte nicht für matschige Plätze und Wiesenflächen ausgelegt waren. Franz, genauso

Franz Althoff zaubert seinen Circus aus dem Container.

ein technischer Tüftler wie sein Vater Adolf, fand eine Lösung. Er schaffte andere Geräte an, die sich umrüsten ließen und nun auf jedem Platz eingesetzt werden können, selbst wenn es sich um einen Acker handelt. »Kisten-Franz« titulierte die Konkurrenz den Newcomer spöttisch, der Circuswagen durch Container ersetzte. Man nennt ihn manchmal auch heute noch so, aber aus Häme ist Hochachtung geworden, denn der Branchen-Neuling entwickelte sich zum Branchen-Schrittmacher. Sein Circus ist inzwischen das technisch modernste Unternehmen Europas.

Am 12. März 1977 hieß es im Circus Williams-Althoff: »Manege frei zur Weltpremiere«. Die Überschriften in der Presse erweckten überall Neugier auf den »Zirkus aus dem Baukasten«: »Althoff kommt in Containern«, »Tiere und Toiletten in Containern«, »Der technisch modernste Zirkus der Welt«. Kostenlose Reklame für den erfolgreichen Start des jungen Unternehmens.

Das Premieren-Publikum, das nach Stolberg gekommen war, wurde nicht enttäuscht. Wie es sich für eine richtige Taufe gehört, sprach der

Aachener Weihbischof ein Segensgebet für Menschen und Tiere, bevor es zum ersten Mal hieß: »Vorhang auf!« Einer der Höhepunkte des Programms war Evy Althoff, die »Tiger-Lady«, mit ihren sieben Mandschu-Tigern. Ihre Dressur wurde als »einmalig in ganz Europa« gewertet. Viele Artisten, die früher schon bei den Althoffs gearbeitet hatten, waren nun auch im Circus des Juniors wieder dabei. So Jean Lemoine, der mit seinen tanzenden Tellern viel Beifall erhielt, und Juanito Rivel. Sein Entree machte seinem großen Namen alle Ehre. Ohne seinen berühmten Vater zu kopieren, hatte er den Weg zum eigenen Erfolg gefunden. Als Musical-Clowns von Weltformat bewiesen die Bentos ihr Können. Für die Gebrüder Enders war die Circusgründung ihres Cousins Franz eine willkommene Gelegenheit, in den Schoß der Familie zurückzukehren. Als Pipo und Jacomo sorgten Jean und Jakob Enders für die nötige Zwerchfell-Massage, während sich Adi Enders als erfahrener Dresseur erwies. Die Tiere arbeiteten, von einer Ausnahme abgesehen, zum ersten Mal vor Publikum. Dennoch gelang es Franz Althoff und Adi Enders, die zwölf Araber, die Exoten und die Elefanten gut zu präsentieren. Die charmante Moderatorin Miß Jeanette, später als »Madame Manege« bekannt, trug ihrerseits zum Gelingen dieser ersten Vorstellung bei. Einen besonderen Gag hatte sich der damalige Generalsekretär des CCI (Circus-Club International), Friedel Zscharschuch, ausgedacht. Unter dem Beifall der Premierengäste überreichte er als Glücksbringer ein rosarotes Ferkel.

Viele, die anfangs voll Skepsis kamen, um den supermodernen Circus in Augenschein zu nehmen, waren beeindruckt, wie durchdacht das neuartige System funktionierte. Anstelle der üblichen Wagenburg standen hier die Container aufgereiht. Von einem holländischen Künstler bunt bemalt, entfalteten die für gewöhnlich tristen Transportkisten eine eigene Art von Circusatmosphäre. Sie sind vielseitig verwendbar. In ihnen werden nicht nur Material und Tiere transportiert. Für den jeweiligen Zweck umgerüstet, finden sie als Kasse, Büros, Mini-Wohnungen, Werkstätten, Stallungen und für die sanitären Anlagen Verwendung. Die elektronisch gesteuerte Licht- und Schaltanlage ist ebenfalls in einem Container untergebracht. Container-Platten bilden auch das Fundament der Manege. Schlammige oder holprige Plätze sind dadurch kein Problem mehr. Außerdem verschafft das erhöhte Rundpodium dem Publikum einen besseren Überblick.

Neben anderen technischen Raffinessen verblüffte der Circus auch in seinem Inneren mit einer neuartigen Konstruktion. Der Vergangenheit

Markenzeichen eines jeden Circus ist der Clown.

Tiger-Taufe mit Willy Millowitsch als Paten, 1982.

gehören die Eisengitter an, hinter denen die Raubtierdressuren vorgeführt wurden. Statt dessen wird in Minutenschnelle ein kaum sichtbarer Stahl-netz-Wabenkäfig aus der Piste hochgezogen. Er ist wie ein »überdimen-sionales Haarnetz« und gewährt freie Sicht auf Tiere und Dompteur.

Freie Sicht ohne störende Sturmstangen – ein Anliegen, das bereits die Brüder Franz und Adolf Althoff hatten – für den Junior von Anfang an eine Selbstverständlichkeit. Er verfügt inzwischen über mehrere Zeltanla-gen in verschiedenen Größen, die er je nach Bedarf und Witterung einsetzt. Das beheizbare Thermozelt, ein Fünfmaster mit tausendsechs-hundert Sitzplätzen, machte es ihm seit der Saison 1983/84 möglich, auch im Winter auf Tournee zu gehen. Franz Althoffs neueste Errungenschaft ist die »Circusstadt unter einem Dach«. Seine Erfindung, die einen neuen Abschnitt im Chapiteaubau eingeleitet hat, basiert auf dem seinerzeit von Adolf Althoff entwickelten Parasolzelt. Das Dach des Chapiteaus wird über die erste Rundleinwand hinweg bis zu einer ca. sieben Meter entfernten zweiten Rundleinwand geführt. In dem so geschaffenen Rund-gang sind die Stallungen untergebracht. Jeder Besucher promeniert erst

»Circusstadt unter einem Dach«.

einmal an den Tieren vorbei, bevor er seinen Platz erreicht. Die Pferde
stehen nicht mehr, wie allgemein üblich, angebunden mit dem Kopf zur
Stallwand. Ihre geräumigen Einzelboxen, in denen sie sich frei bewegen
können, sind mit Namensschildern versehen.

»Die Pferde sind viel anhänglicher geworden, seitdem sie ein Freigehege und Einzelboxen haben«, hat Franz Althoff beobachtet. »Ihr
Charakter und Wesen haben sich verändert. Jedesmal, wenn ich an ihnen
vorbeikomme, gucken sie mich so an, als wollten sie sagen: ›Du, das finde
ich unheimlich toll, was du da für uns gemacht hast.‹«

Ob auf Schiene, Straße oder Schiff, Althoff hat dank seiner Container
nicht nur die Möglichkeit, weltweit zu reisen, er kann auch schneller
reisen als andere. Nach dem alten Circusmotto: »Ihr braucht nicht zu uns
zu kommen, denn wir kommen zu euch«, gelangen so auch kleinere
Kreisstädte in den Genuß eines außergewöhnlichen Programms. Nur mit
einem solchen Transportsystem ist die jährliche Skandinavien-Tournee
überhaupt möglich, die den Circus bis in die Polarregion führt. Früher
spielten Entfernungen für einen Circus keine Rolle, heutzutage schränken
schon allein die Straßenverkehrsbestimmungen seine Beweglichkeit ein.
Die ständig steigenden Frachttarife der Bundesbahn veranlaßten Williams-Althoff und andere Circusunternehmen jedoch, auf die Benutzung
von Sonderzügen zu verzichten und den Transport von der Schiene auf
die Straße zu verlegen. Das hat den Vorteil, nun auch zeitlich nicht mehr
von den Fahrplänen der Bahn abhängig zu sein. In dreimaligem Einsatz
befördert ein Konvoi von sechzehn Sattelschleppern die Container-Stadt
zum nächsten Gastspielort, wo sie bereits am anderen Morgen neu
ersteht. Aufgrund des bis in alle Einzelheiten durchdachten Zeitplans und
des nur wenige Stunden dauernden Auf- und Abbaus büßt der Circus
während seiner gesamten Tournee nicht eine einzige Vorstellung ein.

Die Fachwelt hat sich längst daran gewöhnt, daß Franz Althoff durch
Neuerungen und ausgefallene Ideen ständig für Gesprächsstoff sorgt.
Dies bezieht sich nicht nur auf das äußere Drum und Dran. Mit der
Inszenierung des Circus-Märchens »Das verzauberte Lachen« von Karl
Schindler ging er 1983 neue Wege, indem er artistische und circensische
Darbietungen in eine Märchenhandlung verpackte. Der Erfolg war so
groß, daß er das »faszinierende Musical zum Träumen und Nachdenken«,
wie es ein Rundfunk-Reporter formulierte, 1984 wiederholte.

Im Dezember eines jeden Jahres baut Althoff sein Zelt für die Circus-
Olympiade in Lüttich auf. Auch durch seine Mediennähe machte er von

sich reden. Seit 1979 wurde die Fernseh-Unterhaltungs-Show »Tele-zirkus« unter Mitwirkung internationaler Stars mit wechselndem Erfolg aus dem Circus Williams-Althoff ausgestrahlt.

Mitte der achtziger Jahre reiste Franz Althoff nach einer Umstellung in seinem Geschäft mit einer Eisrevue. Schon nach wenigen Monaten erkannte er jedoch: Ohne Circus geht es nicht. Gerade zu dem Zeitpunkt wollte auch Francois Bronett in Schweden auf Tournee gehen, hatte aber noch keinen Circus. Auf diese Weise kam es zu der ersten Bronett-Althoffschen Koproduktion. Die Kontakte nach Schweden bestanden schon, seit der Circus Dominik Althoff 1920 dort zum ersten Mal spielte. Spätere gemeinsame Gastspiele mit dem Cirkus Scott hatten zu einer engen Freundschaft zwischen den Familien Althoff und Bronett geführt. Die Partnerschaft der beiden Juniorchefs erwies sich als so erfolgreich, daß die Schweden-Tournee von Cirkus Scott/Williams beibehalten wurde und sich daraus weitere gemeinsame Show-Produktionen ergaben.

In Schweden ist vieles anders. Nicht nur, daß man dort Cirkus mit »C« und »k« schreibt. Das schwedische Publikum ist kritischer als das deutsche und sehr »cirkus«-begeistert. Trotz der hohen Eintrittspreise sind die Vorstellungen oft schon lange im voraus ausverkauft. Da man bei der im Verhältnis zu Schwedens Größe geringen Einwohnerzahl jedes Jahr in die gleichen Städte gehen muß, erfordert jede Saison eine neue Programmzusammenstellung. Während der fünf bis sechs Monate dauernden Tournee werden etwa sechsundneunzig Städte bespielt, sechzig davon sind Ein-Tages-Plätze. So etwas klappt nur, wenn alles gut durchorganisiert ist. Die Krönung im wahrsten Sinne des Wortes ist in jedem Jahr das Gastspiel in Stockholm vor der schwedischen Königsfamilie. Eine Tradition, die auf eine alte Bekanntschaft zurückgeht. In den fünfziger Jahren, als König Carl Gustaf und Franz Althoff noch Kinder waren, hatte Franzi den Kronprinzen anläßlich einer Schweden-Tournee seines Vaters durch die Stallungen geführt.

Franz Althoffs Anliegen ist es, weltoffen zu sein, internationalen Circus zu machen. So präsentiert er nun schon zum zweiten Mal im Winterhalbjahr mit großem Erfolg den Moskauer Staatszirkus in seinem Programm. Oleg Popow, der sich als Botschafter der deutsch-russischen Freundschaft verstand, bewies in der 1989er Saison erneut, daß sein Ruf als einer der weltbesten Clowns noch immer gerechtfertigt ist. Circus war von jeher eine völkerverbindende Kraft, seine Mitglieder in gewisser Weise Weltbürger.

Karl Gustaf, Kronprinz von Schweden,
im Circus Althoff in Stockholm, 1956.

Circus Williams-Franz Althoff ist für das Ungewöhnliche bekannt. Dennoch gibt es vieles, worin Franz Althoff nicht von der Tradition abweicht. Dazu gehört, daß er, wie alle Althoffs vor ihm, selbst in der Manege steht und seine Tiere vorführt. Er ist kein Schreibtischdirektor, ein erfolgreicher Circus-Unternehmer muß aber heutzutage Marktforschung wie ein Großkaufmann und Kalkulationen wie ein Fabrikant aufstellen können. Dazu braucht er Erfolgsinstinkt und die taktischen Fähigkeiten eines Generalstäblers. In all diesen Eigenschaften gleicht Franz seiner Tante Carola.

Daß das Circusblut seiner Vorfahren in seinen Adern fließt, erkennt, wer ihn mit seinen Pferden in der Manege arbeiten sieht. Man wird dann

Franz Althoff mit Steiger.

unwillkürlich an seinen Patenonkel Franz Althoff erinnert. Pferde-Dressuren sind auch seine besondere Stärke. Ganz anders aber als sein Onkel hat er nicht den Hang zum Gigantischen. Hier denkt er wie sein Vater, Circus muß überschaubar bleiben. Adolf Althoff war in vielem sein Lehrmeister. Besonders eines haben Vater und Sohn gemeinsam, die Liebe zur Technik. Ebenso einer Meinung sind sie in puncto Sauberkeit und Ästhetik. Die wichtigsten Faktoren in einem Circus sind für die Althoffs Tiere, Artisten und Clowns. Zusammen mit Zelt und Stall schaffen sie die runde Atmosphäre, die Circus erst zu Circus macht.

»Was unseren Circus gegenüber allen anderen unterscheidet ist folgendes«, erklärt der Junior. »Wenn immer wir etwas machen, denken wir nicht an den Moment, sondern haben immer auch schon an die Zukunft gedacht, um den Erhalt des Circus nicht nur für heute zu gewährleisten, sondern auch für das Jahr 2000 und hoffentlich darüber hinaus.«

Hinter den Kulissen
des Lachens und Lächelns

Circus – »Schaukunst auf Achse«. Weithin leuchtet seine bunt illuminierte Fassade. Es riecht nach Raubtieren, Pferden und Sägemehl. Aus dem Stallzelt ist das Trompeten eines Elefanten zu hören. Letzte Nachzügler suchen ihre Plätze auf, während die Kapelle schon den Eröffnungsmarsch spielt. Die große Schau beginnt: Schönheit, Schwerelosigkeit, Harmonie des Miteinander zwischen Mensch und Tier – eine heile Welt, glitzernd und funkelnd, eine Traumwelt. Die Faszination des Unbekannten, die der Circus auf die Menschen ausübt, wirkt wie eh und je. Es ist die Bewunderung einer Kunst, die sie selbst nicht beherrschen. Das Geschehen in der Manege spricht all ihre Sinne an. Es ist eine Mischung aus optischem und akustischem Erleben, bei dem auch der Geruchssinn nicht zu kurz kommt, ein hautnaher Kontakt zum Geschehen im Roten Ring. In diesem ständigen Wechselbad von Spannung und Entspannung, Erregung und Ergriffenheit läßt der Mensch los, was ihn bedrückt, lernt wieder das Staunen und das befreiende Lachen.

Romantisch ist der Circus nur für den, der ihn von außen sieht. Wer von den Zuschauern aber ahnt, was sich hinter den Kulissen abspielt. Der Blick steht jedem frei. Frühaufsteher können den präzisen Ablauf der

Aufbau des beheizbaren Thermozeltes
von Circus Williams – Franz Althoff.

Errichtung einer Zeltstadt miterleben. Der Countdown läuft nach einem minuziösen Zeitplan ab. Wie viele Hände und Augen sind notwendig, bis das Spiel am Nachmittag beginnen kann. Genauso reibungslos muß der Abbau funktionieren. Morgens ist die »Stadt« gleich einer Fata Morgana plötzlich verschwunden. Die wenigen Spuren, die sie hinterlassen hat, sind wie Fußabdrücke am Strand. Die nächste Welle löscht sie aus. Was zwischen Ab- und Aufbau liegt, ist die Hetze von einem Spielort zum anderen, ist Ungewißheit. »Neue Stadt, neues Geld«, hieß es früher bei den Circusleuten. Heute ist Circus ein noch härteres Geschäft, in dem es um Sein oder Nichtsein geht.

Illusion und Faszination sind für den Circus unverzichtbare Elemente, die er bewußt einsetzt. Genauso wie er die dem Menschen eigene Schaulust am Außergewöhnlichen anspricht. Die erregende, unvergleichbare Atmosphäre der Manege, Leistung und Gefahren ohne Retusche und ohne die trennende Fernsehscheibe sollen Kinder und Erwachsene auch in Zukunft bezaubern. In ihrem Bestreben, den Circus so zu erhalten, wünschen sich die Manegen-Unternehmer jedoch mehr Verständnis für ihre Probleme. Sie fühlen sich bei ihrem finanziellen Tanz auf dem Seil allein gelassen. Es bedarf oft geradezu atemberaubender Kunststücke ohne Netz und doppelten Boden, damit die Schau steigen kann. Ein Circusdirektor muß nicht nur ein Meister, sondern ein Magier der Manege sein, wenn er mit seinem Etat klarkommen will.

Circus, kulturelles Stiefkind der Nation. In Deutschland hält man lediglich »elitäre« Kunst für förderungswürdig. Circuskunst zählt nicht dazu, denn hier wird »nur« mit dem Körper gearbeitet. Der von dem Artistenagenten Eduard Herzog geprägte Begriff »Afterkunst« macht diese Einschätzung am besten deutlich. Der Circusdirektor des 20. Jahrhunderts sollte sich unbedingt im Steuerrecht auskennen, denn, statt es finanziell zu unterstützen, wird sein Unternehmen mit allen nur denkbaren Abgaben belastet. Das »Theater des Volkes«, wie man den Circus schon früher bezeichnete, das sämtliche sozialen Publikumsschichten unter seinem Zelt-Dach vereint, muß, im Gegensatz zu den subventionierten Theatern, sogar Mehrwertsteuer bezahlen. Dabei ist der Risikofaktor in diesem Gewerbe größer als in jeder anderen Branche. Alle Ausgaben müssen auf Wirtschaftlichkeit geprüft werden. Wer von den Zuschauern weiß schon, daß ein Circustag, je nach Aufbau und Tournee des Unternehmens, im Schnitt zwanzig- bis fünfundzwanzigtausend Mark kostet. Ein großer Mitarbeiterstab (etwa zweihundert Personen) oft unsichtbarer Helfer ist notwendig, damit der Circus überhaupt funktionieren kann. Ihre Gagen, Löhne und Gehälter mit den dazugehörigen Abgaben machen den zweithöchsten Kostenfaktor aus.

Der Circus muß die höchsten Berufsgenossenschaftsbeiträge leisten. Es wird dabei aber nicht differenziert. Das Mädchen im Büro zahlt den gleichen Hebesatz wie der Hochseilartist. Genauso pauschal werden die GEMA-Gebühren erhoben. Sie berechnen sich nicht nach den Besucherzahlen, sondern nach der Anzahl der Sitzplätze. Die größten Etatposten im Budget sind nicht die Kosten der Tierhaltung, sondern die Werbungskosten. Die Reklamekolonne, bei einem großen Unternehmen gewöhnlich aus zehn Mann und vier Fahrzeugen bestehend, eilt dem Circus immer zwei bis drei Wochen voraus, um Stadt und Land mit ihren grellbunten Plakaten zu bepflastern. Würde man die halbe Million der innerhalb eines Jahres an Werbeflächen und Hausfronten verklebten Großplakate auf DIN-A-4-Format zusammengefaltet übereinanderstapeln, ergäbe das einen Papierturm von der Höhe des Kölner Doms.

Auch Städte und Kommunen bitten die Circusleute zur Kasse. Platz-
mieten, Versicherungen, Abgaben für die Feuerwehr, Wasser-, Strom-
und Reinigungskosten, ein ganzer Katalog von Abgaben, Gebühren und
Kautionen kommt da zusammen. »Sollte der Circus bei uns einmal
sterben«, schreibt Franz Althoff in seinem Buch *So'n Circus,* »dann liegt
die Ursache sicher nicht bei mangelnder Organisation oder fehlendem
Besucherinteresse. Dann liegts an all den überhöhten Abgaben...« Dabei
ist Althoff gegenüber anderen Unternehmen noch im Vorteil. Er hat eine
eigene Lichtmaschine und kann dank seines Transportsystems auch
kostengünstiger reisen.

Der Besucher, der über die hohen Eintrittspreise stöhnt, sollte auch
diese aus nüchternen Zahlen bestehende Kehrseite der Manegen-Pracht
kennen. Viel Geld verschlingt der Futter-Etat, aber das ist wohl der letzte
Posten, an dem ein verantwortungsvoller Circusbesitzer sparen würde.
Ein Raubtier verputzt am Tag acht bis neun Kilogramm Pferde- oder
Rindfleisch. Das Tages-Menue eines Elefanten besteht aus 6 kg Hafer
und Kleie, drei Kilo Brot, zwei Zentner Heu und zwei Zentner Stroh.
Dazu rüsselt er zwanzig Eimer Wasser leer.

Leider gibt es aber auch jene Circusse, für die Tiere nur Mittel zum
Zweck sind, schlimmer noch, die sie auf übelste Weise mißbrauchen. »Wer
Circustiere liebt in dieser Welt, gibt Futtergeld.« Hunger leidende Tiere!
Welcher tierliebe Mitbürger greift da nicht in die Tasche, ohne zu ahnen,
daß er mit seinem Obolus der Tierquälerei nur noch Vorschub leistet. Das
Geschäft mit der Tierliebe blüht, besonders zur Weihnachtszeit – davon
leben sie, die »Bettel-Circusse«. Oft sind es nicht einmal Circusleute, die
mit den Tieren betteln gehen. Für ein festes Tagesgeld ist so mancher
Arbeitslose bereit, die Sammelbüchse zu schwingen. In einigen Fällen
sollen Tiere für die Bettelei extra angeschafft worden sein. Wenn sie ihre
Schuldigkeit getan haben, stößt man sie einfach wieder ab. Einige Klein-
circusse halten es inzwischen für einträglicher, auch im Sommer schnor-
ren zu gehen, statt Vorstellungen zu geben. Den Behörden fehlt für ein
Einschreiten meistens die rechtliche Grundlage. So stehen Esel, Lamas
und Ponys Winter für Winter mitunter bis zu acht Stunden ohne Futter
und Wasser auf dem kalten Pflaster einer lärmenden Großstadt. Seit
langem versuchen Tierschützer, den gerissenen Bettlern, die sich immer
wieder durch die Gesetzeslücken mogeln, das Handwerk zu legen. Als
letztes Mittel bleibt dann oft nur noch die Beschlagnahme der Tiere
durch Amtstierärzte.

Dieser Skandal, der mit Recht allgemeine Empörung hervorruft, schädigt nicht nur den Ruf des Circus, er verteufelt ihn sogar. Tierschutz ist zu einem Reizthema geworden, an dem sich die Gemüter zunehmend erhitzen. Mittlerweile geht die Diskussion sogar schon dahin, die Tiere ganz aus der Manege zu verbannen. Aber Circus ohne Tiere – für die meisten unvorstellbar. »Ohne Tiere ist Circus nicht mehr Circus« – »ein Circus ohne Tiere ist tot«, sagen die Circusfreunde. Daß etwas zum Schutz der Tiere geschehen muß, darüber sind sich wohl alle einig. Ein Blick hinter die Kulissen zeigt die ganze Qual der Kreatur, die sich oft durch vermehrte Aggressivität zu wehren versucht. Andere Tiere sind nur noch unsicher und verängstigt oder glotzen teilnahmslos durch die Gitterstäbe ihrer Gefängnisse. Aber nicht allein in den Kleincircussen liegt vieles im argen, auch in etlichen mittleren und großen Unternehmen sind die Käfige zu eng, bekommen die Tiere keinen Auslauf, keine Beschäftigungsmöglichkeit und sind zum Stumpfsinn verurteilt. Diese Tierhalter haben nicht begriffen, daß sich die Einstellung zum Tier in den letzten dreißig Jahren grundlegend geändert hat.

Die Direktoren von Circus Knie, Barum, Williams und Krone haben sich verbündet gegen die Vielzahl derer, die auch heute noch das Tier nur als Mittel zum Zweck sehen. Sie hoffen, daß seitens der Gesetzgebung früh genug die Einsicht kommt, besser strengere Maßstäbe anzulegen, als ein komplettes Verbot zu erlassen. Circustiere dürfen nicht länger eine »Sache« zum Gelderwerb sein. Sie haben ein Recht darauf, ordentlich behandelt und untergebracht zu werden. Einzeltierhaltung sollte in Zukunft nicht mehr erlaubt sein. Bei der großen Anzahl von Tierparks ist auch die Zurschaustellung in Wander-Menagerien nicht mehr gerechtfertigt. Für viele Unternehmen mögen die Forderungen nach neuen und strengeren Tier- und Artenschutzbestimmungen eine finanzielle Härte bedeuten, vielleicht sogar das Aus. Im Interesse des Tieres, für das der Mensch die Verantwortung trägt, darf es aber keine Ausnahmen geben. Wer die Auflagen nicht erfüllt, muß aufhören.

Der Zuschauer spürt die Eintracht zwischen Mensch und Tier, wenn er beobachtet, wie der Raubtierlehrer René Strickler mit seinen Bären und Raubkatzen arbeitet. Dasselbe gilt für Gerd Siemoneit-Barum. Für ihn gehört der typische Raubtierdompteur unbedingt zum Circus, allerdings nicht mehr als Herr und Meister, sondern vielmehr als Partner und Lehrer. Wichtig ist, daß der Tierlehrer auch außerhalb der Proben und

Vorstellungen im Sozialkontakt zu seinen Tieren steht und sie ständig beobachtet. Nur so lernt er ihre individuellen Talente kennen.

Pferde in der Manege, ob sie unter Freddy Knie jun. oder Franz Althoff arbeiten, man merkt es ihnen an, für sie muß es ein Vergnügen sein, dressiert zu werden. Die Schönheit und Anmut ihrer Bewegungen kommt in der Dressur voll zur Geltung. Sie wirken gelöst und frei. Ein guter Dresseur nutzt nur die natürlichen Veranlagungen und Begabungen eines Tieres aus, die er es dann auf Kommando zu tun lehrt. So wird er auch nie einer Stute beibringen, auf den Hinterbeinen zu stehen. Für sie ist das schwierig, während es für einen Hengst kein Problem ist.

Nach Meinung von Franz Althoff sind Tiere absolut keine »tierisch ernsten« Geschöpfe. In jedem steckt ein Schelm, den es nur zu entdecken und zu fördern gilt. Das hat auch Adi Enders an seinen Elefanten beobachtet. Die Dickhäuter sind dauernd zu Streichen aufgelegt. Mit sichtbarem Vergnügen stellen sie ihm per Rüssel ein Bein oder entwenden ihm die Peitsche, um ihn anschließend liebevoll zu umrüsseln und ihm einen saftigen »Versöhnungskuß« zu verpassen.

Williams-Althoff war Mitte der achtziger Jahre der erste Circus, der für seine große Elefantenherde ein sogenanntes Freigehege geschaffen hat. Seinem Beispiel schloß sich inzwischen auch Circus Knie an. »Schon als Kind haben mir die Elefanten leid getan, die ihr Leben lang an der Kette stehen müssen«, sagt Franz Althoff. Die Circusleute haben sich wohl immer zu wenig Gedanken darüber gemacht. So ein Freigehege läßt sich ohne Schwierigkeiten auf jedem Circusgelände anlegen. Bei Circus Williams-Franz Althoff wird es durch mehrere Container und schwere Gatter abgegrenzt. Auch die Pferde und andere Tiere können auf diese Weise bei gutem Wetter draußen sein. Man kann ihnen dadurch zwar nicht die Freiheit ersetzen, aber optimale Lebensbedingungen schaffen.

Von der üblichen Tierschau ist dieser Circus ganz abgegangen. Er führt keine Tiere mehr mit, die nicht auftreten. Auf Tiere, mit denen man arbeitet, wirft man ein besonderes Auge. Die anderen werden mehr oder weniger vernachlässigt, weil die Zeit fehlt, sich mit ihnen zu beschäftigen. Gerade die Arbeit in der Manege bedeutet für die Tiere positiven Streß, der sie körperlich und seelisch fit hält. Den Raubkatzen ersetzt sie ihre Anstrengungen beim Beutefang.

Für Zuwendung ist sogar ein Breitmaul-Nashorn empfänglich. Der riesige Nashornbulle Vauta, den Adi Enders in der Williams-Manege vorführt, wurde von ihm und Franz Althoff dressiert – mit Hilfe einer

Wurzelbürste. Das »Kraulen« gefiel dem Dickhäuter. Auf diese Weise gewöhnte er sich an die Manege. Wenn er seine Streicheleinheiten bekam, trabte er auf Kommando im Kreis herum und akzeptierte Adi Enders sogar als Reiter. Bei dieser wie auch den anderen Dressuren geht es Althoff und Enders nicht um Perfektion, sondern um das harmonische Miteinander von Mensch und Tier.

Franz Althoff, der als junger Mann mit seinem reitenden Tiger von sich reden machte, bekennt heute: »Ich würde keinen Tiger mehr auf ein Pferd setzen. Ich bin gegen Dressuren, die das Tier in irgendeiner Weise einem Risiko aussetzen. Man sollte sich immer fragen, ist es artgerecht, ist es naturgemäß. Wir versuchen, die Harmonie verschiedenartiger Tiere zueinander zu zeigen, keines der Tiere darf dabei aber in irgendeiner Form zu irgendeinem Zeitpunkt in Lebensgefahr kommen.«

Wer könnte wohl besser über Tiere Bescheid wissen, als die Menschen, die sich täglich viele Stunden mit ihnen beschäftigen, deren Lebensinhalt sie sind – die Circusleute. Anders als im Zoo, wo man möglichst nur schöne Exemplare zeigen möchte, besteht hier eine besondere Bindung zwischen Mensch und Tier. Circustiere, die artgerecht gehalten werden, haben eine höhere Lebenserwartung als Tiere im Zoo oder in der freien Wildbahn.

Auch Tiere werden krank, durch Unfälle verstümmelt, auch Tiere werden alt. Es geht ihnen genauso wie alten Menschen, sie sind weniger ansehnlich. Für Tiere gibt es kein Altersheim. Was geschieht mit alten Tieren? Wo kommen sie hin? Eine Frage, die manchmal peinliches Schweigen auslöst.

»Das ist ein heißes Thema«, bestätigt Franz Althoff. »Ich weiß nicht, was mit solchen Tieren beispielsweise im Zoo oder in Reitvereinen geschieht. Der Circus schleppt auch uralte Tiere mit, die nicht mehr schön anzuschauen sind und oft wunde Liegestellen haben wie alte Menschen. Wir versuchen unsere Tiere, die zum Teil bei uns groß geworden sind, auch im Alter nicht zu vernachlässigen. Das Tier macht bei uns vier Lebensabschnitte durch: Kindergarten, Volksschule, Uni und Rente. Die Rente ist die Form des Statisten. Diese Rolle kann das Tier auch noch im Alter in der Manege spielen.«

Das Spannungsfeld, in dem das Wirtschaftsunternehmen Circus heute steht, ist vielschichtig. Die Problematik reicht weit über die wenigen Themen hinaus, die hier angeschnitten werden konnten. Erfolg ist das einzige, was heute noch zählt. Der Konkurrenzkampf, in dem es für viele,

Drei Generationen Althoff: Dominik (Mitte), Adolf und Franz, 1960.

vor allem kleine Geschäfte, ums Überleben geht, ist hart, zersplittert die Kräfte. Dabei wäre der Versuch lohnend, gemeinsam Wege für die Zukunft zu finden. Ansätze sind da. Vereintes Eintreten für den Schutz der Tiere im Circus könnte ein Anfang sein.

Die Althoffs haben immer an den Fortbestand des Circus geglaubt. »Der Circus ist nicht tot, der wird nie sterben, nie!«, prophezeite der achtzigjährige Dominik Althoff. »Circus hat Zukunft, denn so lange es Kinder gibt, wird es Circus geben.« Diese Überzeugung vertrat sein Sohn Adolf sogar noch in einer Zeit, in der es keinen Althoff-Circus mehr gab. Er hat seine Ansicht bis heute nicht geändert. »Circus muß zeitgemäß sein, um zu überleben«, sagte Dominiks Enkel, Franz Althoff, und machte wieder Circus.

Buch und Circus haben eines gemeinsam: Schon oft wurden sie totgesagt. Es gibt sie aber immer noch, trotz aller Krisen und negativen Prognosen. Untergangs-Prophezeiungen sind nach altem Circusglauben das Immergrün des Lebens.

> Der Zirkus ist die einzige
> nicht an Lebensjahre gebundene Freude,
> die man für Geld kann kaufen.
> Ernest Hemingway

Anhang

Stammbaumübersicht
der Dynastie Althoff

Die Circusse der Althoff-Dynastie sind mit negativen Zahlen, die der Pseudolinie mit positiven Zahlen dargestellt.

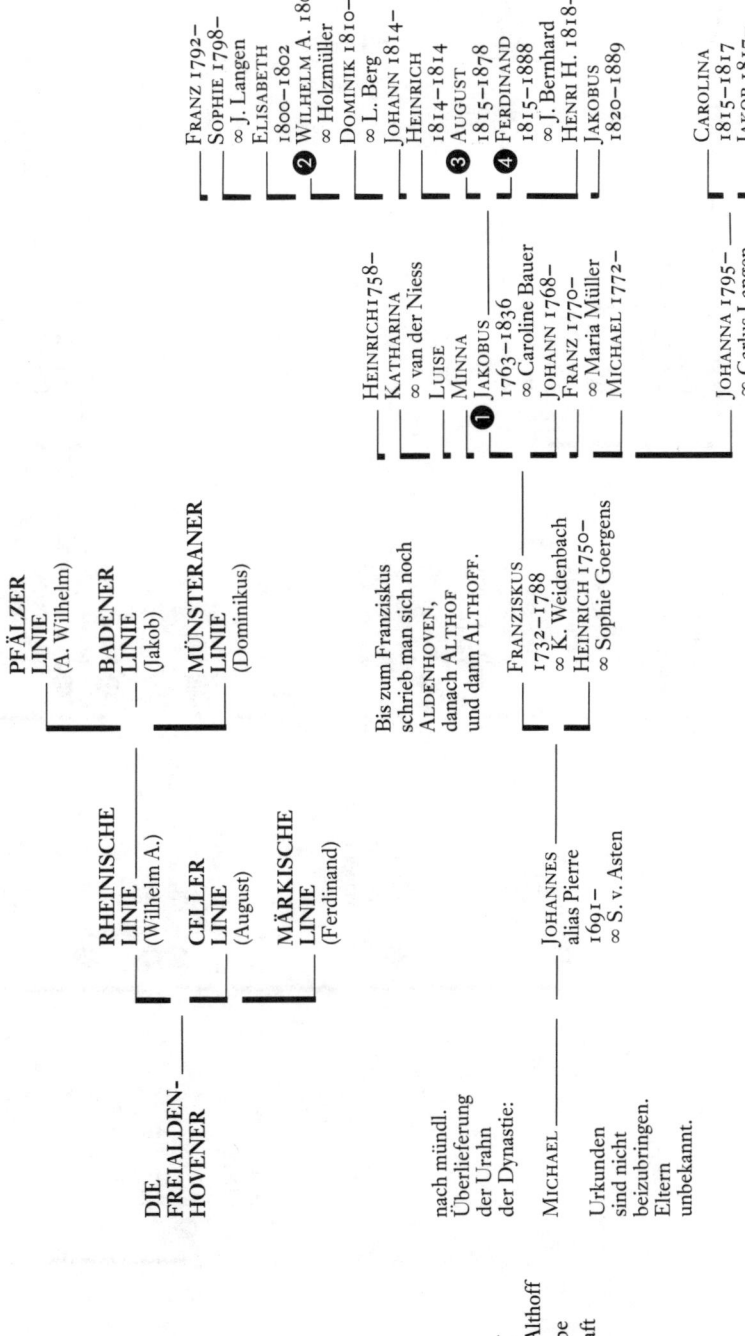

DIE FREIALDEN-HOVENER

RHEINISCHE LINIE (Wilhelm A.)
CELLER LINIE (August)
MÄRKISCHE LINIE (Ferdinand)

PFÄLZER LINIE (A. Wilhelm)
BADENER LINIE (Jakob)
MÜNSTERANER LINIE (Dominikus)

nach mündl. Überlieferung der Urahn der Dynastie:

MICHAEL

Urkunden sind nicht beizubringen. Eltern unbekannt.

JOHANNES alias Pierre 1691– ∞ S. v. Asten

Bis zum Franziskus schrieb man sich noch ALDENHOVEN, danach ALTHOF und dann ALTHOFF.

FRANZISKUS 1732–1788 ∞ K. Weidenbach
HEINRICH 1750– ∞ Sophie Goergens

HEINRICH 1758–
KATHARINA ∞ van der Niess
LUISE
MINNA
❶ JAKOBUS 1763–1836 ∞ Caroline Bauer
JOHANN 1768–
FRANZ 1770– ∞ Maria Müller
MICHAEL 1772–

FRANZ 1792–
SOPHIE 1798– ∞ J. Langen
ELISABETH 1800–1802
❷ WILHELM A. 1807 ∞ Holzmüller
DOMINIK 1810– ∞ L. Berg
JOHANN 1814–
HEINRICH 1814–1814
❸ AUGUST 1815–1878
❹ FERDINAND 1815–1888 ∞ J. Bernhard
HENRI H. 1818–
JAKOBUS 1820–1889

JOHANNA 1795– ∞ Carlus Langen

CAROLINA 1815–1817
JAKOB 1817–

❶ Arena Althoff
❷ Circus W. A. Althoff
❸ Hochseiltruppe
❹ Reitgesellschaft

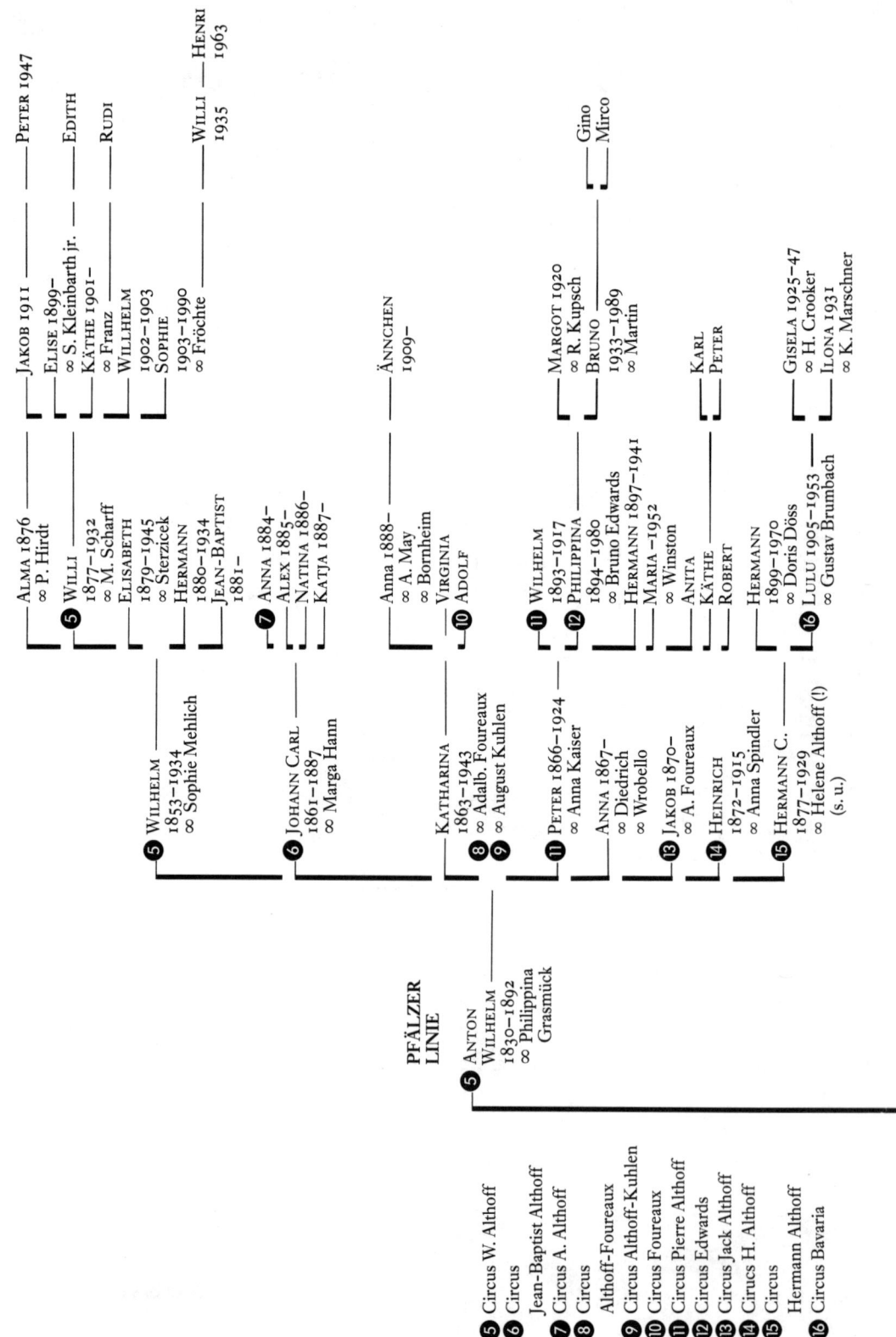

PFÄLZER
LINIE

⑤ ANTON
WILHELM
1830–1892
∞ Philippina
Grasmück

⑤ WILHELM
1853–1934
∞ Sophie Mehlich

⑥ JOHANN CARL
1861–1887
∞ Marga Hann

⑧ KATHARINA
1863–1943
∞ Adalb. Foureaux
⑨ ∞ August Kuhlen

⑪ PETER 1866–1924
∞ Anna Kaiser

ANNA 1867–
∞ Diedrich
∞ Wrobello

⑬ JAKOB 1870–
∞ A. Foureaux

⑭ HEINRICH
1872–1915
∞ Anna Spindler

⑮ HERMANN C.
1877–1929
∞ Helene Althoff (!)
(s. u.)

ALMA 1876
∞ P. Hirdt

⑤ WILLI
1877–1932
∞ M. Scharff

ELISABETH
1879–1945
∞ Sterzicek

HERMANN
1880–1934

JEAN-BAPTIST
1881–

⑦ ANNA 1884–
ALEX 1885–
NATINA 1886–
KATJA 1887–

ANNA 1888–
∞ A. May
∞ Bornheim

VIRGINIA
⑩ ADOLF

⑪ WILHELM
1893–1917

⑫ PHILIPPINA
1894–1980
∞ Bruno Edwards
HERMANN 1897–1941
MARIA –1952
∞ Winston

ANITA
KARL
KÄTHE
PETER
ROBERT

HERMANN
1899–1970
∞ Doris Döss
⑯ LULU 1905–1953
∞ Gustav Brumbach

JAKOB 1911 ———— PETER 1947
ELISE 1899–
∞ S. Kleinbarth jr. ——— EDITH
KÄTHE 1901– ——————
∞ Franz ———————— RUDI
WILHELM
1902–1903
SOPHIE
1903–1990 ———— WILLI — HENRI
∞ Fröchte   1935   1963

ÄNNCHEN
1909–

MARGOT 1920
∞ R. Kupsch ——————— Gino
BRUNO ——————————— Mirco
1933–1989
∞ Martin

GISELA 1925–47
∞ H. Crooker
ILONA 1931
∞ K. Marschner

⑤ Circus W. Althoff
⑥ Circus
    Jean-Baptist Althoff
⑦ Circus A. Althoff
⑧ Circus
    Althoff-Foureaux
⑨ Circus Althoff-Kuhlen
⑩ Circus Foureaux
⑪ Circus Pierre Althoff
⑫ Circus Edwards
⑬ Circus Jack Althoff
⑭ Cirucs H. Althoff
⑮ Circus
    Hermann Althoff
⑯ Circus Bavaria

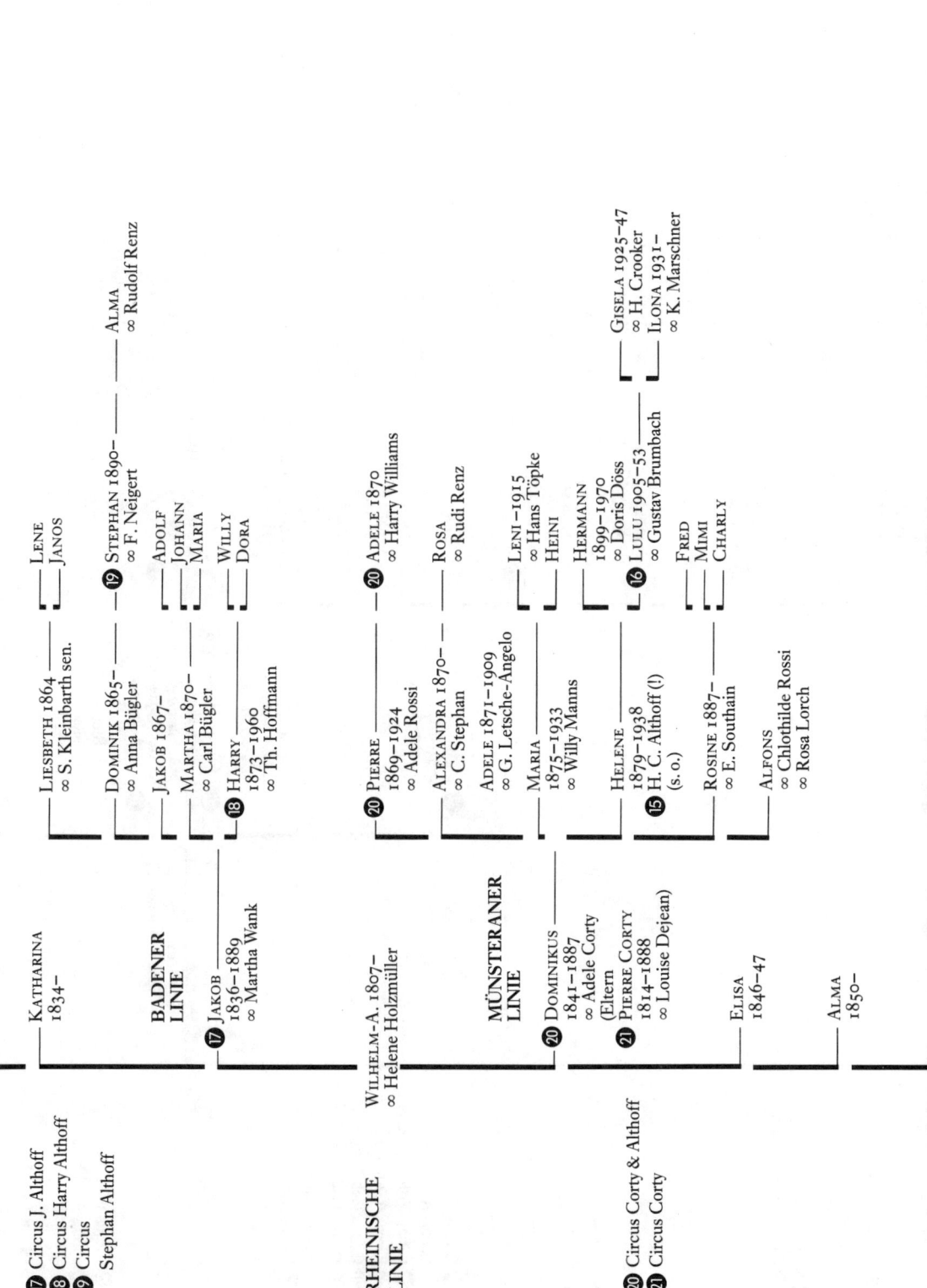

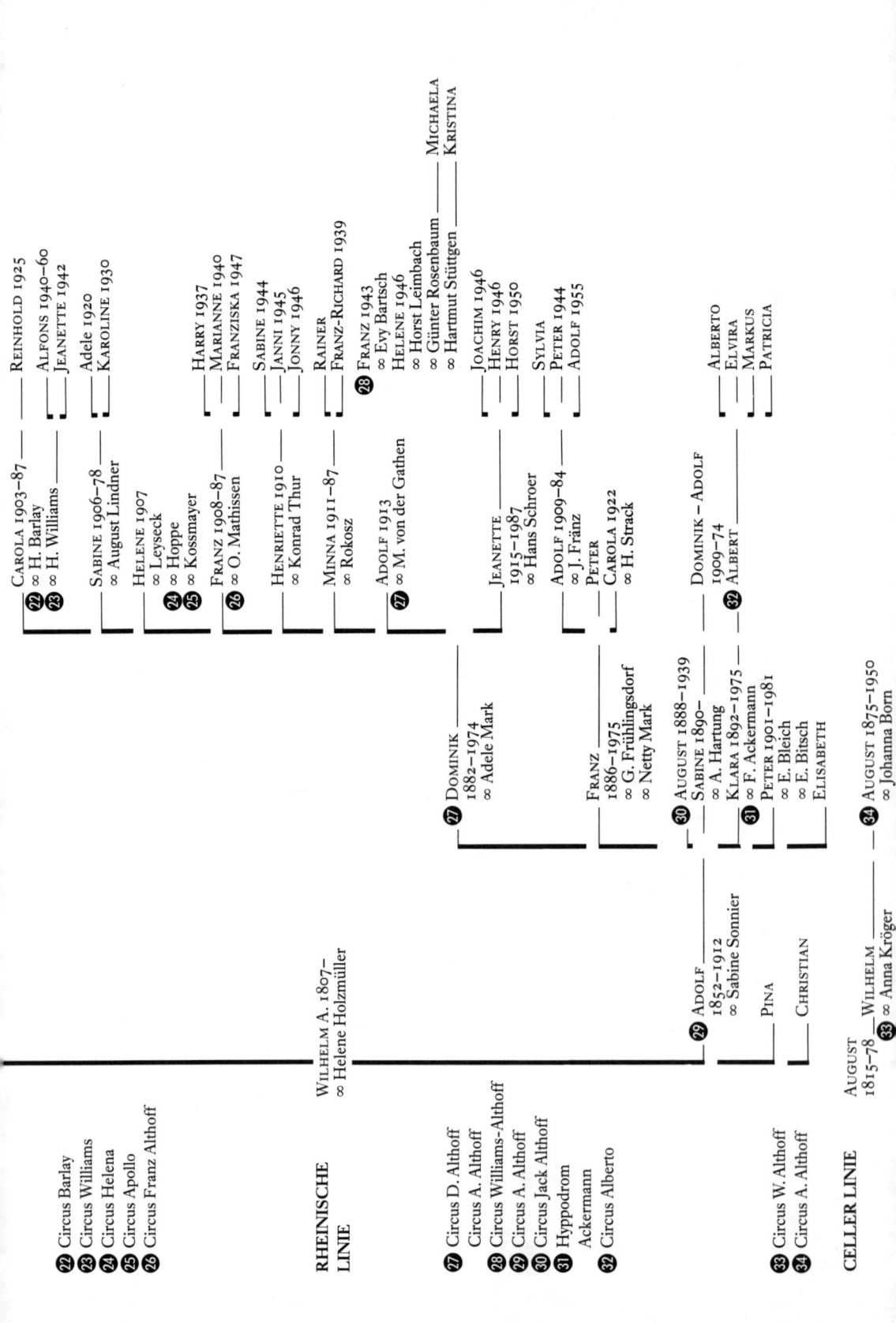

MÄRKISCHE LINIE

FERDINAND 1815–1888
∞ Joh. Bernhard

AUGUSTE 1841–
∞ J. Weber

36 ANTON 1842–1898
∞ M. Winter
∞ L. Vespermann

37 FERDINAND 1871–1945
∞ Klara Bauer
weitere 6 Kinder

FERDINAND 1897–1945
∞ Ch. Bujack

FERDINAND 1925
∞ Gerhild Renné
HARRY 1927
ALEXANDER 1937
∞ A. Kellermann

ANDREAS
CHRISTIAN

KARL

41 MAX-HEINRICH 1888–1977
∞ Ilse Wieser — 6 Kinder
42 ERNST 1905–80
∞ E. Sperlich — 5 Kinder
43 HILDEGARD
∞ K. Weisheit — 15 Kinder
weitere 12 Kinder

39 KARL 1886–1970
∞ I. Winter

38 MINNA 1843–
∞ Robert Röber

38 ROBERT –1932
∞ B. Riego
weitere 3 Kinder

41 KARL 1867–
HENRIETTE 1868
∞ Carl Probst
HERMANN 1870–
SOPHIE 1872–1951
∞ K. Weisheit
6 Kinder

40 LISETTE 1844–1873
∞ N. Reuss
∞ A. Kracht

44 HENRIETTE 1846–
∞ Rudolf Mark

AL

KRIMHILD ∞ Handke
BETTY ∞ Wieser
HENRIETTE ∞ Hoffmann

6 Kinder

45 MARIE 1847–
∞ Sabletzki

PAULA 1876–
JOHANNA 1882–
∞ Hustrey
FRANZ 1885–

46 JOHANNA 1852–
∞ Hermann Beine

47 WALTER 1888–
∞ Ch. Mark
∞ E. Kirchner
weitere 5 Kinder

RUDOLPH
GITTA
RUDOLF
MARIKA
FERDINAND

50 GIOVANNI 1937
∞ Eveline White
51 CARL gen. CORTY 1938

PATRIZIA

Laut Beschluß des Amtsgerichts Lüneburg vom 18. 6. 1940 durften sich die ALTORFFS von nun an ALTHOFF nennen.

35 Circus J. Althoff
36 Circus A. Althoff
37 1. Kinocircus
38 Circus Roberti
39 Circus Westfalia
40 Circus L. Althoff
41 Circus Probst
42 Circus Sarani
43 Circus Weisheit
44 Circus Mark
45 Circus M. Althoff
46 Arena Beine
47 Circus Beine

DIE PSEUDO-LINIE ALTORFF

CARL ALTORFF
1847–1918
(Eltern unbekannt)
∞ Maria Arendt

ALBERT WILHELM
1877–1904
∞ Sophie Luttermann

RUDOLF W.
1878–
∞ Caroline Heine

LINA CARLA
1904–

ERNA 1906–
∞ Rudi Jordan
48 RUDOLF
1909–1976
∞ M. Rautenberg
49 AUGUST BERNO CARL
1912
∞ Margarethe Kiesler
∞ Dorota
52 FRIEDERIKE E. 1914
∞ Dr. Jahn
∞ Karl Ploetz
53 ∞ Rudi Jacobi
DORA HENRIETTE
1917
∞ Bobby Tiedemann

48 Circus der Nationen
49 Circus Carl Althoff
50 Circus Gebr. Althoff
51 Circus Corty Althoff
52 Österr. Nationalcircus
53 Circus Ploetz-Althoff

Who is who?

....

Zur leichteren Orientierung werden die Herkunfts-Stammlinien
der Gesuchten mit folgenden Doppelbuchstaben signiert:

UR = Urstammlinie der Freialdenhovener; Stammvater: Johannes
CE = Celler Linie; Stammvater: August
MA = Märkische Linie; Stammvater: Ferdinand
RH = Rheinische Linie; Stammvater: Wilhelm A.
PF = Pfälzer Linie; Stammvater: Anton Wilhelm
PS = Pseudolinie Althoff – richtig Altorff. Der Name wurde
erst im Juni 1940 vom Amtsgericht in Lüneburg auf Antrag von
Altorff in Althoff geändert. Stammvater: Karl Altorff

ACKERMANN
– Franz: RH, Ehefrau Klara Althoff, Kinder
1, Vater Emil Ackermann, gründete 1921
den Hippodrom-Circus Ackermann

ALDENHOVEN
Der Namensübergang von Aldenhoven zu
Althof und endlich zu Althoff ist sehr ver-
schwommen und nicht genau festzulegen.
– Franz: UR, geb. 1770, Ehefrau Maria
Müller, Kinder 1, Eltern Franziskus u.
Katharina Aldenhoven
– Franziskus: UR, 1732–1788, Ehefrau
Katharina Weidenbach, Kinder 9, Eltern
Johannes u. Susanne Aldenhoven
– Heinrich: UR, geb. 1750, Ehefrau Sophie
Goergens, Kinder 1, Eltern Johannes u.
Susanne Aldenhoven
– Johann: UR, geb. 1768, Eltern Franziskus
u. Katharina Aldenhoven
– Johannes: UR, geb. 1691, Ehefrau

Susanne von Asten, Kinder 2, Eltern
nicht mehr festzustellen. Er nannte sich
Pierre-Jacques
– Luise: UR, Eltern Franziskus u. Katha-
rina Aldenhoven
– Michael: UR, angeblich der Urahn u.
Vater von Johannes Aldenhoven, Beweis-
stücke fehlen jedoch
– Michael: UR, geb. 1772, Eltern Franzis-
kus u. Katharina Aldenhoven
– Minna: UR, Eltern Franziskus u. Katha-
rina Aldenhoven

ALTHOFF
– Adele: RH, 1871–1909, Ehemann Gott-
lieb Letsche-Angelo, Eltern Dominikus
u. Adele Althoff
– Adele: RH, geb. 1896, Ehemann Harry
Williams, Eltern Pierre u. Adele Althoff
– Adolf: RH, 1852–1912, Ehefrau Sabine
Sonnier, Kinder 7, Eltern Wilhelm A. u.

Anna H. Althoff, gründete 1881 den Circus A. Althoff
– Adolf: RH, 1909–1984, Ehefrau Johanna Fränz, Kinder 3, Eltern Franz u. Grete Althoff
– Adolf: RH, geb. 1913, Ehefrau Maria von der Gathen, Kinder 2, Eltern Dominik u. Adele Althoff, gründete den Circus Adolf Althoff
– Adolf: RH, geb. 1955, Eltern Adolf u. Johanna Althoff
– Albert: RH, Kinder 4, Eltern Peter u. Elvira Althoff
– Alberto: RH, Vater Albert Althoff
– Alexander: PF, geb. 1885, Eltern Johann Carl u. Marga Althoff
– Alexander: MA, geb. 1937, Ehefrau A. Kellermann, Kinder 1, Eltern Ferdinand u. Charlotte Althoff
– Alexandra: RH, geb. 1870, Ehemann Carl Stephan, Kinder 1, Eltern Dominikus u. Adele Althoff
– Alfons: RH, geb. 1877, 1. Ehefrau Chlothilde Rossi, 2. Ehefrau Rosa Lorch, Eltern Dominikus u. Adele Althoff
– Alma: RH, geb. 1850, Eltern Wilhelm A. u. Anna H. Althoff
– Alma: PF, geb. 1876, Ehemann Peter Hirdt, Kinder 1, Eltern Wilhelm u. Sophie Althoff
– Alma: RH, geb. 1915, Ehemann Rudolf Renz, Eltern Stephan u. Franziska Althoff
– Anita: PF, Eltern Peter u. Anna Althoff
– Anna: PF, geb. 1867, 1. Ehemann Diedrich, 2. Ehemann Wrobello, Eltern Anton Wilhelm u. Philippina Althoff
– Anna: PF, geb. 1884, Eltern Johann Carl u. Marga Lina Althoff
– Anton: MA, 1842–1898, 1. Ehefrau Minna Winter, 2. Ehefrau Luise Vespermann, Kinder 7, Eltern Ferdinand u. Johanna Althoff
– Anton: MA, Kinder 1, Eltern Anton u. Luise Althoff

– Anton Wilhelm: PF, 1830–1892, Ehefrau Philippina Grasmück, Kinder 8, Eltern Wilhelm A. u. Anna H. Althoff, Gründer des Circus W. Althoff
– Antonia: MA, Eltern Anton u. Minna Althoff
– August: UR, 1815–1878, Kinder 1, Eltern Jakobus u. Caroline Althoff
– August: CE, 1875–1950, Eltern Wilhelm u. Anna Althoff
– August: RH, 1888–1939, Eltern Adolf u. Sabine Althoff, gründete den Circus Jack Althoff
– Auguste: MA, geb. 1841, Ehemann Johann Weber, Eltern Ferdinand u. Johanna Althoff
– Bertha: MA, Eltern Anton u. Luise Althoff
– Carola: RH, 1903–1987, 1. Ehemann Harry Barlay, 2. Ehemann Harry Williams, Kinder 3, Eltern Dominik u. Adele Althoff, Direktorin Circus Williams
– Carola: RH, geb. 1922, Ehemann H. Strack, Eltern Franz u. Grete Althoff
– Catherina (Katja): PF, geb. 1887, Eltern Johann Carl u. Marga Lina Althoff
– Christian: RH, Eltern Wilhelm A. u. Anna H. Althoff
– Dominik: UR, geb. 1810, Ehefrau Luisa Berg, Eltern Jakobus u. Caroline Althoff
– Dominik: RH, geb. 1865, Ehefrau Anna Katharina Bügler, Kinder 1, Eltern Jakob u. Martha Althoff
– Dominik: RH, 1882–1974, Ehefrau Adele Mark, Kinder 8, Eltern Adolf u. Sabine Althoff, gründete den Circus Dominik Althoff
– Dominikus: RH, 1841–1887, Ehefrau Adele Corty, Kinder 8, Eltern Wilhelm A. u. Anna H. Althoff, Mitdirektor des Circus Corty & Althoff
– Dora: RH, Eltern Harry u. Thekla Althoff
– Elisa: RH, 1846–1847, Eltern Wilhelm A. u. Anna H. Althoff

- Elisabeth: UR, 1800–1802, Eltern Jakobus u. Caroline Althoff
- Elisabeth: PF, 1879–1945, Eltern Wilhelm u. Sophie Althoff
- Elisabeth: RH, Eltern Adolf u. Sabine Althoff
- Elise: PF, geb. 1899, Ehemann Sandor Kleinbarth jr., Kinder 1, Eltern Willi u. Marie Althoff
- Elvira: RH, Vater Albert Althoff
- Ferdinand: UR, 1815–1888, Ehefrau Johanna Bernhard, Kinder 8, Eltern Jakobus u. Caroline Althoff, Hochseiltruppe mit Arena
- Ferdinand: MA, 1871–1945, Ehefrau Klara Bauer, Kinder 1, Eltern Anton u. Luise Althoff, gründete 1903 den ersten Kinocircus
- Ferdinand: MA, 1897–1945, Ehefrau Charlotte Bujack, Kinder 3, Eltern Ferdinand u. Klara Althoff, Verf. d. Buches »Die Letzten von Freialdenhoven«
- Ferdinand: MA, geb. 1925, Ehefrau Gerhild Renné, Kinder 2, Eltern Ferdinand u. Charlotte Althoff, Filmproduzent
- Franz: RH, 1886–1975, 1. Ehefrau Grete Frühlingsdorf, 2. Ehefrau Netty Mark, Kinder 3, Eltern Adolf u. Sabine Althoff
- Franz: RH, 1908–1987, Ehefrau Olga Mathissen, Kinder 3, Eltern Dominik u. Adele Althoff, gründete den größten Rennbahn-Circus Europas
- Franz: RH, geb. 1943, Ehefrau Evy Bartsch, Eltern Adolf u. Maria Althoff, gründete Circus Williams-Althoff
- Franziska: RH, geb. 1947, Ehemann Amedeo Folco, Kinder 3, Eltern Franz u. Olga Althoff
- Harry: RH, 1873–1960, Ehefrau Thekla Hoffmann, Kinder 2, Eltern Jakob u. Martha Althoff, Dir. Circus Harry Althoff, auch Althoff-Straßburger
- Harry: MA, geb. 1927, Kinder 2, Eltern Ferdinand u. Charlotte Althoff
- Harry: RH, geb. 1937, Ehefrau Greta

Edler, gesch. Brumbach, Eltern Franz u. Olga Althoff
- Heinrich: UR, geb. 1758, Eltern Franziskus u. Katharina Aldenhoven
- Heinrich: UR, 1814–1814, Eltern Jakobus u. Caroline Althoff
- Heinrich: PF, 1872–1915, Ehefrau Anna Spindler, Eltern Anton Wilhelm u. Philippina Althoff, Direktor des Circus Heinrich Althoff
- Helene: RH, 1879–1938, Ehemann Hermann Althoff, Kinder 2, Eltern Dominikus u. Adele Althoff
- Helene: RH, geb. 1907, Ehemänner Jean Leyseck, Oskar Hoppe, Hans Kossmayer, Eltern Dominik u. Adele Althoff, Circus Helene Hoppe, Circus Apollo
- Helene: RH, geb. 1946, Ehemänner Horst Leimbach, Günter Rosenbaum, Hartmut Stüttgen, Kinder 2, Eltern Adolf u. Maria Althoff
- Henriette: MA, geb. 1846, Ehemann Rudolf Mark, Kinder 6, Eltern Ferdinand u. Johanna Althoff, Dir. Circus Gebr. Mark
- Henriette: RH, geb. 1910, Ehemann Konrad Thur, Kinder 3, Eltern Dominik u. Adele Althoff
- Henri Hubert: UR, geb. 1818, Eltern Jakobus u. Caroline Althoff
- Hermann C.: PF, 1877–1929, Ehefrau Helene Althoff, Kinder 2, Eltern Anton Wilhelm u. Philippina Althoff, gründete den Circus Hermann Althoff
- Hermann: PF, 1880–1934, Eltern Wilhelm u. Sophie Althoff
- Hermann: PF, 1897–1941, Eltern Peter u. Anna Althoff
- Hermann: PF, 1899–1970, Ehefrau Doris Döss, Eltern Hermann C. u. Helene Althoff
- Jakob: RH, 1836–1889, Ehefrau Martha Wank, Kinder 5, Eltern Wilhelm A. u. Anna H. Althoff, gründete Circus J. Althoff
- Jakob: PF, geb. 1870, Ehefrau Angèle

Foureaux, Eltern Anton Wilhelm u. Philippina Althoff, gründete den Circus Jack Althoff

– Jakob jr.: RH, geb. 1867, Eltern Jakob u. Martha Althoff

– Jakobus: UR, 1763–1836, Ehefrau Caroline Bauer, Kinder 11, Eltern Franziskus u. Katharina Aldenhoven, gründete 1790 den ersten Circus der Althoffdynastie als Arena-Gesellschaft

– Jakobus jr.: UR, 1820–1889, Eltern Jakobus u. Caroline Althoff

– Jean-Baptist: PF, geb. 1881, Eltern Wilhelm u. Sophie Althoff

– Jeanette: RH, 1915–1987, Ehemann Hans Schroer, Kinder 3, Eltern Dominik u. Adele Althoff

– Johann: UR, geb. 1814, Eltern Jakobus u. Caroline Althoff

– Johann: MA, 1840–1908, Eltern Ferdinand u. Johanna Althoff, gründete den Circus J. Althoff

– Johann: MA, Eltern Anton u. Luise Althoff

– Johanna: UR, geb. 1795, Ehemann Carlus Langen, Kinder 2, Eltern Franziskus u. Katharina Aldenhoven

– Johanna: MA, geb. 1852, Ehemann Hermann Beine, Kinder 9, Eltern Ferdinand u. Johanna Althoff

– Johann Carl: PF, 1861–1887, Ehefrau Marga Lina Hann, Kinder 4, Eltern Anton Wilhelm u. Philippina Althoff, gründete den Circus Jean-Baptist Althoff

– Katharina: UR, Ehemann van der Niess, Eltern Franziskus u. Katharina Aldenhoven

– Katharina: RH, geb. 1834, Eltern Wilhelm A. u. Anna H. Althoff

– Katharina: PF, 1863–1943, 1. Ehemann Adalbert Foureaux, 2. Ehemann August Kuhlen, Kinder 3, Eltern Anton Wilhelm u. Philippina Althoff, Dir. der Circusse Althoff-Foureaux u. Althoff-Kuhlen

– Käthe: PF, geb. 1901, Ehemann Richard Franz, Kinder 1, Eltern Willi u. Marie Althoff

– Käthe: PF, Ehemann Eugen Rengies, Kinder 2, Eltern Peter u. Anna Althoff

– Klara: RH, 1892–1975, Ehemann Franz Ackermann, Kinder 1, Eltern Adolf u. Sabine Althoff

– Liesbeth: RH, geb. 1864, Ehemann Sandor Kleinbarth sen., Kinder 2, Eltern Jakob u. Martha Althoff

– Lisette: MA, 1844–1873, 1. Ehemann Nikolaus Reuss, 2. Ehemann August Kracht, Kinder 4, Eltern Ferdinand u. Johanna Althoff, gründete den Circus u. Hippodrome L. Althoff

– Lulu: PF, 1905–1953, Ehemann Gustav Brumbach, Kinder 2, Eltern Hermann C. u. Helene Althoff, Mitdirektorin des Circus Bavaria

– Maria: RH, 1875–1933, Ehemann Willy Manns, Kinder 2, Eltern Dominikus u. Adele Althoff

– Maria: PF, gest. 1952, Ehemann Howard Winston, Eltern Peter u. Anna Althoff

– Marie: MA, geb. 1847, Ehemann Sabletzki, Eltern Ferdinand u. Johanna Althoff

– Marieanne: RH, geb. 1940, Ehemann Gerhard Bongers, Kinder 2, Eltern Franz u. Olga Althoff

– Markus: RH, Vater Albert Althoff

– Martha Lena: RH, geb. 1870, Ehemann Carl Bügler, Kinder 3, Eltern Jakob u. Martha Althoff

– Minna: MA, geb. 1843, Ehemann Robert Röber, Kinder 5, Eltern Ferdinand u. Johanna Althoff, gründete 1872 den Niederl. Circus Roberti

– Minna: RH, 1911–1987, Ehemann Franz Rokosz, Kinder 2, Eltern Dominik u. Adele Althoff

– Natina: PF, geb. 1886, Eltern Johann Carl u. Marga Althoff

– Patricia: RH, Vater Albert Althoff

- Pauline: MA, Eltern Anton u. Luise Alt-
hoff
- Peter: PF, 1866–1924, Ehefrau Anna
Kaiser, Kinder 11, Eltern Anton Wilhelm
u. Philippina Althoff, gründete den
Circus Pierre Althoff
- Peter: RH, 1901–1981, 1. Ehefrau Elvira
Bleich, 2. Ehefrau Elisabeth Bitsch, Kin-
der 1, Eltern Adolf u. Sabine Althoff
- Peter: RH, Eltern Franz u. Grete Althoff
- Peter: RH, geb. 1944, Eltern Adolf u.
Johanna Althoff
- Philippina: PF, 1894–1980, Ehemann
Bruno Edwards, Kinder 2, Eltern Peter
u. Anna Althoff
- Pierre: RH, 1869–1924, Ehefrau Adele
Rossi, Kinder 1, Eltern Dominikus u.
Adele Althoff, Direktor des Circus Corty
& Althoff
- Pina: RH, Eltern Wilhelm A. u. Anna H.
Althoff
- Robert: PF, Ehefrau Tamara, Eltern Peter
u. Anna Althoff
- Rosine: RH, geb. 1887, Ehemann Eugen
Southain, Kinder 3, Eltern Dominikus u.
Adele Althoff
- Sabine: RH, geb. 1890, Ehemann Alfred
Hartung, Eltern Adolf u. Sabine Althoff
- Sabine: RH, 1906–1978, Ehemann
August Lindner, Kinder 2, Eltern Domi-
nik u. Adele Althoff
- Sophie: PF, 1903–1990, Ehemann Josef
Fröchte, Kinder 1, Eltern Willi u. Marie
Althoff
- Sophie: MA, Eltern Anton u. Luise Alt-
hoff
- Sophie Antoinette: UR, geb. 1798, Ehe-
mann Johann Langen, Eltern Jakobus u.
Caroline Althoff
- Stephan: RH, geb. 1890, Ehefrau Fran-
ziska Neigert, Kinder 3, Eltern Dominik
u. Anna Althoff, gründete den Circus
Stephan Althoff
- Sylvia: RH, Eltern Adolf u. Johanna Alt-
hoff

- Wilhelm A.: UR, geb. 1807, Ehefrau
Anna Helene Holzmüller, Kinder 8, El-
tern Jakobus u. Caroline Althoff, grün-
dete ca. 1838 den Circus W. Althoff
- Wilhelm: CE, 1846–1911, Ehefrau Anna
Kröger, Kinder 1, Vater August Althoff
- Wilhelm: PF, 1853–1934, Ehefrau So-
phie Mehlich, Kinder 5, Eltern Anton
Wilhelm u. Philippina Althoff, Inhaber
des Circus W. Althoff
- Wilhelm: PF, 1893–1917, Eltern Peter u.
Anna Althoff, Direktor des Circus Pierre
Althoff
- Wilhelm: PF, 1902–1903, Eltern Willi u.
Marie Althoff
- Willi: PF, 1877–1932, Ehefrau Marie
Emilie Scharff, Kinder 4, Eltern Wilhelm
u. Sophie Althoff, Direktor des Circus
W. Althoff
- Willy: RH, Eltern Harry u. Thekla Althoff

ALTORFF (ab 1940 Althoff)

- Albert Wilhelm: PS, 1877–1904, Ehefrau
Sofie Marie Luttermann, Eltern Karl u.
Marie Altorff
- August Berno Carl: (Althoff) PS, geb.
1912, 1. Ehefrau Margarethe Kiesler, 2.
Ehefrau Dorota, Kinder 3, Eltern Rudolf
Wilhelm u. Caroline Altorff, Gründer
des Circus Carl Althoff
- Carl (gen. Corty): (Althoff) PS, geb. 1938,
Eltern Carl u. Margarethe Altorff/Alt-
hoff
- Dora Henriette: PS, geb. 1917, Ehemann
Bobby Tiedemann, Eltern Rudolf W. u.
Caroline Altorff
- Elfriede: (Althoff) PS, geb. 1914, Ehe-
männer Dr. Jahn, Karl Ploetz, Rudi
Jacobi, Eltern Rudolf W. u. Caroline
Altorff, gründete Circus Ploetz-Althoff,
Österr. Nationalcircus
- Erna: PS, geb. 1906, Ehemann Rudi
Jordan, Kinder 1, Eltern Rudolf W. u.
Caroline Altorff
- Ferdinand: (Althoff) PS, Sohn von
Rudolph u. Maria Altorff/Althoff

- Gitta: (Althoff) PS, Ehemann Emilio Puya, Eltern Rudolph u. Maria Altorff/Althoff
- Giovanni: (Althoff) PS, geb. 1937, Ehefrau Eveline White, Eltern Carl u. Margarethe Altorff/Althoff
- Karl: PS, 1847–1918, Ehefrau Marie Arendt, Kinder 3, Eltern unbekannt, da Findelkind
- Lina Carla: PS, geb. 1904, Eltern Karl u. Marie Altorff
- Marika: (Althoff) PS, Ehemann Gilberto Zavatta, Kinder 2, Eltern Rudolph u. Maria Altorff/Althoff
- Rudolf jr.: (Althoff) PS, Ehefrau Käthe, Kinder 1, Eltern Rudolph u. Maria Altorff/Althoff
- Rudolf Wilhelm: PS, geb. 1878, Ehefrau Caroline Heine, Kinder 5, Eltern Karl u. Marie Altorff
- Rudolph: (Althoff) PS, 1909–1976, Ehefrau Maria Rautenberg, Kinder 4, Eltern Rudolf W. u. Caroline Altorff, gründete den »Circus der Nationen«
- Sabine: (Althoff) PS, 1961–1965, Eltern Rudolf u. Käthe Althoff
ASTEN, VON Susanne: UR, Ehefrau von Johannes Aldenhoven
BARLAY Harry: RH, 1. Ehemann von Carola Althoff
BARTSCH Evy: RH, Ehefrau von Franz Althoff
BAUER
- Caroline: UR, Ehefrau von Jakobus Althoff
- Klara: MA, Ehefrau von Ferdinand Althoff
BEINE Hermann: MA, Ehemann von Johanna Althoff, gründete die Arena Beine
BERG Luisa: UR, Ehefrau von Dominik Althoff
BERNHARD Johanna: UR, Ehefrau von Ferdinand Althoff
BITSCH Elisabeth: RH, 2. Ehefrau von Peter Althoff

BLEICH Elvira: RH, 1. Ehefrau von Peter Althoff
BRUMBACH Gustav: PF, Ehemann von Lulu Althoff
BÜGLER
- Anna Katharina: RH, Ehefrau von Dominik Althoff
- Carl: RH, Ehemann von Martha Lena Althoff
BUJACK Charlotte: MA, Ehefrau von Ferdinand Althoff
CORTY Adele: RH, Ehefrau von Dominikus Althoff
DIEDRICH: PF, 1. Ehemann von Anna Althoff
DÖSS Doris: RH, Ehefrau von Hermann Althoff
EDLER Greta: RH, gesch. Brumbach, Ehefrau von Harry Althoff
EDWARDS Bruno: PF, Ehemann von Philippina Althoff
FOLCO Amedeo: RH, Ehemann von Franziska Althoff
FOUREAUX Adalbert: PF, 1. Ehemann von Katharina Althoff, gründete den Circus Althoff-Foureaux
FOUREAUX Angèle: PF, Ehefrau von Jakob Althoff
FRÄNZ Johanna: RH, Ehefrau von Adolf Althoff
FRANZ Richard: PF, Ehemann von Käthe Althoff
FRÖCHTE
- Josef: PF, Ehemann von Sophie Althoff
- Willi (gen. Bob oder Bubi): PF, Sohn von Sophie Althoff
FRÜHLINGSDORF Grete: RH, 1. Ehefrau von Franz Althoff
GATHEN, VON DER Maria: RH, Ehefrau von Adolf Althoff
GOERGENS Sophie: UR, Ehefrau von Heinrich Aldenhoven
GRASMÜCK Philippina: PF, Ehefrau von Anton Wilhelm Althoff

HANN Marga Lina: PF, Ehefrau von Johann Carl Althoff

HARTUNG Alfred: RH, Ehemann von Sabine Althoff

HIRDT Peter: PF, Ehemann von Alma Althoff

HOFFMANN Thekla: RH, Ehefrau von Harry Althoff

HOLZMÜLLER Anna Helene: UR, Ehefrau von Wilhelm A. Althoff

HOPPE Oskar: RH, 2. Ehemann von Helene Althoff

KAISER Anna: PF, Ehefrau von Peter Althoff

KELLERMANN Annemarie: MA, Ehefrau von Alexander Althoff

KLEINBARTH
– Sandor sen.: RH, Ehemann von Liesbeth Althoff
– Sandor jun.: PF, Ehemann von Elise Althoff

KOSSMAYER Hans: RH, 3. Ehemann von Helene Althoff

KRACHT August: MA, 2. Ehemann von Lisette Althoff

KRÖGER Anna: CE, Ehefrau von Wilhelm Althoff

KUHLEN August: PF, 2. Ehemann von Katharina Althoff

LANGEN
– Carlus: UR, Ehemann von Johanna Althoff
– Johann: UR, Ehemann von Sophie Antoinette Althoff

LEIMBACH Horst: RH, 1. Ehemann von Helene Althoff

LETSCHE-ANGELO Gottlieb: RH, Ehemann von Adele Althoff

LEYSECK Jean: RH, 1. Ehemann von Helene Althoff

LINDNER August: RH, Ehemann von Sabine Althoff

LORCH Maud: RH, 1. Ehefrau von Willi Fröchte
– Rosa: RH, 2. Ehefrau von Alfons Althoff

MANNS Willy: RH, Ehemann von Maria Althoff

MARK
– Adele: RH, Ehefrau von Dominik Althoff
– Netty: RH, 2. Ehefrau von Franz Althoff
– Rudolf: MA, Ehemann von Henriette Althoff

MATHISSEN Olga: RH, Ehefrau von Franz Althoff

MEHLICH Sophie: PF, Ehefrau von Wilhelm Althoff

MÜLLER Maria: UR, Ehefrau von Franz Aldenhoven

NEIGERT Franziska: RH, Ehefrau von Stephan Althoff

NIESS, VAN DER UR: Ehemann von Katharina Althoff

RENGIES Eugen: PF, Ehemann von Käthe Althoff

RENNÉ Gerhild: MA, Ehefrau von Ferdinand Althoff

RENZ Rudolf: RH, Ehemann von Alma Althoff

REUSS Nikolaus: MA, 1. Ehemann von Lisette Althoff

RÖBER Robert: MA, Ehemann von Minna Althoff

ROKOSZ Franz: RH, Ehemann von Minna Althoff

ROSENBAUM Günter: RH, 2. Ehemann von Helene Althoff

ROSSI
– Adele: RH, Ehefrau von Pierre Althoff
– Chlothilde: RH, 1. Ehefrau von Alfons Althoff
– Francesco: RH, Schwiegervater von Pierre Althoff

SABLETZKI: MA, Ehemann von Marie Althoff, Direktor des Circus M. Althoff

SCHARFF Marie Emilie: PF, Ehefrau von Willi Althoff

SCHROER Hans: RH, Ehemann von Jeanette Althoff

SONNIER Sabine: RH, Ehefrau von Adolf Althoff

SOUTHAIN Eugen: RH, Ehemann von Rosine Althoff

SPINDLER Anna: PF, Ehefrau von Heinrich Althoff

STEPHAN Carl: RH, Ehemann von Alexandra Althoff

STRACK Hermann: RH, Ehemann von Carola Althoff

STÜTTGEN Hartmut: RH, 3. Ehemann von Helene Althoff

THUR Konrad: RH, Ehemann von Henriette Althoff

VESPERMANN Luise: MA, 2. Ehefrau von Anton Althoff

WANK Martha: RH, Ehefrau von Jakob Althoff

WEBER Johann: MA, Ehemann von Auguste Althoff

WEIDENBACH
– Katharina: UR, Ehefrau von Franziskus Aldenhoven
– Peter: UR, Schwiegervater von Franziskus Aldenhoven

WILLIAMS Harry: RH, Ehemann von Adele Althoff, 2. Ehemann von Carola Althoff

WINSTON Howard: PF, Ehemann von Maria Althoff

WINTER Minna: MA, 1. Ehefrau von Anton Althoff

WROBELLO: PF, 2. Ehemann von Anna Althoff

Die Althoffs
und ihre Circusse

....

Die Dynastie Althoff, bzw. die Althoff-Töchter
und ihre Ehemänner sowie ihre Nachfahren
riefen über sechzig Circusunternehmen ins Leben.
Eine derartige Vielzahl von Circusgründungen
hat keine zweite Circusdynastie aufzuweisen.
Das unterstreicht nochmals
die uneingeschränkte Führungsrolle der Althoffs
als größte Dynastie der Welt.

Circus	Gründung	Direktion
Ackermann, Hippodrom	1921	Franz Ackermann
Althoff, Adele	Erbstück	Adele und Harry Williams
Althoff, A.	1881	Adolf Althoff
Althoff, Adolf	1939	Adolf Althoff
Althoff, Alberto	?	Alberto Althoff
Althoff, A.	1911	Anna Althoff
Althoff, A.	1870	Anton Althoff
Althoff, August (Reitges.)	ca. 1835	August Althoff
Althoff, August	ca. 1900	August Althoff
Althoff, Dominik	1905	Dominik Althoff
Althoff, Ferdinand	ca. 1840	Ferdinand Althoff
Althoff, Erster Kino-Circus	1903	Ferdinand Althoff
Althoff, Franz (Rennbahnc.)	1937	Franz Althoff
Althoff, Geschw.	1937	Adolf und Helene Althoff
Althoff, Harry	1900	Harry Althoff
Althoff, Heinrich	1899	Heinrich Althoff
Althoff, Helene	1939	Helene Althoff
Althoff, Hermann	1910	Hermann C. Althoff
Althoff, Jacques (Arena)	ca. 1790	Jakobus Althoff
Althoff, Jack	1895	Jakob Althoff
Althoff, Jack	?	August Althoff

Circus	Gründung	Direktion
Althoff, J.	ca. 1850	Jakob Althoff
Althoff, Jean-Baptist	1882	Johann Carl Althoff
Althoff, J.	ca. 1865	Johann Althoff
Althoff, Lisette (Hippodrom)	1870	L. Althoff und N. Reuss
Althoff, M.	?	Marie Althoff und Sabletzki
Althoff, Pierre	1897	Peter Althoff
Althoff, Pierre	?	Wilhelm Althoff
Althoff, Stephan	1910	Stephan Althoff
Althoff, W.	ca. 1838	Wilhelm Anton Althoff
Althoff, W.	1854	Anton Wilhelm Althoff
Althoff, W.	1890	Wilhelm Althoff
Althoff, W.	1927	Willi Althoff
Althoff, Wilhelm	ca. 1875	Wilhelm Althoff
Althoff-Kuhlen	1885	Katharina Althoff und August Kuhlen
Apollo	1956	Helene Althoff
Barlay, Harry	?	Harry und Carola Barlay
Bavaria	1950	Lulu und Gustav Brumbach
Beine (Arena)	1885	Hermann und Johanna Beine
Beine	ca. 1912	Walter Beine
Corty & Althoff	1853	Pierre Corty und D. Althoff
Edwards	1933	Bruno Edwards
Festival Circus	1972	Adolf Enders und Brüder
Foureaux	1900	Adalbert Foureaux
Hagenbeck, Friederike	1955	Adolf Althoff
Mark, Gebr.	1876	Rudolf Mark
Probst	1920	Max-Heinrich Probst
Probst, C.	1889	Carl und Henriette Probst
Probst, Gebr.	1948	Rudolf und Alfred Probst
Probst, Mercedes	1982	Mercedes Probst
Proscho	1945	Walter Probst
Roberti	1912	Robert Roberti
Roberti, Niederl. Circus	1872	Minna und Robert Röber
Sarani	1945	Ernst Probst
Schollini	1938	R. und Sophie Scholl
Weisheit	1942	Hilde und K. Weisheit
Westfalia	1947	Karl Röber
Williams	1946	Harry und Car. Williams
Williams-Althoff	1976	Franz Althoff

Circusse der Linie *Altorff,*
die sich erst ab Juni 1940 nach Umschreibung
durch das Amtsgericht Lüneburg
Althoff nennen durften, aber mit der eigentlichen Althoff-Dynastie
weder verwandt, noch verschwägert sind:

Circus	Gründung	Direktion
Althoff, Carl	1938	Carl Althoff
Althoff, Corty	1978	Corty Althoff
Althoff, Gebr.	1972	Giovanni und Corty Althoff
Althoff, Giovanni	1980	Evelyn und Giovanni Althoff
Althoff, Rudi	1945	Rudi Althoff
Californischer Nationalcirc.	1965	Carl Althoff
Carl Althoff & Carl Busch	1955	Carl Busch & Althoff
Carl Althoff & Rudy Bros.	1963	Carl und Elfi Althoff
Circus der Nationen	1966	Rudi Althoff
Österr. Nationalcircus	1973	Elfriede Althoff
Ploetz-Althoff	1947	Elfriede Althoff
Rudy Bros.	1971	Elfi Jacobi-Althoff

Die große Dynastie der Althoffs
ist mit achtundzwanzig bedeutenden Circusfamilien Deutschlands
und Frankreichs versippt und verschwägert.
Dies sind in alphabetischer Reihenfolge:

Ackermann	Edwards	Lorch	Sperlich
Barlay	Foureaux	Mark	Spindler
Beine	Grasmück	Nock	Scholl
Brumbach	Holzmüller	Probst	Weisheit
Bügler	Hoppe	Renz	Weitzmann
Corty	Kaiser	Röber	Williams
Dejean	Kuhlen	Rossi	Winter

Literatur und Bildquellen

....

Althoff, Adolf: Privatarchiv, Stolberg

Althoff, Ferdinand: *Die Letzten von Frei-aldenhoven.* Jülich 1936

Althoff, Ferdinand jun.: Privatarchiv, München

Althoff, Franz; Peter Behle, Hugo Göke: *So'n Circus.* Freiburg 1982

Archiv der Westfälischen Nachrichten, Münster

Barell, Bobby: Privatarchiv, Berlin

Barell, Bobby: *Circus und Varieté in Deutschland,* innerhalb der Enzyklopädie »Deutschland, Porträt einer Nation«. Gütersloh 1985

Barell, Bobby: *Willy Hagenbeck, Der König der Dompteure.* Bayreuth 1967

Best, Jaap: *70 Jaar Circus in Nederland.* Alkmaar 1971

Bose, Günter; Erich Brinkmann: *Circus – Geschichte und Ästhetik einer niederen Kunst.* Berlin 1978

Busch, Paula: *Das Spiel meines Lebens.* Stuttgart 1957

Circus-Museum, Preetz, Friedel Zscharschuch

Circus- und Clownmuseum Wien

Circus Varieté und Artistenarchiv, Marburg, Rudolf Geller

Claußen, Bernhard; Reinhard Tetzlaff: *Circus in Hamburg.* Hamburg 1982

Croft-Cooke, Rupert: *Circus, a World History.* Zürich 1976

Eberstaller, Brandstätter, Paul: *Circus.* Wien, München, Zürich 1976

Fachzeitungen:
   Artisten Tribüne, Berlin
   Circus – Die Circuszeitung, Recklinghausen
   Circus – Gestern, Heute, Wien
   Circus-Parade, Preetz
   Cirque dans l'univers, Paris
   Das Programm, Berlin
   De Piste, Amsterdam
   Der Artist, Berlin
   Der Komet, Pirmasens
   Deutsche Circus-Zeitung, Preetz
   Die Deutsche Artistik, Berlin
   Echo, Kopenhagen
   Internationale Artistenzeitung, Berlin
   Österreichische Artistenwelt, Wien

Organ, Show-Business, Düsseldorf

Fröchte, Willi: Privatarchiv, Enkenbach-Alsenborn

Gemeindeverwaltung Enkenbach-Alsenborn, Archiv

Gobbers, Emil: *Artisten.* Düsseldorf 1949

Gregor-Patalas: *Geschichte des Films.* München 1973

Günther, Ernst; Dietmar Winkler: *Zirkusgeschichte.* Berlin 1986

Halperson, Joseph: *Das Buch vom Zirkus.* Düsseldorf 1926

Holtei, Karl von: *Die Vagabunden.* Berlin

Janeck, Willi: *Die Circusfamilie Althoff.* 1954

Keyser, Klöters, Bloom, Waale: *200 jaar circus in Nederland.* Nieuwkoop 1978

Kober, August Heinrich: *Die große Nummer.* Berlin 1925

Kober, August Heinrich: *Rund um die Manege.* Stuttgart 1928

Kober, August Heinrich: *Zirkus Renz.* Lindau

Kraft, L.: Privatarchiv, Enkenbach-Alsenborn

Krusche, Dieter: *Reclams Filmführer.* Stuttgart 1977

Kusnezow, Jewgeni: *Zirkus der Welt.* Berlin 1970

Lang, Heinrich: *Circus Bilder.* München 1880

Lehmann, Alfred: *Unsterblicher Zirkus.* Leipzig 1939

Leroff, Kurt: *Carola, Zirkusprinzessin von Köln.* Köln 1962

Malhotra, Ruth: *Manege frei.* Dortmund 1979

Markschiess-van Trix, Privatarchiv, Berlin

Merkert, Jörn: *Zirkus, Circus, Cirque.* Berlin 1978 (Nationalgalerie, Ausstellungskatalog)

Meyers Enzyklopädisches Lexikon, Mannheim 1971

Müller, Günter: *Der schöne alte Oldenburger Kramermarkt.* Oldenburg 1982

Neumärker, Heinz, Privatarchiv, Leverkusen

Peters, Fritz: *Freimarkt in Bremen.* Bremen 1962

Saltarino, Signor: *Artisten-Lexicon.* Düsseldorf 1895

Saltarino, Signor: *Das Artistentum und seine Geschichte.* Offenbach 1971

Schneller, Eugen: *Das Artisten- und Zirkus-Dorf Alsenborn*

Schneller, Eugen: *Die Pfalz ist die Wiege vieler Artistenfamilien.* 1965

Schulz, Karin; Holger Ehlert: *Das Circus-Lexikon.* Nördlingen 1988

Sembach-Krone, Frieda; Hellmuth Schramek: *Circus Krone.* München 1969

Sluis, Fred van: *Circus in Europa.* Bussum 1966

Strauß, Emil: *Artisten in Alsenborn.*

Werland, Walter: *Im Circus Corty-Althoff.* Münster 1977

Williams-Althoff, Circus-Archiv, Stolberg

Winkler, Gisela und Dietmar: *Die große Raubtierschau.* Berlin 1974

Winkler, Gisela und Dietmar: *Menschen zwischen Himmel und Erde.* Berlin 1988

Wintergarten G.m.b.H.: *Festschrift 50 Jahre Wintergarten 1888–1938.* Berlin 1938

Zapff, Gerhard: *Jumbo auf dem Drahtseil.* Berlin 1987

Bildquellen

Bild auf dem Einband: Repro Harenberg Kommunikation, Dortmund 1979;
Seite 87, 90, 213: Hans-Joachim Lehmann;
Seite 249: Jörg Lehmann;
Seite 255: Andreas Birresborn.
Alle übrigen Fotos stellten folgende Archive zur Verfügung:
Adolf Althoff; Ferdinand Althoff; Bobby Barell; Willi Fröchte; Heinz Neumärker; Westfälische Nachrichten, Münster; Circus Williams – Franz Althoff.

Die Deutsche Bibliothek – CIP-Einheitsaufnahme

Die **Althoffs** : Geschichte und Geschichten um die größte Circusdynastie
der Welt / Marlies Lehmann-Brune. – Frankfurt am Main : Umschau, 1991
ISBN 3-524-69096-3
NE: Lehmann-Brune, Marlies

Lektorat:
Martina Seith, Frankfurt am Main
Umschlag- und Einbandgestaltung:
Christa Kochinke, Mainz
Typographie und Herstellung:
Hans-Heinrich Ruta, Frankfurt am Main
Satz:
Fotosatz Otto Gutfreund, Darmstadt
Lithographie:
Industriedienst, Wiesbaden
Druck und buchbinderische Verarbeitung:
Clausen & Bosse, Leck
Printed in Germany, 1991

ISBN 3-524-69097-1